普通高等教育“十三五”规划教材

城市管理学

张本效　主编

中国农业大学出版社

·北京·

内 容 简 介

本书结合了编写组全体成员多年的教学实践经验和国内外优秀城市管理学教材的成果，并适应高等院校城市管理专业蓬勃发展的新形势，在《城市管理学概论》基础上进行了全方位的修改和完善。本书的具体内容包括：城市管理与城市管理学、城市管理理论溯源与发展、城市管理体制、城市管理主体、城市管理的主要内容、城镇政府公共关系管理与地区形象建设、城市新形态与城市管理、网络化时代与城市管理、城市管理实务。

本书是城市管理专业核心课程教材，可作为高等学校公共管理类研究生、本科生和专科生的教材，也可以作为人文社会科学其他专业学生的教材或参考书。

图书在版编目(CIP)数据

城市管理学/张本效主编. —北京：中国农业大学出版社，2017.8(2022.1 重印)

ISBN 978-7-5655-1889-8

Ⅰ.①城…　Ⅱ.①张…　Ⅲ.①城市管理-高等学校-教材　Ⅳ.①C912.81

中国版本图书馆 CIP 数据核字(2017)第 167652 号

书　　名　城市管理学

作　　者　张本效　主编

策划编辑　梁爱荣　　**责任编辑**　韩元凤

封面设计　郑　川　　**责任校对**　王晓凤

出版发行　中国农业大学出版社

社　　址　北京市海淀区圆明园西路 2 号　　**邮政编码**　100193

电　　话　发行部 010-62818525,8625　　读者服务部 010-62732336

编辑部 010-62732617,2618　　出　版　部 010-62733440

网　　址　http://www.cau.edu.cn/caup　　**E-mail** cbsszs@cau.edu.cn

经　　销　新华书店

印　　刷　涿州星河印刷有限公司

版　　次　2017 年 8 月第 1 版　　2022 年 1 月第 2 次印刷

规　　格　787×980　16 开本　19.25 印张　350 千字

定　　价　45.00 元

编 委 会

主　　编　张本效

副 主 编　夏葵媛　鲁先锋

编写人员　张本效　夏葵媛　鲁先锋　钱杭园
付庆芬　杨　超　余艳艳　朱慧斌

前　言

城市管理的春天到了！这不仅是学术界的理性判断，也是实践界饱含激动之情的内心呐喊，同时也是我国城市管理事业发展趋势的必然彰显：城市化的快速推进和2015年12月的中央城市工作会议精神之合力，共同建构起一个气象万千的城市管理朝阳事业。

首先，城市化率的快速提高，将城市管理日益打造成为城市社会最重要的管理事业，将之置于最关键、最核心的管理位置。

改革开放以来，我国的城市化率以年均一个百分点以上的速度迅速推进，每年都有超过1 000万的农村人口转变为城市人口，在这个过程中，土地的城市化又远远快于人口的城市化，因此，城市人口的激增和城市地域空间的迅速扩大就成为近40年来影响最大的两个革命性事件。在城市日常运转过程中，这两大事件不仅各自产生着诸多的城乡问题，包括人们耳熟能详的城市病和农村病，而且它们之间还在不断地碰撞、交互影响，甚至相互融合、异变，又催生出令人意想不到的种种管理困局。城市病和农村病的相继暴发，连同后发的种种管理困局，将我国各地不同规模的城市毫无例外地变成了“问题城市”：交通拥堵、环境恶化、楼价飙升、基础设施超载、群体性事件等城市问题纷至沓来，多米诺骨牌效应让城市人应接不暇，让城市生活不再美好，让城市管理者焦头烂额，并让城市管理成为被大家反复诟病的弱势行业。

当城市问题多发、频发，城市管理效果不佳之时，城市居民，包括不断涌入城市的农村人口，对城市品质的要求、对自身生活品质的要求却随着我国经济发展水平、人均收入水平的不断增长而迅速提高。再加上中央顶层设计对诸如改善城市秩序、促进城市和谐、提升城市品质、优化城市生态、完善城市文化等的高度重视和全面强调，助推了城市居民和城市社会对高质量城市管理的客观要求，使得现有城市的管理水平和管理绩效与城市居民的需求之间存在着不小的落差，有时甚至出现严重脱节现象。因此，城市管理成为现代城市良性运行、和谐发展的短板，因此也成为城市良性运行、和谐发展最需要攻克的难关。实际上，在城市发展的内在逻辑中，存在着这样一个显见的关系链，即城市品质、城市管理与城市人口生活质量的关系链条。正如“城市让生活更美好”(better city, better life)所揭示的,城市的最本质属性应该是人类美好生活的载体,但是,城市并不能自然而然地让人类生活变得美好或者更美好,它的实现需要有一个前提条件,或者说二者之间的联结必须有一个中间环节,经由一个促成机制,这个前提、中间环节或促成机制,就是城市管理,城市管理让城市社会和谐有序,和谐有序的社会才能给生活在城市里的人带来美好的生活。所以,体现一个完整链条的表述应该是这样的:管理让城市更有序、城市让生活更美好。因此,让城市生活更美好的关键因素不是城市本身,甚至也不是城市经济,而是城市管理。城市只是一个载体,可以让生活美好,也可以让生活陷入垃圾围城、交通拥堵、环境污染等恶劣状态之中;城市经济只是物质财富的载体,经济发展可以让生活富裕、美好,也可以让生活陷入千里飘烟、万里雾霾的窘境;城市管理则可以让城市社会更和谐,让城市发展更理性,让城市生活更美好,其在城市中的关键作用和核心位置不言自明。

第二,中央适时的政策决议,将城市管理的固有价值和生产力功能得以彰显和进一步实现。虽然人们对“管理也是生产力”[①]的认知有一个逐渐清晰和明确的过程,但是,管理的生产力功能却一直在按照自己的方式发挥着作用,但也因为人们认知水平的局限而无端制造出许多阻碍其发挥应有作用的种种障碍。时隔 37 年后再次召开的 2015 年中央城市工作会议是一个集中的信号,它以中央顶层政策设计的方式郑重宣告城市管理之于城市社会、城市发展的重要地位和关键作用,解放并推动了管理生产力的功能发挥:“抓城市工作,一定要抓住城市管理和服务这个重点,不断完善城市管理和服务,彻底改变粗放型管理方式,让人民群众在城市生活得更方便、更舒心、更美好。”紧接着,2015 年 12 月 24 日出台了《中共中央　国务院关于深入推进城市执法体制改革　改进城市管理工作的指导意见》,进一步强调,要“以城市管理现代化为指向,以理顺体制机制为途径,将城市管理执法体制改革作为推进城市发展方式转变的重要手段,与简政放权、放管结合、转变政府职能、规范行政权力运行等有机结合,构建权责明晰、服务为先、管理优化、执法规范、安全有序的城市管理体制,推动城市管理走向城市治理,促进城市运行高效有序,实现城市让生活更美好。”[②]这个“指导意见”抓住了人们反映强烈,影响城市社会良性运行、协调发展的重要工作领域——城市管理执法作出专项部署,显示了党中央、国务院对城市管理在现代城市发展中地位和作用的高度认知和严重关切,全面提升了包括城市管理执法在内的整个城市管理在城市工作中的实际地位和现实作

① 程国定.略论管理也是生产力.生产力研究,1992,3:34-38.

② 《中共中央 国务院关于深入推进城市执法体制改革 改进城市管理工作的指导意见》(2015 年 12 月 24 日),中央政府门户网站 www.gov.cn ,2015-12-30.

用,昭示着城市管理工作在整个城市工作体系中由边缘走向核心,由补充走向关键。

第三,高校城市管理专业逐渐呈现出如火如荼的发展态势。我国高校城市管理专业的办学历史最早可以追溯到1985年,但是,因为内外各种因素的影响,其发展过程并不顺利,2002年后,城市管理专业在各高校才开始被逐渐关注,陆陆续续有学校开办本科专业。2012年是个重要的转折点,这一年开始,城市管理专业正式进入教育部《普通高等学校本科专业目录(2012年)》,由"目录外专业"转为"目录内专业",城市管理专业有了自己的"名分",各高校的办学热情迅速提高,新上该专业的高校如雨后春笋般涌现;招收城市管理硕士研究生、博士研究生的高校也逐渐涌现。2015年出台的《中共中央 国务院关于深入推进城市执法体制改革 改进城市管理工作的指导意见》明确宣布,"鼓励高等学校设置城市管理专业或开设城市管理课程",以中央文件的形式倡议全国高校设置一个本科专业,这在党和国家的历史上,在高校发展的历史上还是非常罕见的,这如一股强劲的东风,将城市管理专业推到一个新的高度,在全国催生了一次新的发展高潮,业内外人士由衷发出同一个感叹:城市管理的春天到了!

春天到了,城市管理应该撸起袖子大干一番了,但是,理论上准备不足、实践中缺乏创新性应用型管理人才,是城市管理健康、可持续发展的致命弱点。实事求是地讲,我国的城市管理专业还是一个刚刚步入正轨的朝阳专业,2012年版的教育部《普通高等学校本科专业目录(2012年)》给予城市管理专业正式的名分,2015年中央的相关会议和决定初步开拓了城市管理阔步发展的坦途,但城市管理既缺少科学、系统的理论体系,也缺少结构合理、基础扎实、质量较高的本科教材,在某种程度上拖了大好春天时光的后腿。因此,创新理论、培养人才,是城市管理从业者,特别是高校城市管理专业教师及相关人员必须承担的重要历史使命。原先编写的《城市管理学概论》满足不了当下城市管理专业人才培养的需求,在此基础上重新编写的《城市管理学》是我们研究团队积极响应时代召唤所做出的理论努力。

本书由张本效任主编,夏葵媛、鲁先锋任副主编,具体任务分工如下:前言,张本效;第一章,张本效、杨超;第二章,付庆芬;第三章,朱慧斌、夏葵媛;第四章,张本效;第五章,余艳艳、夏葵媛;第六章,钱杭园;第七章,夏葵媛、朱慧斌;第八章,鲁先锋;第九章,张本效。浙江省杭州市余杭区城市管理综合执法局的钱卫忠、胡建军、许俊渊等在城市执法管理第一线工作的领导同志,也为本教材的出版贡献了自己的智慧和力量;城市管理专业的研究生、农业科技组织与服务专业的研究生,特别是倪晓宇同学在文字修改、外文翻译等方面也付出了辛勤的劳动,在此一并表示感谢！

与之前出版的《城市管理学概论》相比较，本书更注重参考、汲取国内外最新研究成果，并在总结实际教学工作经验的基础上进行了大量创新性研究。针对《城市管理学概论》在使用中发现的问题，进行了相应的改进和完善；并从整体上进行了全面的提升，包括内容的删减和增加，案例的补充和完善，结构上的调整等；最后，根据城市管理发展的实际情况和城市管理专业本科学生培养的实际需求，新增了前言、第八章和第九章。

由于水平有限，编写中难免有疏漏和不当之处，敬请广大读者朋友予以批评指正。

编　者

2017 年 3 月 10 日

目　录

第一章　城市管理与城市管理学

第一节　城市管理的含义及特征

一、什么是城市管理

城市是人类社会发展的一个客观存在，是人类文明和人类进步的标志。考察人类城市的发展史，我们可以发现，城市管理是伴随着城市的出现而出现的，也就是说，自从有了城市就有了城市管理的实践。城市在当代社会已经成为世界各国发展的一个重要因素，它是随近代工业化的快速发展进程而得到显著发展的。随着现代工业程度的提高，城市需要大量的熟练工人，城市人口就是在这样的环境下迅速得到了增加，这给城市政府的管理增加了难度，并且促使城市政府的管理模式从以前的管理路径逐步走向现代化的管理方式。社会发展到今天，各种特大城市、大城市、中等城市和小城市急剧发展，同时给城市带来了各种社会问题，这些问题的出现，不但给城市的管理增加了难度，而且也给城市管理工作带来更大的挑战。因此，城市管理也已经成为今天中国，乃至世界各地的城市生存和可持续发展的一个重要的条件。

什么是城市管理呢？城市管理的概念，因不同的学者理解差异而有不同的解释，同时因为国家的相异也有不同的阐释。一般来说，城市管理可以分为广义的城市管理和狭义的城市管理两种类型。

西方学者在理解和界定城市管理概念方面取得了较大的成就，目前看来，有三个版本的概念较为流行，其一是荷兰学者曼纳・彼得・范戴克的概念，他从三个层面对城市管理做出了自己的界定：

首先，城市管理决不仅仅是实体规划与总体规划问题。

其次，我们不能仅仅通过技术方案来解决城市问题，还必须与各利益主体（私营机构、市民、非政府机构和金融部门等）共同采取集成的方案来解决城市问题。

最后,尽管问题出现在不同的方面(例如,供水、卫生和环境),但解决问题的方案却需要在各利益主体之间进行权衡。

曼纳·彼得·范戴克的这个概念,既涉及城市管理的内容问题,也涉及城市管理的主体问题,同时还覆盖了城市管理的艺术和技巧问题,覆盖面积大,针对性强,为人们理解什么是城市管理,如何进行城市管理提供了很好的思考工具,最具有启发意义的是,它将城市的实体规划与总体规划也列入城市管理的范围,很好地理顺了传统意义上的规划与管理的关系。

西方较为流行的第二个城市管理概念来自于美国学者戴维·R·摩根,他是这样界定城市管理的:城市管理者必须理解各种外部力量相互作用形成的复杂环境。对于一个成功的管理者来说,学会谈判、讨价还价、劝导、妥协与掌握传统的行政技巧同样重要。

这个概念的特点是更多地关注了城市管理的环境约束问题,更多地从管理技巧上分析和研究城市管理,操作性较强。但是,严格说来,在概念界定方面,还存在着些许不足,它既没有告诉人们谁是城市管理的主体,也没有告诉人们城市管理的对象是什么,因此,并不是一个完整的城市管理概念。

西方较为流行的第三个城市管理概念来自于联合国生境中心,2000 年 5 月 8—12 日,联合国人类住区中心(或生境中心)在内罗毕举行“全面审查和评价《生境议程》实施情况的大会特别会议筹备委员会”第一届会议,提出了“健全的城市管理”的概念,它认为,城市管理是个人和公私机构用以规划和管理城市公共事务的众多方法的总和。这是一个调和各种相互冲突或彼此不同的利益以及可以采取合作行动的连续过程。它包括正式的体制,也包括非正式的安排和市民的社会资本。

这个概念是集体力量研究的结晶,它从管理的主体、管理的手段、管理的内容、管理的方法,乃至管理的体制等多个方面对城市管理进行了系统地梳理和界定,是人们认识、理解城市管理的有用工具,是城市管理者认知和管理城市的重要工具。

在我国,从传统意义上来讲,广义的城市管理,主要指城市政府以城市为对象,对城市所负担的管理任务,它主要是为实现特定目标而对城市运转和发展所做的控制行为和活动的总和。它的主要功能包括:发挥城市政府管理经济的职能,在城市政府的法定职责范围内,对城市的各项经济活动,进行科学有效的宏观控制、指导以及调节;对城市人口的生产(人口增长),实行严格的计划控制;对城市精神生产和精神生活,即精神文明建设,进行正确的指导、管理和调节;对城市生态环境和人民物质生活,进行必要的管理和调节;同时贯穿于城市规划、计划、指挥、监督和协调的全过程之中。

狭义的城市管理相当于市政管理,是指城市的政治系统为实现城市自身和国家的政治、经济、文化和生活的发展而展开的各项管理活动及其相互影响的过程。同时还涵盖城市的国家机关对市辖区内的各项行政事务和社会公共事务所进行的管理活动及其过程。主要包括:城市规划的制订和实施;城市法规的制订和实施;城市法规的制订和执行;城市各项基础设施的建设和管理;城市公共生活服务设施的建设和管理;城市的环境管理;城市治安和公共秩序的管理;城市财政、税收的管理;城市其他社会公共事务(如人口迁移、流动等)和公益事业(如社会救济、慈善事业等)的管理。在当今世界大多数国家的学者均认为:所谓的城市管理就是城市政府所进行的一系列具体的以城市的经济、社会以及文化发展提供基础的设施或条件,与此同时,为城市今后的发展提供有利于良性循环和协调发展条件,创造有益于城市功能完善和作用发挥的机制。城市管理者在这种城市管理中仅仅发挥着一种较为浅层次的管理功能,而对于超越经济生活、精神生产和物质生产往往不加干预。

分析上述城市管理广义与狭义两个方面概念,我们可以看出,就城市管理来说,管理具有多重的含义:①管理的概念牵涉到承认政府内部和外部都存在的所有权力。在许多的文献资料中,我们发现:管理常常包括政府、私人部门和民众社会。从这里我们可以发现,管理这个词不仅仅是施政。②管理可以表现在多个方面,有效或无能,专横或仁慈。管理在这方面是以一个中性词的面貌出现的。③管理强调的是“过程”。这个过程是基于许多参与者之间的复杂关系而做出的,而那些参与者均有着各自不同的甚至有时是相互冲突的优先事项。

综上所述,我们认为,可以将城市管理的概念表述为:城市管理是政府、社会及企业以城市为对象,通过规划、管理等多种手段,调和各种相互冲突或彼此不同的利益,促进城市良性运行、协调发展所进行的决策引导、规范协调、服务与经营城市的合作行动过程。它包括城市的社会管理、经济管理、文化管理、环境管理及基础设施管理等众多内容,是一个复杂综合的系统工程,是多层次、分系统、从宏观到微观纵横交织的管理网络。

自20世纪80年代开始,在管理领域中产生了一个新的概念:governance,即治理,治理概念的出现,对理解城市管理的概念和推进城市管理的实践具有重要意义。我国著名的社会学家郑杭生先生晚年曾对统治、管理和治理三个概念做过精确的界定与比较,详情见表1-1。

表 1-1 统治、管理和治理释义

	统治	管理	治理
权威来源	唯一性:权威、合法权利只能来自政府	为主性:权威、合法权利主要来自政府	权威、合法权利来自三大部门
运作过程	单向性:自上而下的命令,要求其他两大部门服从	主辅性:自上而下为主,自下而上为辅	双向性:自上而下、自下而上双向结合,强调上下互动
民主参与	凌驾性:排斥民主参与,政府凌驾在两大部门之上	半民主性:主观上要民主参与,但由于政府主导的习惯,民主往往是为民做主	民主性:通过合作、协调及对共同目标的确定等手段,达到对公共事务的治理
权力行使	号令性:依靠政府的权力,发号施令	管控性:由于政府主导的习惯,习惯于对市场社会进行管控	平等性:三大部门作用不同,地位平等,平等协商是主要的方法

表 1-1 对三个概念的界定与比较可以帮助我们更加深入的思考和解读城市管理概念及城市管理实践,可以帮助我们从发展的角度探讨城市管理的过去、现在与未来。实践中的城市管理不可能像概念那样,具有明确的边界和确定的内涵:要么是统治、要么是管理、要么是治理,它往往是混合型的,既可能是三者的混合,也可能是某两者的混合,因此,学习和理解城市管理,更应该从多主体间关系及多种方法的运用等角度,思考城市社会良性运行与协调发展何以可能和如何可能的问题。

二、城市管理的特征

中国社会一直是一个“家国”同理的社会形态,在这样一个社会中,城市的社会空间位置恰好处于比家大、比国小的一种中间状态,城市作为一个极为复杂的系统,我们可以把其看作国家这个大系统的缩影。基于城市结构的基本特征,它在地域、人口、生产力布局以及其他方面都与国家具有相似的特征。我们从这些基本特征出发,结合城市的多重功能和管理的各种要素,就会发现,城市管理具有下列几个方面的特征。

1. 政治性

城市管理实质上也是一种国家管理活动,或者说它是国家管理活动的一种重要组成部分。城市管理的主体,主要是城市的国家政权机关,它也是国家机关的一部分。城市管理主要通过城市政府借助国家法律、法规和规章制度,运用国家政治权力体系以及运行系统，来实施对城市的公共事业、公共事务等管理以及对城市的未来可持续发展提供有利于其发展的方向。城市管理在这一过程中，具有国家管理的性质，体现着国家的意志，代表着国家的利益。可以发现，城市管理在这一过程中，已经超出了简单的城市各种具体技术性和中介性等问题的管理，（如：城市各项基础设施的建设和管理；城市公共生活服务设施的建设和管理；城市的环境管理；城市治安和公共秩序的管理；城市财政、税收的管理；城市其他如人口迁移、流动等社会公共事务以及如社会救济、慈善事业等公益事业的管理），更主要的是城市管理还具有对城市特别重要的，诸如城市规划的制订和实施、城市法规的制订和执行等等一系列软性的活动，体现着某一个社会集团的利益和意志，从这种意义上来说，城市管理活动不但是一种国家政治活动，而且还是一种城市自身的政治活动。

2. 综合性

城市是一个复杂的综合体，城市管理活动也是一种综合性很强的管理活动。现代城市作为政治、经济、文化中心，它们各自具有不同的系统，在运行规律上也表现出既自成体系，又相互制约、互相影响，这些特点使城市具有集中、开放、多元、有机的特点，同时也决定了城市管理具有突出的复杂性和综合性。

从城市管理的客体或者内容来说，包括城市公共事业和公共事务的管理，各项城市的经济活动控制和对城市中居民的精神生活进行指导。从城市所面对的管理人员来说，包括了居住于城市中的各行各业的人。不同利益群体的人居住在一个城市中，就产生了各种各样的社会问题，城市管理的一个很大功能就是借助国家法律、法规和规章制度，平衡和调节各个不同利益群体之间的关系，使之和谐平安地在同一个地域范围内生活。与此同时，城市管理在时空的表现上具有不同的综合性特征：在时间上，主要反映在城市的长期、中期和短期的规划和年度计划上；在空间上，反映在城市各分系统的排列和布局上。在城市的管理方面，其内容广泛且丰富，主要包括城市规划建设管理、城市道路交通管理、城市文化管理和城市人口管理。总之，城市管理具有极为复杂的综合性。

3. 整体性

城市管理从狭义方面看，它就是市政管理，而市政是一个由各系统组成的有机整体。市政是一个大系统，它又有许多的分系统，例如市政组织系统、市政职能系统、市政体制系统、市政环境系统等，每个分系统下面又有许多相互关联的子系统。组成市政系统的元素很多，如组织要素、人员要素、财政要素、制度要素、行为要素等，每一种要素的内部又包括许多次级要素。这些市政要素中的各个要素之间是相互依存、相互作用、彼此联系的，形成了一个有机的组合关系；在市政管理过程的各个环节之间，又是相互制约的。而在市政系统、市政要素和市政过程之间，又是相互渗透、相互维系的，围绕着同一个市政目标，发挥着市政的整体功能。

4. 动态性

现代城市作为一个有机的整体，不仅是组织、制度、体制等方面的静态结构，更是一个有序的动态过程。因为城市管理是存在于城市，并以城市事务为对象的管理活动，其内部的各个局部的运转都会影响到整体的运行，因而要掌握城市运转的规律，必须从长远的、动态的视角来管理实施城市的发展战略目标。不能孤立地、静止地来看待构成城市管理的各个要素。不但要管理好局部，而且要把局部嵌入到整个大的城市管理的总体框架中来实施其运作。与此同时，城市管理过程的动态性也具有其自身的特点：

首先是相关性强，城市管理过程各个环境是一个有机的整体，它们之间互为条件，互相制约，彼此关联，其中任何一个环节出现问题，都可能会引起整个城市的生活产生混乱。

其次是灵敏性，城市管理的科学化和现代化，使得城市管理过程的每个环节都能发挥各自的功能，这种快捷的特点是同城市生活的节奏相适应的。

最后是民主程度高，在城市管理的过程中，几乎每一个环节都有市民的积极参与，在城市的决策活动和监督活动中尤其如此，这些活动使得城市管理表现为动态性的特征。

5. 双重性

城市管理本身就具有双重性的特点。在我国，城市管理不但要坚决贯彻党中央的大政方针，维护党中央的权威；同时又要从本市的实际情况出发，维护本市市民的合法权益和利益。因此，城市政府在城市管理的过程中，要力求将国家的整体利益和本市的具体利益协调一致。在不违背中央的大政方针的前提下，努力贴近本市的实际，实施有利于本市发展和良性循环的城市管理策略。既对上(中央)负责，同时也对下负责，只有这样才会使城市管理在发挥自己的特色上具有很大的余地。

6. 开放性

城市是一个兼容并蓄，开放型的大系统。其人口的流动和社会资本的流动，迫使城市必须具备一种开放式的管理，才能使城市很好地发挥其功能。城市是一个集散地，它的人口、自然资源、技术、文化、物流、信息、资金等，都具有这样的特征。

它们通过大规模的输出和输入，使城乡之间、城市与城市之间形成了一种活跃的合作关系，这种合作关系，使得城市管理只有增强城市的开放性功能，才能更具活力，使城市有一个很好的发展。

7. 复杂性

现代城市是一个包括政治、经济、文化、科学、教育、市政建设、环境、人口等各种要素组成的极为复杂的有机体。城市所包含的各种要素之间具有相对独立的体系或者系统，它们不但有自己的一套规则，并且各个因素之间又互相联系，互相作用。在各个因素(它们)之间永远处于一种变动的过程之中，这给城市管理工作造成了一定的难度，使城市管理变得有些复杂，也就是说，使城市管理具有了复杂性。在管理城市的过程中，不仅要从整体上把握城市发展的复杂性，也要研究城市中的每个要素的变化对城市管理和城市发展所产生的影响，寻找其规律，进而采用合理的方式来整合城市的各个因素，更好地发挥它的整体功能。

8. 闭合性

现代城市管理具有闭合性的特征。城市本身就具有自己的一套系统，这一套系统闭合性特征表现如下：

首先是其管理体系的封闭。决策层、管理层、执行层、反馈层等各层次构成一个封闭的回路。城市管理的这种体系，使每个层次之间互相作用、互相制约，形成了一个互相监督的机制，各个层次的机构之间互相监督，一种权力接受另一种权力的制约。这种封闭的城市管理体制，才使得城市管理从无效的管理逐渐转为有效的管理。

其次，城市管理具有多种职能，各种职能之间既有区别，又有联系，它们之间互为因果，具有相互制约的功能。因此，城市管理的职能本身就具有封闭性的特点。

最后，对于现代城市来说，要使城市发挥自己应有的功能，必须具有一整套完整管理法规和制度。现代城市管理正从传统的城市管理向科学管理迈进，即城市管理的职能正从政府作为公共产品的直接提供者向公共管理的宏观协调者转换。城市管理正是通过这些法律、法规和各种制度的约束力使城市管理达到有效的管理。在管理方面运用各种法律、法规和规章制度行使执法权的同时，应当具有有力的监督权或者一个完整的监督机制，这样才能使城市管理在实践中获得成功，同时城市管理只有具备一个由执法和监督构成的完整的封闭的体系，才能使城市管理得到显著的成果。

9. 边缘性

城市管理学是一门综合学科，横跨自然科学和社会科学两大领域，是多学科多边多元杂交而形成的一门边缘学科。正是因为城市管理学的这种边缘性的特点，才给城市管理带来了巨大的活力，使其在社会科学、自然科学和思维科学等领域，开拓出新的领地，为城市的管理发挥更大的效果。

10. 实用性

城市管理学是以实用和使用为目的的学科，是一门实践性的学科，它具体体现在城市的规划、建设和管理的各个具体的层面，研究城市管理的最优方法，提高管理质量的有效途径，使从事城市建设和城市管理者在理论上开阔视野，在实践上指导具体的工作和方法，使城市管理学真正成为管理者的参考和帮手。

第二节　城市管理的基本原则

实践表明，城市管理要想实现科学化和合理化的管理，必须有相应的管理原则和方法的辅助，只有这样，才能确保城市最大限度地发挥其各种功能，满足城市居民日常生产、生活的多种需要。一般来说，城市管理原则是指城市管理者对本城市管理时，为实现城市的有效运转和城市的可持续发展而必须遵从的一套行为规范和准则。我们考察古今中外的城市，会发现，每个城市因其自身条件的差异和所实现目标的不同，遵从的原则也互不相同，但总体来说，顺利、高效的城市管理一般都应该遵循以下原则。

1. 综合效益的原则

现代化城市是一个由经济系统、社会系统和环境系统组成的复合系统，它同时进行着经济再生产、人口再生产和生态再生产，城市在这三种再生产中分别产生经济效益、社会效益和环境效益。综合效益指的是经济效益、环境效益和社会效益三者统一，相互促进，相互关联的原则。一个城市的管理和发展都应该从城市的总体目标出发，对经济活动、环境条件（社会环境和自然环境）和社会活动进行全面的规划，使城市的社会效益、经济效益和环境效益得到协调发展。任何社会或城市的发展必须具有高度发达的社会化生产，而高度的社会化基础是以具备高效能的基础设施作为后盾，同时应当有良好的环境作为社会发展的根本基础。因此，以可持续发展为导向的城市管理是一个三维概念，它包括了城市经济管理、城市社会管理和城市环境管理形成的三个方面的公共事务。城市管理的任务就是要解决城市在经济、社会、环境方面表现出来的追求目标与当前现状之间的强烈反差，即各种城市问题。

2. 以人为本的原则

任何社会的主体都是人，城市作为一个社会也毫无例外。城市管理可持续发展也需要围绕以人为本的发展目标建立有利于促进有活力、低代价的经济增长，有利于城市经济、社会、环境的整合发展，有利于人民生活质量的提高。在空间布局上满足人的活动要求，在生态环境上有益于人的生理健康要求，在人际关系上适应人的交往要求，在文化氛围上有助于陶冶情操的要求，在日常生活及出行上符合人的方便要求。联合国大会通过的《里约宣言》曾指出："Humanbeings are at the centre of concerns for sustainable development. They are entitled to a healthy and productive life in harmony with nature."[①]即"人类处于普受关注的可持续发展问题的中心。他们应享有以与自然相和谐的方式过健康而富有生产成果的生活的权利。"这其实就是人是可持续发展的根本目标和价值趋向。总之，一切从人的需要出发。

3. 因市制宜的原则

不同的城市因为自己的社会环境和自然环境的不同，而导致的城市功能和自己特征也不同。如北京，作为国家的首都，是全国的政治、文化活动的中心；上海，是综合性经济中心；桂林，是山水旅游城市；西安，是中国著名的古都，成为著名的文化旅游城市；深圳，是经济开发特区；香港和澳门则是一国两制的社会经济发展特区。这些城市因为其城市的性质、历史原因、社会和自然环境的相异而承担着不同的功能，形成自己独有的特征，所以，在城市管理和建设过程中，就必须区别对待，要一切从实际出发，因地制宜，实事求是，切勿凭空想象，盲目管理。

4. 系统管理的原则

系统一般有三个特点：①系统是一个由若干部分（要素）以一定结构组成的互相联系的整体；②系统整体可以分解为若干基本要素；③系统整体有不同于各组成部分的新的功能。城市管理中坚持系统的原则，就是要将系统的思想和方法作为研究、分析和处理城市管理问题的准则。这也是现代城市管理区别于传统城市管理的重要特点之一。城市是一个完整的系统，各子系统只有在城市政府的统一规

---

① www. teaching. jmt. nankai. edu. cn，2005-5-26.

划指导下，各行各业之间才能合理布局，合理投资建设。

5. 保护生态平衡，合理利用资源的原则

在中国现代化的进程中曾面临一些共同的问题——建设和管理城市没有从生态平衡角度来考虑协调发展，对水、地等自然资源的任意使用，对排放毒物、污染环境的问题没有高度的重视，使得当前许多城市出现了能源紧张、水源不足、人口膨胀、环境污染等等社会问题。因此，重视城市生态经济平衡，合理有效地利用资源是城市管理主体自觉的价值取向和重要原则。当前城市管理最重要的是保护土地资源，绿化环境，节水、节能，控制人口规模，改善人居环境。

6. 法制性原则

城市管理法规是根据城市的发展计划而制订的规范性条例，是城市建设和发展的重要依据。我国是一个法治国家，现代城市是一个复杂的综合体。城市的发展要求城市管理具有理性和一定的系统性，克服盲目性、随意性而带来的种种不必要的阻碍，做到有法可依，有法必依，使城市管理走向规范化、制度化。

7. 相异城市不同区别对待的原则

相异的城市，因为文化、历史背景和地理环境的不同，对于城市的管理也应该具有不同的方式。例如，城市在层次上具有不同的区别。城市可以根据大小分为特大城市、大城市、中等城市、小城市、小城镇等，我们在管理这些不同层次的城市时，必须因地制宜，因时制宜来管理城市，不同城市之间在管理城市时，可以借鉴成功的管理经验，而不能模仿不同城市的管理经验。

8. 开放原则

城市管理要坚持开放的原则，必须在国家法律、法规的约束下，通过与外界的交流与合作来实现城市自身的良性运行、促使城市自身的可持续发展。目前，我国正处于社会主义商品经济发展的上升繁荣时期，城市的经济繁荣和发展必然要求城市管理不是封闭的，应当是面向其他城市、乡村，面向世界的，这是对外开放政策的一个必然要求的结果。现代城市发展是社会化大生产，社会化大生产需要进行专业的分工，同时需要在专业分工的基础上进行广泛的合作，充分发挥各自的优势，达到最佳的结合。城市的开放也就是要从根本上打开城门，冲破分割体制的束缚，从而使城市经济发展获取最大的综合经济效益。因此，城市管理的开放原则要求城市管理者多方位、多角度和外部合作交流，比如在资金、技术、设备、人才等多方面的交流和合作，疏通城乡之间、地区之间、城市与城市之间的商品流通渠道；对外扩大经济合作和交流，吸收外资，引进国外先进科学技术，学习和借鉴发达国家科学管理经验。

9. 服务性原则

城市管理的最终目标是为城市的社会经济发展服务。城市管理一方面为经济文化发展提供良好的社会环境和社会秩序；另一方面为城市居民提供优质的生活和生产环境。因而城市管理具有明显的服务性。

10. 目标性原则

制定城市管理的目标是为了因地制宜，从城市自身的自然条件、社会条件、基础设施、历史资源和人文资源来通盘考虑，这是完善城市管理的对象范围，确定管理手段和管理方法的依据。同时在确定一个城市的未来发展目标时，注意城市发展不同层次的发展目标，近期目标、中长期目标和远景目标，这是一个城市健康可持续发展的有效途径。

第三节　城市管理学的研究方法

城市是一个复杂的综合体，城市管理中面临的问题也是复杂多变的，因此，人们研究城市管理的方法也呈现出多种学科方法借鉴的特征，依据城市管理学的特点，我们认为，研究城市管理的方法可以有以下几种。

1. 系统分析的方法

系统分析的方法就是把系统作为研究城市的出发点，主要研究整体和部分、内部和外部之间的相互作用和相互制约的关系。系统分析的方法有助于把城市看成一个完整的有机整体，从而把城市管理看成一个由各种因素组成的有机的、完整的统一活动。系统的研究方法，可以使我们既关注城市内部自然的、社会的、经济的以及其他方面的因素之间互相制约和互相作用的关系，也要顾及城市与乡村之间，城市与城市之间相互制约和相互作用的关系。系统分析的方法要求我们从整体上看问题，用发展的眼光来看城市管理问题，注意城市发展不同阶段所处的环境，在分析、协调、解决城市管理中所出现的问题时要有大局观。

一般来说，系统方法全过程具有一些相关的步骤：①搜集数据和资料。②有针对性地选择目标（社会的、经济的、效益的和技术指标）。③系统综合。综合各种实施方案、措施、标准，形成系统的整体性概念。④系统分析。数字分析，模型分析,并对方案进行定性分析、定量计算等。⑤系统选择。对各个方案进行比较鉴别,选择最优的方案予以采纳。⑥决策。⑦实施计划。实施中对系统进行评估检验。

通过这些步骤,我们就会综合多种知识和学科,逐渐形成城市管理学的学科体系,在这样一个理性的系统管理工程中求得效益,求得发展,求得开拓创新。因而,城市管理学的根本思想方法就是系统化方法。

2.定性分析和定量分析相结合的方法

对于城市问题和城市管理的研究,除定性分析外,一定要注意定量的分析。注意充分收集和分析城市中有关数据资料,科学地确定城市管理的指标体系。在定量分析与定性分析的基础上做出正确的结论。

3.理论分析与实践相结合的方法

城市管理学是一门应用性很强的学科,它具有直接的实践性。但是,在我国,城市管理学还是一门新兴的学科,各个方面还都比较薄弱,因此,我们在进行城市管理研究时,首先要借助西方国家在城市管理中取得的成果和有益的经验,提高我们发展社会主义城市管理的理论水平,同时促进城市管理的实践快速发展。因此,我们在城市管理中,不但要提高我们的理论水平,更要结合实际情况,充分重视城市管理过程的实践活动。

4.综合研究的方法

现代科学发展的一个显著特点是自然科学和社会科学的相互交叉和渗透。这种发展的必然结果是许多边缘学科的产生。边缘学科的产生反过来也为自然科学和社会科学各门学科的研究提供了许多新的有效的工具。城市管理学是一门综合性很强的学科,其研究涉及社会学、生态学、管理学、人口学等多学科的知识,这些学科的综合运用,可以给城市管理的研究提供十分有利的条件。

5.比较的方法

要想真正了解城市管理学,我们就必须认清城市管理的规律。要实现这个目标,最简单和最好的办法就是找出城市管理中具有普遍性的东西,共有的特质和个性化的特点,以及一些具有特殊性的方面加以区别。能达到这样目的的方法就是比较的方法。对城市进行系统的比较研究,既可以是跨区域的比较研究,也可以是跨文化的比较研究。经过比较才能有鉴别,才能最终找到科学的、合理的方法。

6. 历史的方法

中国历史上的城市发展是相当发达的，比如唐长安城，当时就已经是世界上最大的城市，至今也可以说是世界上规划最为整齐的城市。城市在不同的区域具有不同用途和作用。自古至今，中国历史上曾经出现过许多不同的城市，这为纵向的历史比较研究提供了许多便利之处。坦率地说，任何城市管理者终其一生不可能经历城市发展的整个历史阶段，只有在历史资料和历史文献中才可以发现从事城市管理的历史性视野。

7. 城市管理的信息方法

从系统控制的视角来说，管理活动实质上就是一种信息系统的控制活动。所谓信息方法就是运用信息的方法和理论分析研究管理系统的性能和运动方式、结构和规律的方法。城市管理是一种系统性很强的社会活动，它的各个职能的实现，各个环节的运动，无论是收集信息，统计材料，制订计划方案，还是做出决策或进行组织、协调和反馈，从每一个局部到整体，都涵盖着信息的变换处理。例如在工业领域，人们用信息方法来探索工业资源，调整工业结构，规划和控制生产过程，管理工厂，甚至车间。

8. 抽象的方法

城市管理学是揭示城市发展一般规律和方法的一门学问。这就要求城市管理学把城市中存在于各个管理学科和各种管理实践中相关理论和问题抽象出来，并从整体上描述它们之间的内在关系，从而形成城市管理学理论框架。因此，无论在建构城市管理学过程中，还是在研究城市具体问题、提出城市管理对策的过程中，都离不开抽象的方法。

第四节　城市管理学和其他学科之间的关系

城市管理虽然也是管理的一种，需要通过一定的国家管理机构，运用计划、组织、指挥、协调、控制和监督等方式，利用人力、物力和财力等资源，达到一种管理城市的目的。但是，作为一门具有自己独特领域和独特方法的学科，在现实实践中，要真正了解城市管理学，除了理解它自身的定义以外，主要的方法就是将之与其他相关学科进行比较。下面我们将从不同的角度，把城市管理学与其他一些相近的学科进行比较，从而使大家能更清晰地理解、认识城市管理学。

1. 城市管理学和城市规划学

城市规划学是以城市发展的计划和各项建设的综合部署为研究对象，重点在于从工程技术的角度研究城市发展依据、空间布局和各项专业工程问题。从这里我们可以发现，城市管理学和城市规划学之间是互相联系、互相交叉、互相渗透的。城市管理学的研究需要借助城市规划学来提供理论和方法，城市规划学也要借助城市管理学所揭示的城市社会经济发展的规律，并以之作为进行城市空间研究的出发点。当然，城市管理学和城市规划学之间也有区别，首先，城市管理学的研究是综合性的，它主要偏重于人文社会科学一面，城市规划学则是偏重于技术性；其次，城市规划学主要涉及城市空间结构和生产要素具体布局的问题，城市管理学尽管要涉及这些问题，它只是从整体上进行研究，并且所涉及的范围并不仅仅限于城市空间布局。

2. 城市管理学和城市经济学

总体说来，它们两者之间既有联系，又有区别。从联系的角度来说，它们两者都要研究城市经济，而且城市管理学要以城市经济学所揭示的城市经济运行规律作为依据来组织和管理城市经济活动，两者的目的都在提高城市的经济效益；同时城市管理学和城市经济学之间也有区别，从范围上来说，城市管理学研究对象明显大于城市经济学，从两者的侧重上来说，城市管理学是从具体的管理及管理运行模式的角度研究城市经济的运行，而城市管理学则是从理论的角度来揭示城市经济运行规律。

3. 城市管理学和城市地理学

城市地理学仅从地理的角度研究城市空间范围内的生产力布局，并不涉及城市生产的组织和管理，也不涉及城市的生产关系，更不涉及政治的、社会的因素。因而，城市地理学的研究范围明显的要小于城市管理学。当然，城市地理学和城市管理学之间也有联系。

城市地理学已经有上百年的历史，而城市管理学在我国尚处于起步阶段，这样城市管理学就不得不借助城市地理学所揭示的理论和方法作为城市管理学研究的基础，作为研究问题、认识问题的工具。

4. 城市管理学和城市基础设施管理学

这两者之间既有区别也有联系。联系在于，城市管理学所揭示的理论、原则是城市基础设施管理学的依据和出发点。也可以说，城市基础设施管理学是城市管理学在市政管理方面的具体化。它们的区别在于，侧重有所不同，城市管理学主要在于研究总体上对于城市基础设施的控制和城市基础设施与其他城市部门之间的协调，而城市基础设施管理学重点在于揭示本部门之间的经营管理，在广度上不如城市管理学，而在深度上却比城市管理学要略胜一筹。

5. 城市管理学与行政管理学

行政管理学是研究国家行政机关如何管理好社会公共事务的科学。城市管理学是研究城市国家行政机关如何对本区域内的社会公共事务进行规划、建设和管理的科学。从这个方面看，城市管理学是行政管理学的一个分支学科，具有整体与部分，一般与个别的关系。它们是一种母学科和子学科之间的关系。行政管理学在于阐释行政管理、行政决策、行政领导、行政组织、人事行政、行政方法、财务行政、行政法规和机关行政等一系列内容的一般原理、规则和方法，这些关于行政管理的一般原理、规则和方法，也同样适合于城市管理学。总的来说，城市管理学的研究重点在于城市政策，而行政管理学重点在于行政原理。

6. 城市管理学和城市学

随着城市问题的日益恶化和城市科学的分化，城市问题的解决越来越不能离开城市公共机构的权力运用。城市科学和城市日常问题的解决，迫切需要管理科学的帮助，才能比较合理和完满的解决城市中产生的问题。城市管理的客体是城市存在的主要矛盾和普遍的问题，城市中很多问题和矛盾的恶化，其实就是由于城市管理不善而引起的。因此，城市学和城市管理学之间渗透的趋势越来越明显，城市学和城市管理学在很多问题上都是一致的。当然，城市学和城市管理学在研究视角和方法上也有不同的地方。城市学主要研究城市发展中宏观的、具有战略性的和综合性的问题。现阶段主要针对城市发展中重大实际问题进行研究，例如，城市发展与经济发展的关系，城市发展与社会发展的关系，城市发展与生产力布局的关系，城市发展与乡村发展的关系，城市发展与城市经济、社会和环境可持续发展相结合的问题等等。

7. 城市管理学和行政法学

行政法学是法学的一门分支学科，它以行政法律规范作为自己的研究对象，主要研究行政管理活动中的法律关系。而城市管理学研究的则是城市中的普遍规律和行为规范，与行政法学有着密切的关系。在城市管理过程中，市政府为了保证自身的正常运转和有效的工作，除了要遵守国家宪法和其他法律之外，还要在宪法所授权限之内，制定一些强制性的行政管理法规，例如，命令、决议、布告、章程、条例等，来处理城市的各项行政事务，使市政府的工作有法可依、有章可循，用法律的手段来完成城市管理的职能，从而维护市政府的权威，提高城市管理的效能和效率。

本章思考题

1. 城市管理的含义以及特征是什么？
2. 城市管理的基本原则是什么？
3. 城市管理学的研究方法有哪些？

第二章　城市管理理论溯源与发展

第一节　城市发展与城市管理

一、城市起源与城市管理

城市是一个地区的政治、经济、文化中心，对整个社会经济和人类文明的发展具有巨大的推动作用。那么，什么是城市？对于这个问题，似乎谁都知道，但要准确全面地给城市下一个定义却又十分困难。目前，关于城市的定义五花八门，每种说法都有一定的道理，但或者不够全面，或者不够准确。在学术界，城市这一概念没有获得统一认识。为了更好地理解这一概念，我们有必要先来了解城市的起源。

（一）城市的起源

城市最早起源于今天的尼罗河流域和印度河流域一带。埃及是古代文明的发源地之一，也是城市的发祥地。当时，尼罗河水每年定时泛滥给埃及发展农业生产提供了条件。法老组织人们从事大规模的水利工程，在肥沃的冲积平原上发展农业生产，这为城市居民点的建立创造了条件。古埃及早期城市是防御外来侵犯而建立起来的，是生产力发展的必然结果。正如马克思所指出："物质劳动和精神劳动的最大的一次分工，就是城市和乡村的分离。"[①]古埃及著名的城市有孟菲斯城、底比斯城等。为了防止水患，这些城市建立在高地或者人工砌筑的高台上。古埃及统治者认为自己是掌握土地命运并操纵尼罗河水每年定时泛滥的守护神，他们借助诸神的魔力来统治人民。他们还为自己修建宏伟的陵墓——金字塔等，与他们"永不"腐朽的木乃伊尸体一起，保佑其社会兴旺，统治永存。因而，这些城市的设计只是体现了古埃及国王的意志。随着王朝更替，国王所在地的变化，这些城市或者被革新，或者消灭。

---

① 马克思.德意志意识形态.《马克思恩格斯全集》第3卷.人民出版社，1965:56.

随着生产力的进一步发展，手工业、商业逐渐发展和兴盛。城市的规划和建设也逐渐不再是单单满足统治者的意志，而开始顾及城市居民的生活需求。

中国城市的出现应该在西周。这时的城市还是城和市的结合体，往往先筑城而后设市。[①] 而说到城和市的出现，则早在原始社会后期即已出现。最早的“城”是为防御之用，所谓“筑城以卫君，造郭以守民”。城，就是用夯土筑成的高大墙体，连成一线称长城，围成一圈就是城。可见，最初的城还不具备城市的基本形态，只是防御工程。市是货物交换的地方，最初与城没有关系。只有当买卖目的的“市”移到城墙内外进行时，作为军事防御的城和商品交换的市才发生联系，并逐渐发展成为城市。因此，中国早期的城市是在城内设市以后出现的。而有些城，如山寨、水寨，只服从于防御和居住目的，并不形成城市。随着农业、手工业和商业的发展，在道路交叉口、水路码头、军事要塞、人口密集的地方也逐渐发展为城市，这时的城市已经并不需要筑城了。

(二)“城市”名称

从城市的形成和发展看，如果说早期的城市是以城墙为标志，那么，随着生产力的发展，城市的这种军事防御功能就越来越淡化直至消失。作为交换目的的“市”的功能则得到进一步发展，商业、金融等经济职能越来越成为城市得以形成和发展的重要功能。可见，“城市”一词原来是一个并列复合词，随着城市功能的变化，就逐渐偏重在“市”了。再到后来，“城”最初的防御之义消失，城就具有了市的含义，城、市不分，城即市，市即城，二者逐渐成为一个统一体。另外，现在的“市”还被设置为行政建置单位。

可见，随社会的发展，城市一词也在不断变化，因此，很难给“城市”定义作一个统一。就目前来说，可以简单地认为，城市是有一定人口规模，并以非农产业为主，和农村相对的一种特殊聚落形态。从广义上讲管理城市的活动产生的时间应该和城市的产生时间一致，管理的内容也将随城市的发展不断丰富。

二、工业化、城市化与城市管理

城市是人类文明进步的产物，也随着人类文明的发展而不断发展。

“考古资料证明，世界最早的城市是位于死海北岸的古里乔，距今 9 000 年左右。”[②]据此可以说，人类的城市至少已有 9 000 年的发展历史。但是，古代城市产

① 马正林编. 中国城市历史地理. 山东教育出版社，1998，10：19.

② 刘铮等主编. 人口理论教程. 中国人民大学出版社，1985：251.

生后，其发展是非常缓慢的，一直到1800年，世界城市人口占总人口的比重不会超过3%，[①]而邬沧萍等主编的《世界人口》则认为："1800年，世界城市人口比例不过1%"。[②]

城市的快速发展是随着人类工业文明的产生而进行的。

18世纪开始于英国的工业革命，开创了人类历史的新纪元，引起整个生产方式的巨大变革，使资本主义生产关系、工业社会取代农业社会。这成为现代城市高速发展的根本动力。

1735年，珍妮纺纱机在英国制造，标志着工业革命的开始。1784年，蒸汽机在英国诞生，并被用于纺纱机的动力推动，从而大大推动了机器大工业的发展。机器大工业生产的需求，使原料、人口、水、动力、道路与运输等基础设施聚集在一起，产生工业的聚集效应。也就是说，许多工厂、企业聚集在一起，可以相互分工协作，共同使用基础设施，节约资金，降低成本，提高经济效益。与此同时，工业产品源源不断投入市场，人口集中也同时带来饮食服务、商业贸易的发展，促进交通运输、通讯、金融保险业和各种服务行业的发展。因此，工业中心又是商贸中心，也是服务业需求较多的地方。于是，城市人口日益聚集，城市规模不断扩大。正如恩格斯所说："城市愈大，搬到里面就愈有利，因为这里有铁路、有运河、有公路；可以挑选的熟练工人也愈多；由于建筑业和机械制造业的竞争，在这种一切都方便的地方开办新的企业，比起不仅建筑材料要从其他地方运来，而且建筑工人和工厂工人也要预先从其他地方运来的比较遥远的地方，花费比较少的钱就行了；这里有顾客云集的市场和交易所，这里跟原料市场和成品销售市场有直接的联系，这就决定了大工厂城市惊人迅速地成长。"[③]

工业革命使世界城市迅速崛起。经典的现代化理论把以农业为主、人均收入低微的社会变为一个工业化、城市化的社会称为现代化。城市化正是伴随工业化的进程而迅速发展起来的。

英国是工业革命的起源地，英国也因而成为世界上城市化进展最早和第一个基本实现城市化的国家。18世纪早期，英国城市人口约占总人口的20%，1801年上升到33%，1800—1850年，英国5 000人以上的城镇由106个猛增到265个。至1851年，英国则已有580多座城镇，人口占总人口的54%，基本实现城市化，成为世界上第一个城市化国家。而当时世界城市人口仅占世界总人口的6.5%。英国伦敦作为工业化早期城市的典型，1800年人口为85万，1850年就增至268万，至

---

① [苏]B·Ч·乌尔拉尼斯主编.世界各国人口手册.商务印书馆，1982:584.

② 邬沧萍等.世界人口.中国人民大学出版社，1983:265.

③ 《马克思恩格斯全集》第2卷，人民出版社，1965:300.

1900 年则达到 600 万,成为当时世界上最大的城市。可见,工业革命促成英国城市化的实现,也使英国成为当时世界上实力最强大的国家。伦敦集中反映了英国工业革命和城市化的成就:“像伦敦这样的城市,就是逛上几个钟头也看不到它的尽头……250 万人这样聚集在一个地方,使这 250 万人的力量增加了 100 倍;他们把伦敦变成了全世界的商业首都,建造了巨大的船坞,并聚集了经常布满泰晤士河的成千的船只。从海面向伦敦桥溯流而上时看到的泰晤士河的景色,是再动人不过的了。在两边,特别是在乌里治以上的这许多房屋、造船厂,沿着两岸停泊的无数船只,这些船只愈来愈密集,最后只在河当中留下一条狭窄的空间,成百的轮船就在这条狭窄的空间中不断地来来去去——这一切是这样雄伟,这样壮丽,简直令人陶醉,使人还在踏上英国的土地以前就不能不对英国的伟大感到惊奇。”①

继英国后,轰轰烈烈的工业革命席卷欧洲。从此,在人类文明史上,资本主义文明战胜封建主义文明,在封建文明时期一直处于世界先进行列的中国在近代被欧洲工业革命和城市化的飞速发展抛在了后面。

在英国的影响下,城市化向各国推广,欧美各国先后基本实现城市化。1950 年,世界城市人口占总人口的 28.4%,而欧美国家的城市人口则占总人口的 51.8%。20 世纪中叶后,随着经济的发展,城市化在全球范围内得到推广,城市化速度大大加快,城市人口稳步增长。至 1999 年 10 月,全球已经有一半以上的人口居住在城市。其中发达国家城市人口比重已达 80%以上。据估计,在 21 世纪初的 25 年里,城市人口将增加 15 亿,绝大部分在发展中国家。到 2025 年,世界人口的 2/3 将居住在城市。城市化速度之快和数量之大、规模之巨,使其已成为 21 世纪的重大挑战之一。

发达国家的城市化则出现了新的特点,进入新的发展阶段——城市郊区化和大都市区化。像城市化水平最高的美国,早在 20 世纪 70 年代就开始了“郊区化”,即人口从市区向郊区转移。1990 年,美国人口在百万以上的大型大都市区,其数量就已由 11 个增加到 40 个,人口由 3 490 万增加到 1.33 亿,占美国总人口的比例由 25.5%上升到 53.4%。美国人口统计署在公布这一统计结果时,采用了一个醒目的大标题:“全国人口有半数以上居住在大型大都市区”,而“截至 2000 年,大都市区人口已占美国总人口的 80%以上,百万人口以上的大型大都市区数量达 47 个,其人口占美国总人口的比例进一步增至 57.5%,占全国大都市区人口的 71.6%,

① 《马克思恩格斯全集》第 2 卷,人民出版社,1965:303.

其中，仅纽约、洛杉矶、芝加哥、旧金山、费城五大都市，就拥有全国 1/5 的人口。”①

在大都市区密集的地区又形成了大城市连绵区或巨型城市带，比较著名的有美国以纽约、芝加哥、洛杉矶为中心的大城市连绵区，英国的伦敦、日本的东京、德国的鲁尔城市带等。我国目前已有三个城市浮出水面，逐渐形成未来中国大城市连绵区，一个是以上海为龙头的长江三角洲城市带，一个是以北京、天津为核心的大北京城市带，第三个则是以广州为核心的珠江三角洲大城市带。

总之，全世界无论是穷国还是富国，无论是社会主义国家还是资本主义国家，都已经走向或正在走向高度城市文明。这是历史的趋势，也是经济发展，人类文明进步的时机。因而许多有识之士惊叹：

“城市化是个世界性现象，它同样地影响着富裕国家和贫穷国家……一个与世界城市化完全背道而驰的趋势是不可能的。”②

“21 世纪将成为一个大型的城市世界。”

然而，伴随着工业化、现代化同时进行的城市化，一方面，它促进了现代城市和文明的发展，这就是与古代城市以高大的宫殿和高耸的城墙为城市建筑标志不同，高楼大厦成为现代城市建筑的标志。在最近一二百年中，鳞次栉比的高层建筑在城市中心不断拔地而起，愈来愈多，愈来愈高。这就使得城市的聚集功能愈来愈强。先是大型商店、酒店和公司写字楼入驻高层建筑，继而居民住宅、公寓也大量进入高层楼房。人口密集、商业和服务业等的大规模构成了现代城市的繁荣和发达，充分发挥着城市的聚集功能，使城市成为经济快速增长和发展的动力和人类文明的领头羊。可以说，城市已成为现代社会的一种标志，没有城市也就无从谈起现代文明和现代经济的发展。

另一方面，正是现代城市的这种聚集功能，也使城市化产生了它的负面影响，如城市人口过密、交通拥挤、住房紧张、环境污染和城市失业、社会失序、贫困、犯罪、吸毒、自杀等城市问题(或称之为“城市病”)，一直是困扰城市和全社会共同关注的城市痼疾，也是阻碍城市和人类文明进一步发展的绊脚石。

中国城市“病”在今天尤其触目惊心：世界卫生组织于 1998 年公布世界十大污染最严重的城市，中国就有 8 个！2004 年联合国公布不适宜人类居住的 20 个著名城市，有 16 个在中国！

然而，城市病绝不是城市化所追求的“目标”。正如古希腊哲学家亚里士多德

---

① 王旭. 美国城市化的历史解读. 岳麓书社，2003，10：44.

② [美]查尔斯·P·金德尔伯格等著，张欣等译. 经济发展. 上海译文出版社，1986：294.

所说:“我们之所以从乡村来到城市,是为了生活得更好。”

综上所述,城市化已成为人类文明进步不可逆转的趋势,而城市问题则阻挠着城市的发展。如何在快速城市化的道路上,发挥城市的聚集功能,消除城市问题,使城市真正成为人类生活的美好家园,是每一个人所关心的问题,也是城市管理者和城市科学研究者,尤其是城市管理学研究者的首要任务。

就我国而言,我国的社会结构在转型,经济体制在转轨,社会经济快速发展,城市数量、人口、用地激剧增加,城市规模急速扩大,城市化的加速时代已经到来,各种社会矛盾和问题凸显出来。中国能否在未来世界取胜,关键在于中国能否拥有一大批具有全球竞争力的城市。正如中国社科院著名城市研究专家倪鹏飞所说:“当城市成功时,国家也就成功了。”全球竞争力城市的发展,对未来中国的命运至关重要,这是我们所面临的急迫而又不容含糊的问题。

第二节　现代城市管理理论的诞生与发展

自从有了城市文明,城市生活便成为人类追求的最高水平生活方式。能做一个“城市人”,是身份、素质、文明的象征。

自从城市文明诞生,便开始了人类的城市管理。法国建筑史家皮埃里・拉弗丹根据罗马城遗址,归纳出古罗马城市规划的四个因素:选址、分区规划布局、方位定向以及神学思想。当时,古罗马已经有了自己专门的城市规划家。在他们的规划下,罗马共和国营建了罗马营寨城、古罗马城和罗马共和广场以及庞贝古城。其城市公用基础设施:道路、桥梁、高架水道、城防设施、公共建筑等已有建设和一定管理。对于城市街道的建筑,依照“十二条法律”,市中心道路最宽不允许超过4.8米;其他地区的小巷和道路最起码的宽度为2.9米,使房屋的上层可设置阳台。但这街道网建造时,罗马还是一个很小的城市。后来当罗马发展成一个拥有百万人口的大首都时,特别是当时没有城市的清扫服务和街道照明,这些设施就完全不能适应了。为了弥补这个缺陷,保证街道的使用,恺撒大帝因而制定严格的规章制度:街道必须由附近居民打扫干净,运输工具仅允许在日落与日出之间上街。其排水工程于公元前6世纪建成后,又不断改建、扩建,形成了几条宽大的地下排水道,可并行行驶两辆柴车。其供水系统每天可供10亿$米^3$水,从附近的山上流经13条水道进入罗马城。这些水主要供给公共设施:供水点、厕所、城区的大型公共浴室。为举办各种活动,还建起了规模宏大的建筑:能容纳25万人的大竞技场、表演古罗马角斗用的圆形剧场、表演海战戏的剧场等。这些基础设施的运行都需要城市管理部门提供巨额资金:来自帝国各地的钱、材料和奴隶的劳动力。[①]

但是,城市的存在相对于人类漫长的历史长河实在是太短暂了,而现代城市的历史就更是微乎其微。由于古代城市功能主要是作为军事防御中心、商贸中心和达官贵人的消费中心,工业主要是手工业,城市形态与现代城市相距悬殊,古人所积累的城市管理经验自难应付现代城市管理于万一。

因此,虽然城市管理从城市文明开始就伴随人类的成长而出现,"在近百年的现代城市发生发展中,其主要动力与其说是古代城市管理的经验总结和理论积累,不如说更多地来自于文艺复兴后到现代化萌发时一些哲人、智者对人类理想居所的创造性想象与理性设计。由此我们竟然发现,城市设计的先导和早期社会主义学说可能常常出自于同一人","(美国学者)芒福德在其所著《乌托邦系谱》一书中,从柏拉图的《理想图》到托马斯·莫尔的《乌托邦》,以至于 20 世纪初的乌托邦文学,搜寻出 24 个乌托邦的系谱,考察了人类近几百年来对'理想的城市是什么样子'的思考,发现不论是科学家还是文学家,他们对未来理想的城市设想都有着共同的理念——'把田园的宽裕带给城市,把城市的活力带给田园',目标是城市农村协调融合为一体。"[②]

正是在对人类理想居所的创造性想象和设计中,在城市科学发展的基础上,在对城市文明的批判与追求中,借鉴现代管理科学的成功经验和理论,城市管理理论诞生。

一、城市科学的发展

针对资本主义工业化和城市化过程中出现的居住拥挤、环境污染等城市问题,英国学者霍华德首先提出花园城镇体系,即:城市中心部分是花园,建成区由农田或绿地隔开,内有道路和铁路相连。田园城市的具体内容是:

第一,保证人们获得职业岗位和享用各种市政服务设施的机会。

第二,城市周围以绿带环绕,使人们很容易地接近绿地,享受自然环境。

第三,人口规模在 3 万人左右。

第四,保留空旷地带,用于发展农业并作为城市有机组成部分。

第五,市政府拥有城市土地的所有权和管理权。

第六,预留城市建设用地。

第七,与外界联系的方便交通。

---

① [意]L·贝纳沃罗著,薛钟灵等译.世界城市史.科学出版社,2000,3:228,230.

② 叶南客,李芸著.战略与目标:城市管理系统与操作新论.东南大学出版社,2000,1:34-35.

可见,田园城市理论已不仅仅是对城市的规划,而是针对如何避免城市聚集所带来的弊端,站在发展城市文明、享受城市文明的高度提出的,是促进城市建设和合理利用城市土地,发挥城市功能的全面城市规划管理思想,对后世产生了巨大影响。

以霍华德为代表的城市综合规划派,其特点是“从他们各自不同的视角和方法来‘综合’观照城市建设”,“他们的努力探索不仅使人们对城市建设和生存发展的内在机制的认识前进了一大步,而且使人们越来越清楚地认识到,城市规划必须通过跨学科的分工合作,包括经济学、社会学、历史学、地理学、政治学、人口学等方面的研究,才能科学地论证并取得良好的实际效果。在研究客体上,他们则认为必须把城市看成‘不仅是市区本身,而且还是城市近郊和远郊在进化过程中人口的集聚’。这种承认城市社会问题的存在和跨学科合作有效性的思想,在城市建设史上尚属首次提出。”①

随着美国城市化的实现,霍华德的综合规划思想也传播到了美国。刘易斯·芒福德是继霍华德之后英美又一著名城市规划学家,对现代特大城市尤其深恶痛绝。他认为特大城市是一个非自然的环境,存在着种种难以克服的问题。为了纠正工业城市的弊病,他提出有机秩序,主张建立符合个人所有生物需要和社会需要的新型城市环境。1938 年,他的《城市文化》一书出版,该书被誉为现代城市规划运动的圣经,得到了政府官员和规划学家的认可。其特点是以人为中心、注意人的基本需求、社会需求和精神需求,因而城市建设和改造应当符合“人的尺度”。

芒福德的城市规划思想对当时的英国城市的建设和发展产生了重要的理论指导。在英国本土,首先推出了区域规划成果——“巴罗报告”,直接影响了英国社会经济的发展战略,导致了二战后英国一系列城市研究决策机构的建立。至 20 世纪中叶,随着社会学、生态学、地理学、交通学等学科的逐渐独立和形成自己的学科理论,城市研究的领域和范围不断扩大,并日益走向人口、交通、环境、社会秩序、经济发展等复杂性的社会问题,城市理论的重点也强调从物质环境建设转向城市公共政策和社会经济发展等根本性问题,并最终由综合规划走向系统规划。

二、城市管理理论的诞生——雅典宪章

20 世纪 30 年代,以《雅典宪章》的制定为标志,城市管理理论初步形成。

1933 年,国际现代建筑协会(CIAM,成立于 1928 年,由德、意、比、荷、奥、西班牙、瑞士等国的城市建筑师和规划师组成)在雅典召开以城市规划为主题的会议。

① 叶南客、李芸著. 战略与目标:城市管理系统与操作新论. 东南大学出版社,2000,1:38.

这次学术活动的最大成果是制定了一个“城市规划大纲”，即后来被称之为《雅典宪章》的著名都市计划宪章。该大纲在综合城市科学理论的基础上，集中反映了“现代建筑”学派的观点，主张城市应与周围环境作为一个整体研究，城市规划的目的是要解决居住、工作、游憩和交通四大活动的正常进行。

针对城市居住所存在的主要问题：①人口密度过大，缺乏空地和绿化，工业区附近的生活环境不卫生，房屋沿街建造影响居住安静、日照不良、噪声干扰、公共服务设施少且分布不合理；②工作地点在城市中无计划地布置，离居住区太远；③城市道路宽度不够，交叉口过多，未能按功能分类。针对上述主要问题，大纲的解决办法是：

第一，居住地应建在城市中最好的地段，并且不同的地段应采取不同的人口密度；

第二，确定工业与居住的关系；

第三，居住区要多保留空地以便绿化，在市郊则保留良好的风景地带，以备市民有游憩的场所；

第四，功能分类，车辆行驶速度是道路分类的依据，按调查统计的交通资料来确定道路的宽度。

另外，大纲还提出，以工业文明的尺度作为都市计划的尺度；城市办公大楼、商业服务、文化娱乐等设施不应过分集中在城市中心地区，应适当分布；城市发展应有保留名胜古迹和古建筑的意识等。

总之，《雅典宪章》认为，城市中的种种矛盾，是由大工业生产方式的变化和土地私有引起的。城市应按全市人民的意愿，按居住、工作、游憩进行分区规划和平衡后，再建立三者联系的便利交通网。其中，居住是主要因素，应以住宅为细胞组成邻里单位，并按照人的视域、视角、步行距离等来估量城市各区域的大小范围。并要求以国家法律形式保证规划实现。

可见，《雅典宪章》已超越了一般建筑规划以空间形态为主体的城市理论，而是从城市住宅、娱乐、交通、工业生产、文物保护等方面进行城市综合规划和管理。其以人为本的原则、整体规划观念以及将交通视为城市基本功能等思想一直影响着今天的城市规划和管理。所以，《雅典宪章》被看作是近代城市规划的里程碑，它是近代城市由单一规划思想向现代城市综合建设与管理观念过渡的标志，是城市管理理论的标志。

三、霍桑实验与现代城市管理理论的发展

自英国工业革命以来，工厂制度和管理问题就成为人们关心的重要问题。对

这个问题的解决人们最初是从如何调动人的积极性着手的。从英国的古典经济学家李嘉图一直到泰罗等人，其所关心的重点都是如何调动人的积极性。但是，他们的研究是建立在以“经济人”的假设基础上，即仅为经济利益所驱使，实际上把人看作一种经济动物，看作是机器的附属品。所以，要发挥人的潜力，就只能加强技术管理，制定最精确的工作方法，实行严格的监督制度，实行利益有差别的计件工资制度，却很少注意社会因素对人的积极性的影响。这就是传统管理理论或古典管理理论。

20 世纪 20 年代以后，古典理论逐渐被现代行为科学管理理论取代。当时，美国哈佛大学商学研究所的梅耶（或译梅约、梅奥，E. Mayo），为了演示劳动条件的改善对工人的生产效率将起直接积极的影响，在美国所属的西方电器公司所属的霍桑工厂进行了一系列实验，实验的结果虽然没有达到原先的假设，但却使他们得到一个意外收获，即：实验证明，良好的人际关系是提高劳动生产效率的重要因素。因此，他们意识到，在各种影响效率的因素中，人是最重要的。从而得出新的管理理论：在“社会人”的假设基础上，即人除了有经济方面的需要外，还有社会的、心理的需要。因而强调，管理者的重点是关心人而不是生产；减轻人们的心理压力，满足其各方面的需求；建立管理者与被管理者之间良好的人际关系；更多地关心被管理者的情感的非逻辑而不是效率的逻辑。也就是说，作为现代管理者必须做到：树立起具有号召社会、团体的权威形象，营造轻松、团结的团体氛围来建立员工的归属感，通过正式组织和非正式组织相结合，达到分工协作，实现团体的目标。

这样通过霍桑实验，梅耶等人得出了众多不同于古典管理理论的新的管理观点，创立了具有现代管理科学意义上的行为科学，成为管理科学向系统化、科学化发展的新起点。梅耶及其霍桑实验也赢得了人们的高度赞誉和评价，被称为“管理历史中一次至关重要的航程开端”[①]在此基础上，形成了包括社会系统、决策理论、系统管理、经验主义、权变理论和管理科学等众多学派的现代管理学。

不仅如此，霍桑实验还为城市管理者和研究者敲响了警钟，推动了现代城市管理理论的形成和发展。

四、城市管理学的理论流派

20 世纪中叶，西方发达资本主义国家的城市化已基本实现，发展中国家则进

---

① [美]D·A·雷恩. 管理思想的演变. 中国社会科学出版社，1988：306-307.

入城市化的起步和推进阶段，城市管理研究成为世界各国所面对的现实而紧迫的任务。以美国为代表的城市管理学得到迅速发展，涌现了一大批研究成果和众多理论流派。美国加州大学城市社会学教授 H·孔兹在《城市社会学理论与方法》一书中将其归纳为以下几个流派：

管理方法流派——认为城市管理只有靠各种科学管理方法作为管理的工具，才能发挥管理的效能，他们强调的是综合运用各种科学管理方法，单纯运用一种或几种方法是达不到管理效能的。

管理经验流派——认为城市管理是借助管理者经验的积累来进行的，经验愈丰富，管理应付愈好。他们强调的是经验管理。

行为学派——认为城市管理应重视人性的因素，如何激励管理人员和市民自愿发挥潜力才是成功的因素。

社会学派——认为城市是社会体系的一部分，城市社区是整个人类社会组织的重要组成部分，其管理制度与社会制度是密不可分的，因此，管理应考虑城市与社会的关系。

决策学派——认为城市管理的关键在于管理者所做的决策，决策做得好，管理就会好；决策做得不好，城市管理就无法达到预想的效果。

数量学派——认为城市管理可以用数学的方法，将管理做最佳的定量分析。

以上各学派以某一方面为管理重点，为现代城市管理理论的发展提供了大量的科学理论基础，对推动现代城市管理学的产生和发展起了重要作用。但是，城市管理要做到真正合理高效，只能按照管理的整个过程和城市发展的自身规律，综合考虑各方面的因素。因此，我们在进行和研究城市管理时，要结合各学派的优势，综合运用这些较成熟的城市管理理论，紧密结合我国城市建设和管理的实际情况，努力发展有中国特色的符合我国国情的现代城市管理理论。

第三节　现代城市管理理念的发展

如果从 1898 年英国学者霍华德出版的《明日的田园城市》一书算起，现代城市管理理论从产生到发展，也仅有一百多年的历史。但由于城市化在发达资本主义国家的先后实现和全球范围的推广，城市管理理论得到飞快发展，并受到实践的检验。城市研究者和管理者从不同的角度，针对不同时期的问题，综合运用城市学、社会学、经济学、管理学、地理学、生态学、运筹学等各学科的理论和方法，以及电子计算机技术和通信技术等，对城市规划、建设和管理提出了很多决策和理论指导，并在这些城市管理实践中不断完善和发展新的城市管理理论。

众所周知，英国伦敦曾是世界上环境污染比较严重的城市，是有名的“雾都”，但现在的伦敦城市环境优美，空气清新，今非昔比，早就是中外游客和世人向往的旅游地和居住家园。纵观伦敦历史，这一巨大变化正是现代城市管理理论在此实践和发展的结果。

实际上，英国是世界上工业革命的发源地，也是世界上现代城市理论最早的实践地。19世纪末至20世纪初，随着英国城市化的发展，英国成为世界上第一个实现城市化的国家。同时，大批人口涌入伦敦，造成伦敦人口过多，交通拥挤和环境恶化等。为此，伦敦政府根据霍华德的“田园城市”理论，在伦敦郊区建设新城，以改善伦敦城市状况。其中，1903年以后，分别在距伦敦东北64千米和27千米处各建设一座田园城市：莱奇华斯和韦林。计划各居人口35 000人和500 000人，但结果不遂人愿。“田园城市”理论的实践并未改变伦敦人口过密和环境污染的命运。可见，“田园城市”理论虽然为城市的健康发展指明了方向，但受现实条件的制约，在当时是不能够实现的，即使在科技非常发达的今天，“田园城市”也仍然只是人类追求的“理想”。此后，伦敦继续采取建立卫星城镇的办法，先后规划建设了三批众多大中小等级的卫星城镇，以分散伦敦中心城市地区人口聚集问题。然而，迁向新城的居民大部分不是从伦敦过去的，90%是从中心城以外迁入的，只有10%来自于中心城。① 所以，伦敦的许多问题仍然没有解决，伦敦不得不改变规划，把目标放在内城恢复、兴起和旧城改造上。

在全球化竞争的形势下，为增强城市威望，塑造城市形象，伦敦更加注重环境建设和文化建设，以增强城市威望和竞争力。

由上述伦敦规划发展史可以看出，城市管理是一个复杂的系统工程，城市管理理论的产生与发展是在城市实践的过程中不断进行的。随着城市文明的进步，不同时期，甚至不同区域，人类的“美好城市”的标准，城市管理的目标，也是有差异的。这些不同的目标，体现了人类的城市管理理念，正是人类在追求城市文明的道路上所划过的轨迹。

一、“健康城市”与我国科层式模式的反思

如何评价一个城市，有多种指标体系，有综合性的，也有单一性的。综合指标有西方经济合作组织制定的《发展指标体系》，联合国编制的《人文发展指数》《国家进步报告》《社会指标表》，为世界通用的评估指标。单一性指标则有各种测量城市

① 章友德.城市社会学案例教程.上海大学出版社，2003，9：71.

国际性程度的指标、城市生活质量指标等。目前世界上许多城市在努力追求的目标是“健康城市”(表 2-1)。

表 2-1　健康城市的指标体系

健康城市指标	具指标体内容
健康指标	寿命(分性别) 婴儿死亡率(分性别) 营养水平 免疫覆盖范围 传染病和非传染病的发病率
社会经济指标	教育水平(分性别) 成年人识字率(分性别) 就业状况 贫困线以上人口 老年人社会保障 犯罪率(分性别)/青少年犯罪
环境指标	无居所人口 使用安全饮用水人口 使用基本卫生设施人口 绿化覆盖率 体育和娱乐活动设施

所谓健康城市，是联合国世界卫生组织从 1994 年提出的一个城市管理目标，它直接推动和影响着全世界各地城市的建设和发展。健康城市即是一个不断创造和完善其物质和社会环境，不断扩展其社区资源，使人们在发挥其所有生命功能和最大限度的潜能时能够相互支持的城市。健康城市应具有以下四个基本特征：

(1)儿童的身心均得到良好的培育；

(2)拥有激发人们不断学习和得到休闲娱乐的环境；

(3)无论工作与否和年龄大小均拥有尊严；

(4)城市的生态平衡成为一种骄傲之本。

从表 2-1 健康城市的指标来看，健康城市的实现需要社会各方的共同参与和努力，而不单纯是政府各部门的职能。也就是说，要达到健康城市的目标，必须凭借社会公共部门(如医疗、文化教育、治安、救济、环卫、绿化等)、私人部门(有企业和市场)和社会组织(各社会团体、志愿者组织等)共同参与城市方方面面的管理。因此,健康城市的发展策略应是把各种基础设施和社会各种资源(人、财、物、生态、信息、时间、空间、文化、管理方法)整合起来,使之服务于健康城市的管理目标。其具体步骤是:①

第一,要有制度与机制上的保证。

建立组织策划指导委员会,设立协调机制。接着进行一系列由政府职能部门、专家学者和社会人士共同参加的各种研讨活动,具体设计实施方案和要达到的目标。同时,确定哪些会是妨碍一个城市成为健康城市的因素,并将它们归类为物质、社会、经济和政治层面的指标。

第二,建立融合解决各类问题的措施和行动规划。

要从政治上确保对这一规划的承诺和支持,以调动现存的政府各种资源。在行动和规划实施的过程中,要确保社区、非政府组织和私人部门的参与,以调动非政府资源。

第三,定期评估规划实施情况,并向媒体和市民汇报其成果。

由健康城市的指标体系反思我国的城市管理实践,不难看出,我国自改革开放以来,随着经济的快速发展,促进了城市的迅猛发展,城市化进入加速发展时期。但与城市发展和城市化不相适应的是,我国的城市管理却严重滞后。这种滞后,并不是管理层和市民管理意识的落后。我们往往简单地把城市问题的不断发生归因于我们的城市发展重建设轻管理。事实之一是,面对不断出现的城市问题,管理者和普通市民都要求加强城市管理。事实之二是,管理者确实在辛勤工作,但其工作又确实没有获得长效的工作绩效。可见,问题的关键是我们现有的城市管理模式存在着固有的局限。具体体现在两个方面:②

第一,现有的城市管理实践缺乏整体性的思考,部门与部门之间缺乏相互的配合,结果常常是顾此失彼,使得城市问题不能从相互联系的意义上得到根治。

第二,现有的城市管理实践又缺乏根本性的思考,只有在城市问题成为危机的时候才进行突击性的整治,结果对城市问题的治理只能得到短期而不是长效的结果。

城市管理缺乏整体战略和思考决定了我们不可能根除城市问题,也决定了我们的管理只能是临时性的短期行为。由于缺乏战略眼光,又为了显示自己的政绩和能力,历届领导上任往往无视上届领导的规划,重新制定新的城市规划,结果,我

① 尹继佐主编.城市管理与市民素质.上海社会科学出版社,2002,2:15.

② 尤建新主编.现代城市管理学.科学出版社,武汉出版社,2003,8:13.

们的城市建设就陷入了“规划—建设—拆迁—再规划—再建设—再拆迁”的恶性循环怪圈中，城市管理也就成为领导手中任意玩转的球和抓政绩求晋升的涂鸦，既不利于城市发展，又浪费了大量的人力、物力、财力，导致城市建设资金更加缺乏，城市管理日益恶化。

那么，我们的城市管理为什么会掉入这种管理的陷阱呢？这正是我国传统的科层制管理模式作的怪。

我国是一个有着两千多年封建历史的国家，古代社会中人民缺乏民主和参与意识，把一切管理都看成是政府和国家的事情。中华人民共和国成立以后，在计划经济体制下，城市政府是无所不包、无所不揽的“全能政府”，是城市管理唯一的主体，从而形成了“大政府，小社会”的管理模式。因此，全国自下而上，自上而下，都把管理城市的“管理”理解为城市政府单一主体的行为，即城市行政，并以建立在科层制基础上的行政行为为主导。这种科层制管理模式直接导致了我国城市管理中官僚主义习气严重，产生诸多弊端。如为了提升晋级，浮夸虚报，信息失真程度逐级增加，管理人员墨守成规，目光短浅，办事坚持文牍主义，严重脱离现实；各管理部门文山会海，例行公事而于事无补。这种官僚主义作风，导致工作效率低下，问题堆积如山。某些行政审批手续，在发达国家两三个小时可以办妥的事情，而在我国，却可能要两三天，两三个月，甚至两三年或更久。更严重的，一切规划政策、方案、策略，都唯领导的行政命令是从，以“长官意志”为准，其结果就造成我国城市管理愈管愈乱，陷入恶性循环中，导致持续多年的城市大规模乱拆乱建，遍及全国大多数城市的劳民伤财的形象工程，大小城镇竖立起既无个性特色又少实用价值的标志性建筑，随处可见所谓的首长工程或烂尾工程，千城一面，万镇雷同的建筑、广场、喷泉、宾馆、草坪，40 多个城市都把国际性大都市确立为战略发展目标，几百个大中小城市都把生物工程、信息技术和新材料作为未来三大支柱产业……这种低劣的城市管理，其结果是增长速度上去了，出了政绩，却没有留下财富，创造了 1%的 GDP，却破坏和消耗了 2%的存量财富。到头来只能是“高速度带来了环境污染和资源枯竭下的继续贫穷。”在这种低劣的城市管理的大环境中，国民经济可持续发展只会成为美丽的梦想。①

二、“治理”——城市管理的新理念

在城市管理的新理念中，近年来引起世俗瞩目并得到国际社会科学界热烈讨论的一种新名词即是 governance（流行的翻译为“管治”或“治理”）。这一

① 姜杰等主编．城市管理学．山东人民出版社，2005，1：1．

术语的使用，最早是由美国学者埃莉诺·奥斯特罗姆、文森特·奥斯特罗姆夫妇和罗伯特·L·比什使用的。他们在其1984年所著《美国地方政府》一书中最早使用了治理概念。[①] 在论述美国地方政府的行政管理制度时，他们引入了"治理"概念。

他们认为，民主社会的地方行政管理不能仅仅局限于发生在那些被称为政府单位的实体或机构范围的事情。必须用新的理念来思考地方政府的角色。这个新的理念即"治理"。也就是说，地方公共事务的管理更应看成是一种治理过程，这个过程是一个比地方政府范围更大的对话空间，地方政府作为根据法律规定而建立起来的、具有较强稳定性的非自愿组织，需要与其他自愿性协会、利益群体、政党媒体等组织建立起一种在开放的公共领域进行对话和互动的关系。因为在民主社会中，地方政府的运行取决于它们是否有丰富的、由各种自愿协会组织的自愿活动作背景安排。公民正是透过各种形式的协会来促使正式的地方政府部门或机构为他们的公共利益服务。人们经常将许多自愿性协会贴上"私人"的标签，但是，这些所谓的"私人"组织同样可以服务于那些重要的公共目标。良好的治理结构有助于减少社会的等级关系，增强公民社会的自治能力，降低社会的治理成本。

关于治理含义，在1992年"全球"治理委员会在其成立报告中这样表述：治理是各种公共和私人机构管理其共同事务的诸多方式的总和，它是使相互冲突的或不同的利益得以调和，并且采取联合行动使之得以持续的过程。治理既包括有权使人们服从的正式制度和规则，也包括各种符合人们共同利益的非正式制度安排。它具有四个基本特征：①治理不是一整套规则，也不是一种活动，而是一种过程；②治理不是控制，而是协调；③治理既涉及公共部门，也包括私人部门；④治理不是一种正式的制度，而是持续的互动行为。

目前各国学者对作为一种理论的治理主要有五种观点：①治理意味着一系列来自政府但又不限于政府的社会公共机构和行为者。政府并不是国家唯一的权力中心。各种公共的和私人机构只要其行使的权力得到公众的认可，就都可能成为在各个不同层面上的权力中心。②治理表明在为社会和经济问题寻求解决方案的过程中存在着界限和责任方面的模糊性。现代社会中，国家正把原先由它独立承担的责任转移给公民社会。③治理肯定了在涉及集体行为的各个社会公共机构之间存在着权力依赖；致力于集体行动的组织必须依靠其他组织；为达到目的，各个组织必须交换资源、谈判共同的目标；交换的结果不仅取决于各参与者的资源，也

① 关于治理概念，黄丽在其《国外大都市区治理模式》一书中认为是1989年世界银行的一份报告最早使用.

取决于游戏规则及进行交换的环境。④治理表明参与者最终将形成一个自主的网络。在特定的领域中，这一网络拥有发号施令的权威，并与政府进行合作，分担政府的行政管理责任。⑤治理表明办好事情的能力并不仅限于政府的权力，还存在着其他的管理方法和技术。政府有责任使用这些新方法和技术来更好地对公共事务进行控制和引导。

由上述关于治理概念的论述可以看出，奥斯特罗姆夫妇和罗伯特·L·比什不仅最早使用了“治理”概念，而且就目前来看，即使权威的治理研究者对治理概念及内涵的界定，仍然没有超出奥斯特罗姆等对治理概念所作的论述。并且由于他们对治理概念的理解和运用是建立在对美国地方政府制度的理念思考和实证分析基础之上，他们的概念更为具体、丰富。同时，由于他们在运用治理概念时，又与另一个核心概念——公共产品和服务的供应和生产相连，因而他们的治理概念更加清晰，在应用上更具操作性。①

但是，奥斯特罗姆等提出治理概念时，并没有引起国际学术界的关注。直到20世纪90年代以后，国际社会科学界才开始讨论这一概念，尤其是政治家和社会学家，使之目前似乎已成为一种显学。

实际上，治理之所以成为当今学界和政界的热点，是在全球政治和经济局势变化下，人们需要一种对原有价值观的重新评价。治理理念正提供这样一种思路：“全球化加强了政治、经济和社会各子系统及网络的日趋建立和完善(库伊曼，1993)，使得政府的能力显得相对不足。除了政府机关外，还需要公众社会的参与和各种利益集团及其组织的介入，及其一大批诸如公共部门、私人公司、半公共机构、咨询人等力量的加盟，共同协商以促进政府与社会之间的互动。同时，也能通过这种过程，取得公众对政府政策的理解和关心，以尽快达到政策的目标。在经济层面，治理也受到同样的欢迎，因为它力主的是一种‘要创建这样一种超越民族的社会，首先要求建立一种权力观，它必须足以把国际关系从以绝对的竞争为基础的体系转变为以相互合作为基础的体系。’而在社会层面，它高度评价了公众的作用，倡导市民社会，肯定多元文化，符合公众的利益和当前的需要。可见，它的确不失为全球化时代对各种纷繁复杂的政治、经济和社会问题的一种皆大欢喜的解决方案。”②因此，治理也已成为城市管理的一种新理念和新趋势。

① 万鹏飞. 美国地方政府中文版序，见《美国地方政府》. 北京大学出版社，2004，4.

② 黄丽著. 国外大都市区治理模式. 东南大学出版社，2003，1：9.

三、市场性城市管理理念——城市营销治理

城市营销是城市发展中的崭新课题，是现代城市管理理论的深化与发展。20世纪70年代以来，针对传统城市政府管理模式暴露出的种种弊端，西方国家开始探索改进城市管理、提高政府效率的路径和方法。于是受其影响，在全球范围内出现了各种各样的城市经营模式。

目前，城市经营理念在我国已得到较普遍的认同，一大批城市管理专家、学者对城市经营理论进行研究和探讨，许多城市开始进行各种形式的城市经营实践。可以说，城市经营对于我国城市的发展起到了积极的促进和推动作用。特别是建设部出台的关于《市政公用事业特许经营管理办法》于2004年5月1日起全面实施，不仅标志着我国市政管理行业独家垄断的局面将被打破，也标志着我国城市建设和管理开始迈向一个新的发展阶段。

(一)城市营销的源起和内涵

城市营销在1990年首次由阿希沃茨(Ashworth)和福格德(Voogd)[①]提出，在他们看来城市营销的目的是尽量提升和加强城市在区域和全球范围内的竞争力。阿希沃茨和福格德强调城市总是存在于市场之中，这种市场感可体现于以下两点：不同的城市会因为想吸引更多的资源、活动、居民和外界的关注而相互竞争；同样城市中所提供的各项服务会因为争取用户和客户而相互竞争。所以他们认为城市营销是一个循序渐进的过程。在这个过程中，各项城市活动将尽量紧密地联系到各目标消费者的需求来最大化城市社会经济功效，并使之与既定目标相一致。事实上，近来在西方许多城市的战略发展中都鼓励更加广泛的参与者来为城市规划和城市经营出谋划策，这在很大程度上唤醒了城市与市场的关系。

(二)市场性城市规划取代物质性城市规划

在城市营销的背景下，一种新的规划模式产生了，在那些发达的资本主义国家市场性城市规划开始取代传统的物质性城市规划。虽然在市场性规划的过程中，规划的自主性很大，但中央政府还是会干预整个规划的过程，这只是为了防止城市设施的过剩或不足，如房屋、学校、公共医疗；另外政府需要为私人发展商提供必要的基础设施以便于他们能盈利，而不是将他们套入投资超出他们能力范围的基础

① Ashworth and Voogd. Selling the City. Belhaven Press, 1990.

设施最终让他们血本无归。

市场性规划采用了一定的策略和程序，它反映的是最大程度的满足所选目标利益群体的需求，以便创造高效的社会经济环境。市场性规划和物质性规划的最大不同在于规划者所重点关注的对象。物质性规划偏重于关注“供给”层面的元素如城市外观和城市设计，而市场性规划将更加关注“需求”层面的元素如城市基础设施的规模、活动设施的数量、社会结构的改善。所以讲，传统的规划是一个物质传送体系(a physical delivery system)，而市场性规划是一个价值传送体系(a value delivery system)。在市场性规划中，通知邀请消费者使用潜在的城市产品是十分重要的。图 2-1 展示了这两种规划的不同之处。

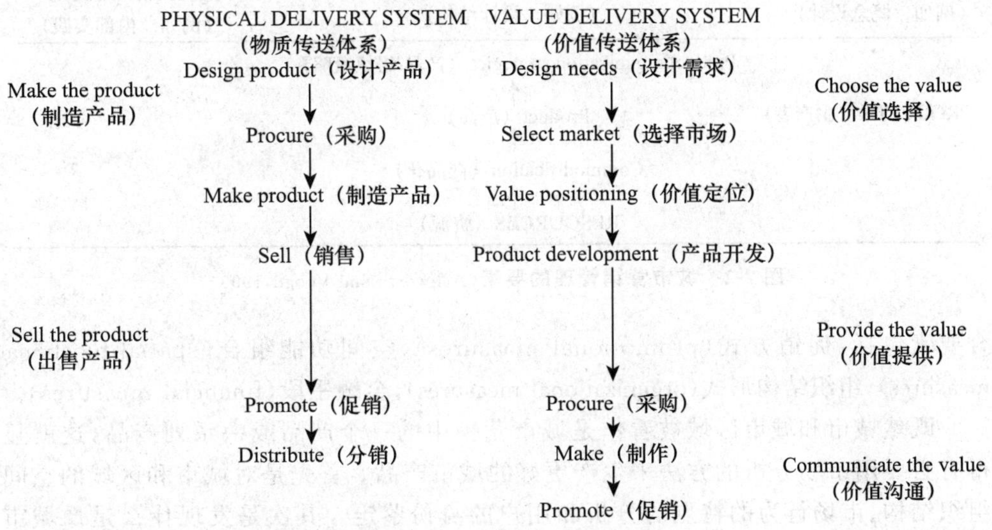

图 2-1　物质性规划与市场性规划的区别(Ashworth and Voogd, 1990)

(三)市场性规划的步骤

与传统的市场营销极其相似，城市营销(图 2-2)也有消费者(consumer)、生产者(producer)和市场(market)。作为一个规划工具，根据阿希沃茨(Ashworth)和福格德(Voogd)，在整个规划过程中有四个根本的步骤。

(1)分析市场；

(2)勾勒出城市或区域的卖点；

(3)建立目标和制定策略性政策；

(4)决定策略方针和营销的各混合要素(marketing mix)并使之可行。营销混

图 2-2　城市营销管理的要素(Ashworth and Voogd,1990)

合要素包括:促销方式(promotional measures),空间功能组合(spatial-functional measures),组织结构形式(organizational measures),金融手段(financial measures)。

既然城市和城市区域被看作是城市营销中的一个产品或一系列产品,这就显得有必要用市场分析的方法来生产更好的城市产品。首先是对城市和区域的空间组织结构、市场行为的特点的分析和用户的身份鉴定。其次是发现什么是像城市一样的地理产品的真正卖点,它是与城市功能相关的包装还是作为整体的一个城市理念。但这种产品似乎很容易和其他产品相互渗透,和传统的商品相比较,很难鉴定其身份。对城市产品的消费者来说,传统的社会经济分类也是不够的,这是因为消费者和潜在的消费者作为一个城市设施的使用者通常有不止一个动机并同时涉及好几项活动。而且他们的消费行为只能被城市的一些特殊层面的用途所决定。作为一个新的有效的分析城市市场的方法,听证会使得进一步了解潜在用户和采用适当的激发他们的方法成为可能。

城市产品的市场目标通常是被公众专家所裁定,和商业组织比较公众专家负责一系列更加复杂的任务,如衡量、平衡和确定来自各个不同利益群体的利益。根据目标市场和城市结构,这里有四类可能的城市政策(表 2-2)。

表 2-2　城市营销战略的制定过程

市场	城市设施的结构	
调整	维护	
现存的消费者	1. 巩固	2. 质量
新的消费者	3. 拓展	4. 多样化

第一，巩固和防卫的政策。这个策略企图维持现有的城市服务的结构和现存的消费群体。这种策略一旦被城市采纳，无论在现在或将来通常没有特殊的空间上的社会经济问题出现。第二，以质量为中心的政策。这种政策企图为相同的消费群体提供更好的设施特别是在那些许多功能已废弃或运行机制低效的城市中。第三，拓展型政策。这个策略的目的是为现存的城市服务设施寻找新的市场。它已经被那些拥有大量潜伏资源但又相对不发达的城市广泛采用。第四，多样化政策。这个政策企图为新的一系列城市服务设施发掘新的目标市场，它预示着对原有城市设施结构的调整和一次彻底的城市营销活动为新的城市设施吸引新的用户。

作为这些策略的一部分，在硬性市场规划中，有三个相互交织在一起的目标。

第一，发展目标，为城市制定营销策略指明了方向(即城市发展往哪里去)，它为新的城市活动提供牵引力；第二，组织效率目标，为城市发展提供了路径(即为了到达城市发展的目标，该如何走)，它为不同的城市政策在空间上的融合提供了一个框架；第三，促销目标，即如何鼓励更多的人参与城市建设并享用城市发展的成果(即如何？向谁？销售城市发展的成果)，它提供了适合潜在客户的潜在城市产品的信息。

这里总结了一些有效的营销手段，它们将有助于这些目标的实现。例如，促销手段中常用的城市形象制作，它将强化和激发城市潜在用户的消费行为；空间—功能主义手段，例如，物质性设计上的一些要素组合；组织形态手段将确保听证会的结果代表的是最广大公众的利益。图 2-3 展示了在城市市场性规划中广泛应用的可持续过程。

(四)城市营销治理的组织与控制

相对于城市其他的社会、经济或环境等治理来说，城市营销治理的本质特征在于其鲜明的顾客导向和竞争导向。城市营销理念是面向需求的思考，而城市营销治理则表现为供给。实现这种“需求”和“供给”的平衡，是城市营销治理的

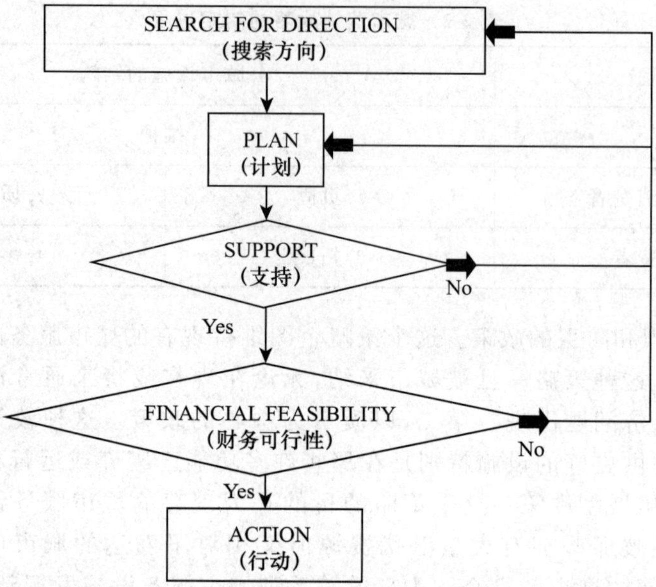

图 2-3　市场性规划的可持续性机制(Ashworth and Voogd,1990)

内在机制。刘彦平根据国外城市营销治理的组织与控制的成功经验,总结了以下模型(图 2-4)。城市营销治理的组织与控制流程图所示流程的每一个阶段,都体现出营销理念。"需求面"中的每一项策略思考,都在"供给面"的对应行动中予以落实。由于城市营销的主体、目标、提供物和顾客等,缺乏商业市场营销中的明确对应性,把握这种整合的机制,成为对城市营销的特殊要求。也是展开城市治理的内在机制。

从现实运作的角度看,城市营销治理的这种市场导向与内在机制会进一步外化和演绎为治理组织与控制的三个层面,即政治互动与协调、战略过程与责任以及财务的支持与约束。从城市营销治理的角度讲,营销规划与领导组织是治理的积极成果,也是驱动治理开展的直接力量。当然,这一组织的作用是战略决策和战略导航,它不必一定同时是具体的营销工作机构。国外许多国家的城市政府设立有城市营销部作为正式的营销工作机构,并负责与各方合作伙伴的协调(如英国的伦敦市政府、伦敦德里市政府,韩国的汉城市政府,澳大利亚的悉尼市政府、墨尔本政府及瑞士的巴塞尔市政府等等)。城市营销规划与领导组织往往可以通过政府常设的城市营销部门,或设立临时的城市营销工作机构,甚至委托代理机构来贯彻其战略意图,即治理决策。

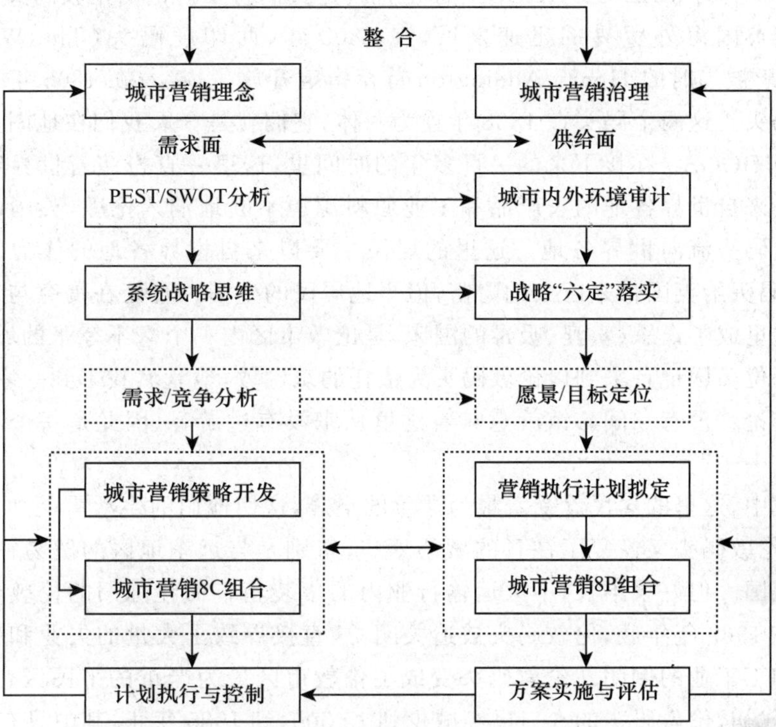

图 2-4　城市营销治理的组织与控制流程图

(五)国外城市营销管理的成功实例

1. 伦敦码头(London Dockland)的城市更新

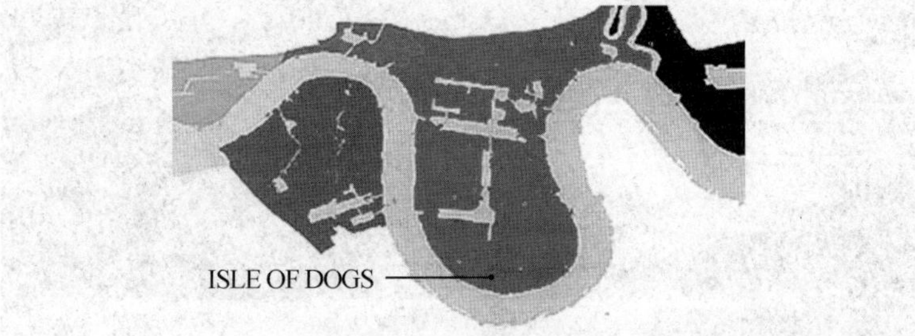

图 2-5　伦敦码头的区位

图 2-5 上的 ISLE OF DOGS 所标位置就是我们将要讨论的伦敦码头的地理主体。随着英国海外贸易的迅速发展，在 1802 年，西印度码头（The West India Dock）终于被当时的 Henry Addington 首相指定开放了，接着在 1806 年又开放了东印度码头。这两个码头在 1838 年连为一体，它们就是今天我们在地图上看到的 ISLE OF DOGS。在接下来的一百多年的时间里，这里一直扮演着世界物流中心的角色。来自世界各地的农产品和工业原料源源不断地涌入伦敦，英国的工业成品也通过码头流向世界各地。这里的居民主要以来自世界各地的体力劳动者为主，虽然码头给英国带来巨大的财富，但当地居民的生活一直处在贫穷与动荡的状态下。这里成了谋杀、卖淫、吸毒的滋床，是伦敦市区内一个毫不夸张的城市毒瘤。当时有一位美国记者来到以伦敦码头为依托的东伦敦，他竟然找不到一家旅馆，所以他下结论："没有一间旅馆就意味着这里从来没有过游客，因此是一个不值得旅行的地方……"

二战中，这里的居民忍受着最为严重的空袭，这使他们的生活雪上加霜。二战结束后，伦敦码头又恢复了往日的贸易繁华，特别是与远东地区的贸易往来增多，如日本等国。但好景不长，不久运输行业内的集装箱革命让陈旧的伦敦码头无法应付。在 1969 年年底，伦敦码头被迫关闭，这直接导致了大量的失业和一些依靠码头的加工工业的倒闭。伦敦码头变成了伦敦市区最为严重的平民区。到 20 世纪 80 年代初，伦敦码头的人口已经减少到 15 500，到 1985 年止，其中只有 7 600 人在码头有工作。伦敦码头被笼罩在颓废、孤立和凄凉的气氛中。图 2-6 至图 2-9 展示伦敦码头在城市更新之前各阶段的景象。

The West India Docks，1805（西印度码头，1805）

图 2-6　伦敦码头更新之前的情景

Derelict industrial land(工业废弃地)

图 2-7　伦敦码头更新之前的情景

Stevedores handling bags of sugar in a lighter,1940
(搬运工搬运驳船上的糖袋,1940)

图 2-8　伦敦码头更新之前的情景

Southwest India Docks,1982(西南印度码头,1982)

图 2-9 伦敦码头更新之前的情景

为了改变伦敦码头战后的颓废现状,LDDC(the London Docklands Development Corporation)成立了。在经历了长达5年的研究、探讨、争论和预测后,LDDC决定将伦敦码头重新定义为商务金融区而非工业区,并且采用城市市场性的策略规划而非传统的硬体规划。在这个过程中,政府所做的是尽力促销伦敦码头的未来,而投资商为了使码头的未来变为现实,竭尽全力投资建设之以期早日获得丰厚的回报。

Reg Ward作为LDDC的首任首席执行官就是充分利用了城市市场的原理,为投资商勾勒了一幅令人激动不已的伦敦码头的未来景象,而非传统的图纸规划。用他自己的话讲,"如果你有一块地有着各种各样的问题,没有人愿意来投资,虽然你还是可以作一个精制无比的规划,但除了图纸之外什么也不会发生……所以没有理由采用传统的主体规划的方式。然而你真正需要做的是要告诉大家这里不仅不存在那些所谓的问题,而且里面充满了机遇,但这些机遇还并没有被太多的人看到"(Foster,1999)。在这种宣传氛围下,伦敦码头发展的中心主体the Isle of Dogs很快从一个被认为几乎没有商业潜力或这种潜力是极其有限的地段转变成一个充满活力与机遇的地段,那里的城市景观每周都在改变,商务建筑造得一座比一座壮观,一座比一座精致,与此同时那些高级的私人住宅区也开始铺天盖地在此地建设。

面对伦敦码头商务发展的起步困难,LDDC曾承诺赠送一些房屋建筑用地来吸引工商业公司的入住。商务发展的难度并没有减小,直到伦敦码头轻轨建设的开始。这条环绕并覆盖整个码头的轻轨最终被证明是一个加快投资的重要砝码(Foster,1999)。事实上这正是 Reg Ward 利用轻轨来加快码头与中心伦敦联系的计划,这样就会给投资商带来无比坚强的信心,政府招商引资的效率陡升。从那些伦敦轻轨的老员工的话语中,我们也可以看到这点:当轻轨高架桥穿过码头时,这里的地价似乎每时每刻都在增长(Quoted from a former DLR employee by Foster,1999)。伦敦码头轻轨 DLR(Dockland Light Railway)是在真正意义上提升了这个地区的前景。图 2-10 显示的就是建成后的码头高架轻轨。

Dockland Light Railway,1994

图 2-10 建成后的伦敦码头高架轻轨

除了码头轻轨 DLR,在 1982 年 7 月创建的码头商务园区是又一个招商引资的成功典范。Geoffrey Howe(保守党的税务大臣)巧思妙想试图将这个地区建成一个推行税收政策的实验室来测试市场变幻并寻找到能将地区收入推向极致的最佳税收政策(Brownill,1990;Foster,1999)。商务园区是一个非常重要、有效并能够鼓励各个公司入住的因素。比如它直接导致了小公司在这里争相租地。有个商人想做个性化的高级餐饮服务,他的目标市场是伦敦市中心的消费者,所以想找个价格适中的接近市中心的地方。他花了 8 周的时间,结果他发现码头是他想找的最理想的地方。另外一位女商人在 Reg Ward 的鼓励下,也在商务园区里找到了她的理想地方。她说:"这对我的生意来说是一个非常好的跳跃点,因为这里的税收优惠和再发展的优势……使我的信心十足。"在这种特殊的政策吸引下,商务发展被激发到一个前所未有的境界。图 2-11 至图 2-14 展示了城市更新后的伦敦码头。

Canary Wharf with Herons Quays in the Foreground

图 2-11　金丝雀码头与苍鹭码头

NCC development at East India Dock

图 2-12　东印度码头的 NCC

South Quay Footbridge

图 2-13　南码头的行人天桥

Millwall Dock Walkway

图 2-14　Millwall 码头人行道

总结伦敦码头城市更新的成功经验主要有以下三点：首先，LDDC 远见卓识地竭力促销码头的未来；其次，码头轻轨 DLR 的建设缩短了码头与市区的心理距离，让它与伦敦市中心融为一体；最后，优惠的税收政策让该地区的招商引资的优势赫显。这从经济地理学的角度是非常容易解释的。一般来讲，国家为了开发落后地区或为了某种政治需要，对某些指定地区布局的企业给予各种优惠条件以吸引企业的投资；同时也有相反的情况，即为了限制在某地区进一步发展工业，而制定一些区位投资限制政策，来减少工业的集聚。

2. 圣彼得堡的城市促销

在圣彼得堡，公民与国家的社会经济契约随着社会经济的转型而终结。作为后果，圣彼得堡面临着一系列问题。根据 Kudrin，Aleksei(1997)，这些问题可以归为 5 大类：①一个很大程度上已经过时的经济结构如以造船业、军用武器、动力机械等为主的产业结构；②一个很低的生产水平却面对数量庞大的福利享受者；③一个巨大的有相当历史意义的城市中心并不非常适合人们居住，它需要相当数量的投资用于不断的维护与修缮；④大量的工业生产的废气导致出现了一个令人难以忍受的城市硬环境；⑤一个并不令人满意的预算结构已经使用于房屋维修和公共运输的费用发生了严重的拖欠现象。为了应付这些困难，改变城市的不良形象，圣彼得堡很好地运用了城市促销的手段。

圣彼得堡的城市促销开始于它的文化销售。自从彼得大帝在 300 年前实现了他对欧洲开设一个窗口的梦想，这座城市一直以欧洲近代大都市的形象感染着人们(图 2-15)。甚至在苏维埃时期，圣彼得堡(或列宁格勒)变成了一种具有双重意义的符号：意识形态上的工业聚集地同时也是很多人特别是知识分子心目中俄国的精神圣地……“一次去列宁格勒的旅行意味着一次浪漫的旅行，这里有最新艺术表现形式的展览、现代歌舞剧表演、有趣的书店，在这里你可以找到那些最让人流连忘返甚至产生思乡情绪的陌生人，正是通过这些人俄国最根深蒂固的精神被保留了下来(Gritsai O. and Wusten H.,2000)。”为了重新在世界范围内让人们了解圣彼得堡的历史文化，俄罗斯人巧妙地利用了 2003 年的圣彼得堡 300 周年诞辰纪念活动。这次活动的意义实际上已远远超出了简单的纪念与庆祝。这次庆典倒更像是俄国人再次向世界人民促销圣彼得堡的一次公共关系活动。当时普京邀请了所有欧盟国家的首脑以及美国总统布什，旨在再次提醒大家圣彼得堡这扇朝向西方的窗户仍然是打开的。图 2-16 是当时在圣彼得堡的大街小巷卖的红火的布什和普京的俄罗斯面泥人。2003 年的圣彼得堡成了欧美民众心目中最时尚的旅行目的地。

图 2-15　圣彼得堡

图 2-16　俄罗斯面泥人

为了促销圣彼得堡的经济，市政府和俄罗斯联邦政府密切合作举办了一系列的与经济发展有关的活动，例如彼得堡经济博览会、波罗的海博览会、波罗的海发展博览会和圣彼得堡国际博览会等，在这活动中，最著名的当属不夜周（White Nihgts）经济展会。由于圣彼得堡的纬度较高，夏季会出现大概为期一周的亚极昼现象，圣彼得堡人利用这个罕见的不夜周现象吸引各地商人的注意，从而进行招商引资和对外贸易。另外，为了鼓励和吸引更多的海外投资机构，如投资保护协会、国际仲裁法院和地区风险基金会也相应地建立起来了。除了这些重要的国际贸易协调机构的建立，税收优惠政策也进一步刺激了潜在的海外投资的入住。事实上，在 1994—1995 年，圣彼得堡给出了整个俄罗斯地区最优惠的税收政策。这就使得大量的海外投资的涌入。为了进一步改善投资环境，圣彼得堡城市政府计划建造圣彼得堡环城高速和一条连通莫斯科、圣彼得堡和维博尔格的高速公路，并重新启用商务海港，建设发展普尔科屋机场（Pulkovo Airport）。

苏联为圣彼得堡留下了大量的研究机构、高等院校和优秀的科学家。为了充分利用这一资源，圣彼得堡城市政府还致力于销售这座城市的高科技经济。为了鼓励高科技产业在圣彼得堡的发展，城市政府采纳了一系列新的政策和策略。例如建立发明委员会和技术园区。作为发明委员会的一个基本功能，它强调（需求方的声音）来自高科技企业的需求。在 1997 年，圣彼得堡的策略规划委员会 SPPS (the Strategic Plan of St. Petersburg)进一步定义了未来这个捆绑着发明中心、技术园区、金融机构和投资媒介的体系将是一个重要的经济增长点。同时 SPPS 试图采纳一条新的法律,"每年不少于1%的圣彼得堡预算花销必须用于资助一项高科技工程(Kihlgren,2003)。"另外为了确保研究机构和生产厂商的紧密联系,申请建立新的发明中心必须通过严格的竞选。这种竞选的一条重要标准是建立的发明中心必须是厂商和研究机构的结合。那些选择入驻在发明中心里的厂商会被给予税收优惠政策(Eskin,1998)。

总结圣彼得堡城市促销的成功经验主要有以下几条:首先,巧妙地向西方销售圣彼得堡的历史与文化;其次,充分利用环波罗的海的地理位置优势开展招商引资会;第三,合理利用税收政策吸引了大量的外资;第四,及时改善圣彼得堡与外界联系的交通运输环境,提升了该城的投资硬环境;第五,合理利用苏联留下的技术优势大力发展高科技产业,使之成为俄罗斯乃至世界的科技高地。

四、我国的城市管理与"西天取经"

就我国而言,城市管理经过了曲折的发展历程,主要是在改革开放以后才逐步走上正轨。20多年来的经济体制改革和机构改革也促进了我国城市管理模式的发展和当前管理体制的存在。

改革开放后,我国城市管理主要进行了两个方面的重大改革:一是科学地划分城市政府的性质与职能,紧紧抓住经济建设这个中心,强化政府的社会经济职能;二是在建设社会主义市场经济的要求下,实现政企分开,对城市的经济活动管理,从微观转向宏观,从直接管理为主转向间接管理为主,从直接管理企业,把主要精力用于对付千万个企业的物质供给、资金拨付、人员配备、产品生产和销售等各方面严密的直接的协调组织,到制定政策、法规,转向行业管理,并在计划、指导、综合、协调、服务和监督工作方面,进行城市政府组织形式的改革。从而使城市的运行机制朝着均衡方向发展。城市政府开始逐步从以行政手段为主转变为在坚持必要的行政手段的同时,运用经济杠杆、政策法规、社会需求等多种形式和手段管理城市。其中市场机制成为影响城市管理和发展的重要因素,如城市住房制度私有化、城市公共福利制度市场化和城市土地和部分基础设施的有偿化等。这样,我国的城市管理体制开始走出了全能政府统包统揽下的政企不分、政事不分、以干代管等困境,走向了市场机制作用下的"有限政府",有能力和精力理顺政府与市场、政府与社会、政府与非营利组织、政府与市民的关系,并将注意力移向优化城市环境,提高城市竞争力,树立城市形象的轨道上来。

这些改革措施取得了明显的效果,一方面,政企分开,权责明确,政府的监督、管理、指导和服务职能得到强化和突出,城市管理工作的中心得到明确,城市政府的职能真正转向经济调节、社会管理和公共服务上来,各城市相继设立专门的城市管理机构。另一方面,政府对企业减税放利,上级政府对下级政府减政分权,使企业逐步摆脱了作为政府附属物的地位,获得了独立法人的自主地位,形成各自独立的经济利益主体,打破了城市中原来由政府垄断一切的一元化利益格局,出现了政府、企业、非营利性组织、社区等利益群体,使利益主体走向多元化,利益结构走向分散化。

总体而言,随着改革的进行,我国的城市发展取得了很大成绩,管理体制改革正向纵深发展,但是,计划经济体制下形成的旧的城市管理模式仍占主导地位,这与社会主义市场经济发展的要求和城市各项事业的要求还远远不相适应。这种旧的科层制管理模式的弊端继续存在,市与县、市与区、区与镇、区与街道社区之间的管理权限仍然条块分割,各自为政,政出多头,有限的城市资源得不到利用,而且行政执法机构过多,行政执法职能交叉和行政处罚权分散,致使一些有城市管理职责的执法主体从部门利益出发,有利的事争着管,无利可图则互相推诿。有的部门甚至只管千方百计培养收费源,只管收费不管秩序,只收罚款,不加制止违法行为,似乎违章行为只要交了罚款,拿到罚款收据就是合法的,致使一些人理直气壮地违章违法。同时,政府仍处于政治、经济资源的垄断地位,市场根本没有公平竞争对手,政府与企业争利,不利于市场机制的运行,政府既是建设者又是组织者,对城市各项事业实行全方位管理和严格控制,产生新的政事不分,管了很多“不该管,管不好,管不了的事”,增加了政府运作成本,影响了城市管理效率,管理水平落后,问题得不到解决,并产生新的城市管理盲点。

因此,在今后的城市管理发展中,城市管理问题必须作为城市政府的最主要职责而摆上主要议事日程和办事日程,切实转变和完善城市管理模式,实现政府管理职能,从宏观上促使和保证城市经济系统外部社会经济环境的健全和完善,通过建立良好的社会环境和条件,促进城市建设和发展,保障城市系统的稳定、协调和高效运行。这就要求我国城市政府要从思想上切实转变旧的管理理念,正确认识到城市经济和社会发展的内在协调性,以及城市基础设施建设的生产性、社会性和超前性,改变“先生产,后生活”的城市发展战略,树立新的城市管理理念,制定新的符合现代化城市目标的城市发展长远规划和战略。

应该说,一个城市的成功在于它的管理成功。在规划—建设—管理这三个城市系统运行环节中,只有管理是贯穿始终的,因而也是基础性最强的环节。这一环节的成败,直接决定着另外两个环节运行的优劣成败。从城市文明提升的高度而言,管理比建设更重要,是基础中的基础,是城市现代化的主题和命根子,再好的城市,不认真抓好管理,城市的总体水平就不会提高。因此,要从区域经济和社会整体发展的高度去认识城市管理的重要性和不可替代性,把城市管理真正纳入决策层的重要工作中及突出的位置上。各有关职能部门都应把城市管理工作作为自己的主要工作抓紧抓好，从工作安排到人财物的投入都要给以足够的重视。要贯彻可持续发展战略的原则和要求，以确保其经济、社会、环境及人口的协调发展，使社会效益和环境效益达到有机统一，真正把城市作为区域经济和社会发展的中心建设好、管理好。[①]

实践证明，城市管理是一项复杂的系统工程，它集社区内的政治管理、经济运行、文化教育、生态维护等各种活动于一体，并对这些活动作出综合协调、规划、控制，因而需要多种方式方法同时并用，政府、市场、社会三种机制共同参与，才能实现资源的有效配置和高效的行政管理，充分发挥城市的功能，保证城市发展计划的实施，促进城市社会与人类的健康发展。我们只有立足于我国的现实情况，紧跟世界发展趋势，立足于现代城市管理的高度要求，结合我国的传统和文化，既学习国外城市管理的成熟理论和经验，吸取其教训，又充分发挥我们自身的特色和优势，做到取其精华，弃其糟粕，扬长避短，走出有中华民族特色的城市管理之路。

在城市管理上的“西天取经”，就大都市的城市管理而言，鉴于其在国家经济和政治中占据举足轻重的地位，我们可借鉴的国外大都市区治理理念有：即使权力下放，中央政府仍需要建立统一的法律标准来规范大都市各级政府的行为，促使各方做到分工明确、职责分明；一些公共事务的管理，应尽量避免中央、上级政府和下级政府的全部插手；区域政府职能主要体现在宏观管理和公共事务上，尽量将面向基层、面向社会的职能交予地方；在地方政府的关系方面，构建大都市区政府间财政、行政、政策和立法上的制衡关系，使各权力结构保持平衡；对公共管理权限进行适当的重构和整合；积极与市场和企业联手，共同承担大都市区域的公共服务等等。[②]

其他值得我们学习的国外城市管理经验则更多。具体如下：

第一，高度重视城市规划。发达国家在城市管理中将规划与建设有机结合起来，使理想的规划逐步得以实现。在这方面，新加坡是严格按规划进行城市建设的国家，他们的城市规划一旦确立就不能更改，不管是领导换届，还是其他特殊的原因，都要不折不扣地坚持按规划进行，所有的街道都要有控制性详规和形象设计，决不允许搞临时动议和首长工程。

第二，企业化思想在城市管理中的运行。所谓企业化思想，是指在管理中用企业管理人才，或借鉴企业管理思维模式进行管理。20 世纪美国的两次市政改革即是这种企业化思想的结果。一次是 20 世纪初美国市政体制的企业化，形成了市政

① 严正主编. 中国城市发展问题报告. 中国发展出版社，2004，2：442、443.

② 黄丽著. 国外大都市区治理模式. 东南大学出版社，2003，1：229.

体制的三大形式:市长暨议会制、城市委员会制和城市经理制。这三种形式,尤其是城市经理制,非常明显地体现出将企业科学化管理原则移植到市政管理中的较成功尝试。所谓城市经理制,又叫市议会经理制,即市议会作为城市的权力机关负责制定城市发展的各项政策,同时雇佣一名对议会负责的行政管理专家——城市经理对城市实行专业化的管理,使政策的制定与执行相分离。其特点是将企业管理的方式移植到城市管理中,明显体现出美国城市管理专业化、科学化原则。这种市政体制,有的美国学者作过这样形象的比喻:如果把城市比做一个大企业,那么市民相当于股票持有者,市议会相当于董事会,市经理则相当于总经理。采用城市经理制后,市政机构开始成为一种高效率的企业化组织。另一次是 20 世纪七八十年代,美国市政管理企业化思想的进一步强化。主要是效仿企业重视和利用市场机制,将政府和市场有机地结合起来:根据银行预算的办法改革市政预算,在市政服务和市政工程方面引入竞争机制,按业绩管理,注重政府雇员的再培训等。这一改革有利于美国的城市管理克服官僚主义,增加了管理的灵活性,使之富有革新精神。①

这种企业化思想在 20 世纪 80 年代就已备受各国关注,纷纷引入政府管理中。在英国,地方政府将所有的服务行业进行竞争招标,大量公共住宅出售给私营企业或个人,将大部分国营单位从政府机构中分离出来进行企业化经营等。在新西兰,政府的许多经营性部门被改组成商业企业,如能源、运输、银行、保险、林业、广播、通讯等。公共管理私营化,使政府在一定程度上退出部分公共管理领域,使之置于市场竞争之中,有利于政府管理降低成本,提高效率,更好地利用固定资产,为民办实事。目前,企业化思想进一步发展成为“企业家政府理论”,强调政府的市场化管理,认为只要公共部门采用了企业化的管理技术,更加注重顾客的导向,多利用市场的竞争性手段,就会变得像企业那样有效。因而,城市管理中政府与市场的合作越来越重要,进行政企分开下的政企合作已成为城市管理的新创举。

第三,城市建设投资靠多渠道筹措。一般说来,西方国家的城市建设资金都是来自多个渠道:一是靠政府投资,政府投资的重点多是城市基础设施;二是靠税收;三是鼓励全社会投资。

此外,国外的城市管理,如城市发展边发展边治污的道路,减少资源浪费与财政开支;鼓励公众参与,城市管理逐步社会化和分权化;提高城市生态环境质量,增强政府和市民的环保意识;依法治市,强化管理等都是值得我们借鉴和预防城市发展走弯路的重要经验。

---

① 王旭.美国城市化的历史解读.岳麓书社,2003,10:343-361.

五、现代化的诱惑与误区

21 世纪无疑是城市化的时代，世界城市文明将进一步提升，城市现代化将进一步发展。这对发展中国家来说，尤其是城市发展的关键时刻。20 世纪中国城市的崛起和充满活力的发展为 21 世纪中国城市紧追世界城市文明的脚步提供了良好的契机和开端，全国各城市纷纷抓住这个机遇，为未来城市的发展出谋划策，制定城市发展规划和战略，努力提高城市竞争力，树立城市品牌形象，以求在未来全国和全球城市之林中成为具有区域性和国际竞争力的城市。然而，城市的发展是一个复杂的综合系统，由于特定的历史条件和政治、经济、文化、自然、人口等因素的影响，中国城市要实现未来的现代化目标，谈何容易。俗话说，“欲速则不达”。现代化城市是我们追求的目标，但在实现现代化城市的道路上我们则不能操之过急。目前，中国城市在迈向现代化的道路上，却又走向与计划经济时代“恐城症”相反的另一个极端，急于实现城市现代化，陷入现代化的陷阱和误区中。其主要体现有：

第一，建设现代化城市就是复制现代化，就是搞高搞大等。这是目前中国城市营销和发展的最大误区。许多城市决策和建设者都想当然地在复制城市的现代化，一味地在现代化道路上不断地相互抄袭着、克隆着，城市正越来越成为高楼群、玻璃墙、霓虹灯、立交桥、大马路、大广场的积木模型，喷泉、灯光和麦当劳、肯德基的巨大标志正成为城市清一色的幕布。置身于城市之中，你很难分得清你到底是身在北京、上海，还是别的什么城市。古老北京不再古老，她有复制的“硅谷”；东方明珠的上海不再光芒四射，上海陆家嘴复制曼哈顿的壮观折断了她的耀眼光芒。不仅如此，普通的城市人也在复制着城市的现代文化，一样的流行服装，同样颜色的头发和同样的发型，看同一部走俏大片，读同一本畅销大作，唱同一首流行歌，跳同样的摇滚舞，拜共同的偶像……，不一样的是只有复制的精确，没有质量的提升。

工业时代，城市发展的主要标志之一是城市高楼大厦林立，城市规模不断扩大，这是城市经济发展的结果和需要。然而，这给我们的城市决策者造成了错觉，以为城市的现代化就是追求高建筑，就是城市规模越搞越大。于是，今天来个“中国第一”，明天来个“亚洲最大”，后天又来个“世界最高”，互相赶超，结果，城市建筑愈来愈高大，城市区域愈来愈无限制蔓延，并以此作为现代化城市综合实力的表现。殊不知，在经济未发展到一定程度时，高层建筑和城市规模扩大的经济效益将大大降低，并带来一系列问题。就高层建筑来说，“9·11”事件后国际社会对超高层建筑进行重新审视，专家们认为，60 层以上的建筑其经济性将大大降低，因为造价太高，而且其安全问题也远未解决。就城市规模扩大而言，需要城市交通、住房、水电供给、垃圾处理等一系列配套措施跟上，否则就会产生相应问题。当前我国某些城市一到冬夏用电高峰时期，电力频频告急，这与城市规模扩大而未考虑相应的配套措施不能说没有关联。其实，盲目求高大，这是经济发展不成熟的表现，也是城市管理者私心作怪的结果。求高大的事实表明，并没有促进城市经济和社会的发展，反而使城市资源浪费严重，城市问题增多，人为增加了城市发展的障碍，为城市未来实力的提高设置了绊脚石。同时，某些领导却利用这一时机大发横财，中饱私囊，结果把城市搞得乌七八糟，给国家和人民利益造成巨大损失。

第二，城市现代化就是拆旧建新。多年来，我们在计划经济体制下，以“先生产，后生活”为指导，忽略了城市的建设。改革开放后，治理城市“脏、乱、差”，以旧貌换新貌，奋起直追国际现代化城市成为我国城市建设的主要内容。在20世纪最后几年里，城市成为中国各地的大工地，中国的城市建设踏上了现代化建设的行列。如上海整个城市曾经成为全世界建筑开工面积最大，集中的高层塔吊最多的城市。然而，由于缺少城市建设和管理的理论及经验，盲目追求现代化，中国的城市建设陷入了求新的误区。因此，凡是旧的都要拆除，“换上新貌”。所谓“一年小变样，三年大变样”，城市面貌非要来个“脱胎换骨”才是现代化。殊不知，就在盲目求新中，古城换上了新装，不再成其为古城，多少历史建筑被拆毁或装新，多少历史遗迹就这样毁于和平时期的城市建设中。

没有历史的城市是没有文化的城市。如何保护历史文化遗产，这是我国许多城市建设者和管理者面临的问题，也是当前城市管理中存在的严重问题。在盲目的改造和建设中，济南城市中古老的街区、日耳曼风格的火车站、老字号等都被拆除，而同时，一些仿古建筑在济南城里涌现，使济南市的历史文化、文化底蕴受到严重的破坏。北京作为我国著名的历史文化名城，现在也成为老城不老，新城不新的模样。杭州古城的消亡更是令人痛心疾首，杭州在拆毁古城和历史街区的同时，也给自己摘掉了“世界历史文化名城和七大古都之一”的桂冠。不仅如此，这也成为杭州申报世界文化遗产的最大障碍。其他破坏历史文化遗产的事件更是不能屈指：福建三坊七巷遭到建设性破坏，湖北襄樊千年古城墙被毁，河南穿城修路历史街区遭严重破坏，浙江历史文化名城定海古城历史街区被大肆拆毁，贵州遵义会议会址周围历史建筑被拆光……，随着城市化的加快，在“旧城改造”的名义下，我们的城市正越来越“新”，我们的文化遗产却在遭到大肆的破坏甚至是灭顶之灾。在城市建设的现代化道路上，如何保护好历史文化遗产已成为我们目前面临的严峻形势和迫切任务。“虽说我们有着五千年光辉灿烂的历史，但地面遗存，历尽劫难，已经是十分有限；如果我们中州的三座古城郑州、开封与洛阳，同意大利的罗马、威尼斯与佛罗伦萨比一比，就会一目了然。而如今又遭受到空前猛烈的冲击。此次冲击不亚于以往‘大革命的洗礼’。如果说‘大革命’是恶狠狠地砸毁它,这次则是美滋滋地连根除掉它,因为这是一次‘旧貌换新颜’。城市的管理者们,或出于片面追求现代化速度,或迫切地积累任职的政绩,或只盯住眼前的经济利益,将成片成片的城区交给开发商任意挥洒。他们对这些城区的文化遗存的情况大多一无所知,甚至也不想知道。于是短短十余年,不少都市的个性特征、历史感和文化魅力,被荡涤得寥寥无几。北京的四合院、江南的小桥流水,还有我们一些城市的那些源远流长的老街,正在一片片从城市的版图上抹去。神州城市正在急速地走向趋同。文化的损失可谓十分惨重！世界多少名城都以保持自己古老的格局为荣,我们却在炫耀‘三个月换一次地图’这种可怕的‘奇迹’！毫不夸张地说,现在每一分钟,都有一大片历史文化遗产被推土机无情地铲去。而每一个城市的历史特征都是千百年来不断的人文创造才形成的。”①

纵观我国城市发展的轨迹,急于实现“现代化”的浮躁心理割断了城市的历史连续和城市文明发展的文脉,中国改革开放 20 年来以建设的名义对旧城的破坏超过了以往的 100 年。毁坏旧城和古建筑成为中国城市建设和管理者最短见的行为。

对旧城的改造和古建筑的保护,西方国家已充分认识到:“毁坏旧城去建设新城是愚蠢的行为,当今最好的建筑也填补不了历史的空白。”他们对旧城的保护给我们树立了典范。巴黎为保护古城,又重建新城。从 20 世纪开始,巴黎形成了“三级同心圆体系”的文化遗产保护规划。1913 年制定《城市发展及文物建筑保护法令》(1943 年又修订),是同心圆体系的第一级“文物建筑点区”,主要用来保护历史名胜古迹;二级是“历史保护区”,是通过《马尔罗方案》确定的用来保护古城区、市中心老区、街区等;第三级则是“建筑、城市与风景历史遗产保护区域”,是通过 1933 年的《景观法》得以确立的。连续三次通过法规的形式来保护城市的古老建筑,这使巴黎的历史文化得以保留,也使巴黎成为世界上最具吸引力的历史旅游名城。

对比巴黎与杭州古城和历史文化遗产的保护,可见,城市现代化永远不能成为我们破坏城市文脉的理由,破坏城市历史遗产的人将受到历史的嘲弄和惩罚。没有历史的城市是没有生命力的城市,也是没有文化的城市,就如同人缺少了心脏和头脑,空披着“现代化”的外衣而死气沉沉,目光呆滞。

第三,城市现代化就是不沾泥土和奢侈豪华与洋气。城市与乡村的重要区别是前者是以非农产业为主,而后者是以农业为主。尤其是随着现代城市的快速发

① 冯骥才.鼓与呼.文汇报,2001 年 1 月 18 日.

展，高楼大厦成为城市的主要外观，而随着科技的发展，西方城市化步伐大大加快，各种高科产品和高大建筑令国人眼花缭乱。于是，当国门大开之际，在追求城市文明的过程中，有些人就错误地以为，现代化城市就是要在城市中消灭一切泥土的裸露，连公园的小径也必定水泥硬化，瓷砖铺地；现代化城市的生活就是住得豪华，用得高档，越昂贵越好，越奢侈越好，洋货越多越现代。其实，这是一种典型的小农意识和暴发户心理在作怪，以致盲目地攀比、挥霍，实际是借助高科技的光怪陆离和"洋货"来唬人和遮掩内心的空虚。结果却使城市成为没有泥土、没有自然环境的完全人工造作出来的没有生气的城市，各种高档宾馆、饭店、商店、写字楼、公寓越竖越高，却往往空无一人而傻傻地矗立在城市的显眼位置。这些做法，严重地违背了城市管理"以人为本"，人与自然和谐相处的理念，给城市的形象和发展造成巨大损失，又白白浪费大量资金，阻碍了城市经济的发展。

第四，城市现代化就是城市面貌的现代化。多年来由于我国城市发展只注重经济而忽略城市基础设施、环境等的建设，城市面貌脏、乱、差、挤、堵，曾一度成为我国各城市的基本特点，严重损害了我国城市的形象和广大市民的生活。改革开放后，各城市都致力于治理城市的脏、乱、挤等问题，我国城市面貌迅速改观。然而，与新的城市面貌不相适应的是，城虽是新的，人却仍是旧的。也就是说，市民的素质滞后于城市发展。崭新的街道、广场等地，口香糖、烟蒂、塑料袋、瓜子皮、果皮等随处可见，脏话随处可闻，令人痛惜不已却又无可奈何。其实，城市是人的城市，有什么样的人就有什么样的城市。城市人的素质、城市的人力规模、人力结构、人力资本投入及供求关系直接影响甚至决定了城市的发展和基本形象。但人的素质的改变和提高不是一蹴而就的，它远远没有城市基本建设能迅速地改变城市面貌，而且，人的素质的提升也往往不易察觉，因而往往被某些领导忽视。随着现代化的发展，人们逐渐意识到，仅仅把城市变新是不够的，现代化的国际大都市的管理水平往往和市民素质的提高与市民的精神面貌密不可分，而推动市民素质整体提升的主要途径，在于普及终身教育理念和构建学习型城市。21 世纪之初，美丽的滨海城市大连提出建设学习型城市的构想，以"学习革命"为主题，高起点进行大连城市功能再造，确立全面提高城市综合实力的发展理念，着眼于城市新经济要素的增长和培育，着眼于城市人力资源的开发和提高。2001 年，"学习型城市"的口号也在东方明珠的上海响起，它表明，上海已经认识到，必须营造"人人是学习之人，时时是学习之机，处处是学习之所"的社会氛围才能使上海市民将提升、完善自身素质内化为自觉的愿望与行动，进而跻身于"全球村"村民之列。

现代社会的发展，城市文明的提升要求人与社会的同步前进，推动市民素质的提高，这是城市实现可持续发展的基石，也是市民自我实现的必由之路。能否实现城市由传统向现代化的转变，城市的物质文明与人的精神文明缺一不可。

目前，中国的城市化在30%左右，沿海一些省份则达40%。按照西方发达国家城市化发展规律，我国现已进入城市化加速发展时期，城市化每20～50年翻一番，在未来20年左右的时间里，中国的城市化水平可能达到或超过65%，这无疑也成为我国城市快速发展的关键时期。但是，城市化水平的快速提高也同时带来诸多城市问题，给城市管理带来一系列严峻的考验。尤其是我们不能再走西方国家城市先发展后治理的老路，城市管理的任务便更加突出和重要。同时，全球化已成为未来的必然趋势，城市的管理和营销不能仅仅局限于城市自身的发展，需要我们放眼全球，着眼于未来。因此，在现代化的城市发展道路上，应保持清醒的头脑，要求我们要稳扎稳打，强强联合，携手打造城市竞争力，立足现实，高瞻远瞩，积极应对和备战，迎接城市管理的新挑战。

本章思考题

1. 城市管理理论是如何诞生的？
2. 简述城市管理学的理论流派。
3. 什么是健康城市？如何实现健康城市的各项指标？
4. 治理理念对城市管理有什么重要意义？
5. 什么是城市营销？阐述市场性城市规划的目标及流程？
6. 比较市场性城市规划和物质性城市规划的优缺点。
7. 概述伦敦码头改建的成功经验。
8. 概述圣比德堡城市促销的成功经验。
9. 如何避免城市现代化的诱惑与误区？

第三章 城市管理体制

第一节 市 制

“城市”和“市”是两个相近的概念，在日常生活中常被混淆。城市是一种聚落形态，具有和乡村不一样特征的地理空间。是指一个人口密集、居民大都以从事非农业生产为主的场所，具有地域中心性，是邻近地域空间的政治、行政、经济、文化的中心。鉴于这样的地理空间要素的特殊性，我们在地域空间管辖的时候也是不一样的。“市”是产生于近代的一种管理城市地域的行政设置。国家依据一定的标准和条件，按照法定程序设置在城市地区的地方行政建制。

市是应城市地区城市事务的专门管理需要而设置的，所以管理的幅度即城市的规模大小是设置市的建制的基础和前提条件，没有一定规模的城市为依托，就不会有设立市的行政建制，城市设置了市的建制，就称为“建制市”。这个由一般意义的城市转变为有行政建制的城市过程称为“设市”。市的行政建制制度是管理城市的基础，是后面研究城市的行政组织结构、职能结构、行政管理方式和行政运行机制等的基础。

一、我国市制的由来

我国的城市发展历史悠久，但是城市作为单独的行政建制的历史并不久，城市型政区是我国行政区划的重要类型，是政区制度发展到一定程度的必然产物。

中国现代市制开始于清末，最早的城市行政区首先出现在上海，建立了一些城镇区域的市政管理机构。1985 年上海的沪南地区设立了“上海南市马路工程局”，1900 年上海闸北地区成立“闸北工程总局”。

1909 年 1 月 8 日清廷颁布了《城镇乡地方自治章程》，这是清朝政府进行宪政改革，效仿欧美、日本推行地方自治的举措。这一章程是中国城镇管理体制向近代化转变的重要标志。

1911 年 11 月，江苏省召开临时省议会通过了《江苏暂行市乡制》，规定凡县治城厢和人口5万人以上的市镇村庄屯集为市，第一次提出“市制”的概念。

1920年“中华民国”军政府设立广州市政厅，这是中国市政制度的首次实践。1921年7月3日，北洋政府内务部颁布了《市自治制》，试图建立欧洲式的市镇制度。这是中国第一部由中央政府颁布的关于市制的正式文件，从国家意义上开创了中国市制。第二年，又制定了《市自治制施行细则》，规定设市地方，以首都、省会、商埠、县治城厢，以及其他满1万人口的城镇为限。市分特别市和普通市，特别市的行政地位相当于县，其最高行政长官为监督；普通市由其所在县领导，其监督为县长。全国共有建制城市10个，上海和南京为特别市，无锡、杭州、宁波、安庆、南昌、汉口、广州、梧州8个为普通市。这个时候的“市”仅是一种自治团体，不是一级地方行政实体，各自有不同的暂行条例，而无共同适用的组织法。1928年7月3日公布了《特别市组织法》和《普通市组织法》，成为中国第一部全国通行的市组织法，从法律上确定了现代市制。

二、市制在欧美国家的情况

市作为城市地区地方政府单位的设置，首先出现在英国，这主要是因为英国的国情和英国原有的自治城市体制有关。产业革命后的英国，工商阶级和地主阶级出现了不可调和的矛盾，地主执政成为众矢之的。在英国的撒克逊时期就存在一些自治性质的镇和镇的分区，随后它们取得了自治市(Borough)的地位，国王和贵族向各城市颁发特许状决定城市享有自身的特权。17世纪中叶之后，这些自治市不再受中央控制，自治市组成自治市法团，以法人资格从事活动，形成许多新的城市中心。在城市中，出现了一些诸如卫生、照明、供水、治安、警务等新问题，迫切需要改革原来的地方行政建制，1835年英国议会通过的《城市法团法》规定在城市设“自治团体”，由市议会管理地方事务，对以后英国城市地方制度的确立产生很大影响。1888年通过的《地方政府法》和1894年《城区和教区议会法》这两项法律使英国的行政区划体系发生了重大变化。即设立行政郡一级大区；在各郡中人口稠密区设立郡级市，享有行政郡同样的职权；各郡的次一级行政区划是城区和乡区，而乡区又可以分为教区。由此可见，在英国，“市”作为一种自治团体有着悠久的传统，这一传统反过来又影响着英国的区域空间管理体系，最终形成现代比较复杂的行政区划体系。

法国的市制建立于法国大革命时的拿破仑时期，1789年12月14日，为了统一法国的行政划分而与省和区同时创建的。它大致对应于一个堂区(paroisse)、镇(bourg)或是村(village)。市镇是法国基层行政单位，它的特点是细小，不均匀，古老而又稳定。美国的市制与英国的自治城市体制相近，但因国家结构的不同而又有差异，市作为地方政府单位的设置属于各州的权限范围，所以美国的市制是多种多样。

从市制的来源来看，市作为地方政府单位，是国家政治体系在城市区域的延伸，由于国家结构的不同和地方政治体制的不同，也决定了市这类地方政府的设置、职权、隶属关系及自治性。从自治市的由来还是各国市制的产生过程我们都可以看到现代市制的基本特征有两点：一是城乡分治的城市型行政建制，二是它的政府体制实现市民自治制度。

三、1949 年后我国的市制发展及现状

（一）我国市制的发展

中华人民共和国成立之后，中国社会经济制度发生变革，城市在社会经济快速发展变革中作用很大，我国市制也有很大的发展。1955 年 6 月政务院颁布了《关于设置市、镇建制的决定》该决定明定“市是属于省、自治区、自治州领导的行政单位，聚居人口 10 万以上的城镇，可以设置市的建制。聚居人口不足 10 万的城镇，必须是重要工矿基地、省级地方国家机关所在地、规模较大的物资集散地或者边远地区的重要城镇，并确有必要时方可设置市的建制”。这个文件强调了城市设置的条件，同时还特别强调市的行政地位和隶属关系。1949—1957 年 9 年新设各级城市 71 个，1958—1960 年由于大炼钢铁和人民公社化运动的影响，3 年增设 44 个城市，各省区的市普遍分为省辖和专属管辖两种。市管县作为特例存在于少数地方，如北京、上海和辽宁省旅大市。1959 年全国人大常委会发布《关于直辖市和较大的市可以领导县、自治县的决定》，各地迅速推广。随后在 3 年自然灾害和“文革”时期这个体制被废弃。1962 年国务院调整市镇建制的决定，1963 年又颁布了新的设市标准，使得城市人口比重下降。至 1965 年城市总数为 169 个[①]。

1966—1967 年“文化大革命”时期，城市发展停滞不前，这一时期，地区革委会成为一级政权机关，专属辖市变为地辖市，市正式分为中央、省、地区三级管辖的三类市。

1977—1985 年我国进行改革开放，推进社会主义市场经济体制，中国社会经济进入恢复发展阶段，城市设置也进入恢复发展期，此期间，地区重新恢复为派出机构，所有的市都为省辖，但分为，省直辖和省辖地区代管两类市。

---

① 刘君德，冯春萍. 中外行政区划比较研究. 华东师范大学出版社，2002：229.

1982年,为了发挥中心城市作用,加快城乡一体化建设,推行了地区管理体制改革,实施市领导县体制,大量的县级市升格为地级市。废弃一段时间的市管县体制,蓬勃发展,全国将近有2/3的县和县级市由直辖市、地级市管辖,1983年正式采用了地级市、县级市的名称,市的行政地位也分为省、地、县三级。

1986年为了有效防止大城市人口规模的过度膨胀,鼓励发展中小城市,颁布了新的市镇设置标准,主要是降低了人口标准,强调设市标准与经济发展的关系,同时提出了县改市的标准。

为了更有效地推动城市的发展,1993年国务院推行新的城市设市标准,重视区域差异,更是对地级市的设立标准给予明确规定。

从我国市制产生的过程来看,市是清末时候效仿西方推行地方政治体制改革的舶来品,从清末到1950年,一直是设置在城市地区的行政建制,形成城乡分治型的行政区划体系,与地方的省—(地区)—县三级管理体制相平行设有直辖市(省级)—设区市(地级)—不设区市(县级)三级体制①。后来经历了多次设市标准的变革和推行市管县体制,我国城市型政区表现为城乡合治的特点和行政地位的等级性。

(二)我国市制的现状

我国城市建制具有鲜明的等级性,目前我国有665个建制市,其中4个直辖市即省级,293个地级市,368个县级市。

1.直辖市

直辖市是与省、自治区平级的设于特大城市地区的地方行政单位,受中央政府的直接领导和管辖。直辖市的内部行政区划体系为,在城市为"二实一虚"即市—区—街道;在郊县为市—县—乡(镇)三实制,它明显不同于一般的省和自治区。

我国目前的直辖市包括北京、上海、天津和重庆。直辖市的数量在历史上多少不定,如1953年曾设置12个,后来都有增减,1958年只保留北京和上海,1967年天津设为直辖市,重庆市是1997年设立。

2.副省级市

副省级市是指在不改变省辖市行政隶属关系的情况下,被赋予相当于省一级

① 马彦林,刘建平.现代城市管理学.科学出版社,2005:41.

的经济管理权限。即经济和社会发展的各项计划全部单列，直接纳入国家计划综合平衡，并制定和执行计划，管理经济上具有相当于省一级的权限，直接参加全国性的会议的一类城市[①]。

副省级市正式施行于1994年2月25日，其前身为计划单列市。中国改革开放初期的80年代，一些市由于其特有的经济地位而被称为“计划单列市”，享有省一级的经济和社会管理权限，但受省级行政区管辖，副省级市的市长与副省长行政级别相同。根据1994年2月25日中央机构编制委员会文件（中编[1994]1号），经中共中央、国务院同意，原14个计划单列市（沈阳、大连、长春、哈尔滨、青岛、南京、宁波、厦门、武汉、广州、深圳、西安、成都、重庆）和杭州市、济南市共16个市的行政级别定为副省级，重庆市直辖后我国现有15个副省级市。

3. 地级市

地级市是宪法和法律中“设区的市”[②]，行政地位相当于地区（原称专区）或自治州一级的市，新中国成立之初称为省辖市。1983年5月18日，国务院在《关于地市机构改革中的几个主要问题的请示报告》的批复中正式确立地级市和县级市的称谓。

4. 县级市

县级市是行政地位相当于县一级的市。和县级市相对的概念有中国市制创立之初所设的特别市、1928年以后设立的普通市和1930—1948年设立的省辖市，另外还有新中国成立以后设立的自治州辖市、“专区辖市”、“地辖市”和部分省、自治区管辖的市，称谓很多。1983年国务院对劳动人事部、民政部上报的《关于地市机构改革中的几个主要问题的请示报告》批复中正式确立了“县级市”的称谓，明确等级，廓清“专区辖市、地辖市”以及“省辖市”所引起的市制层级的混乱。

四、从切块设市到整县改市

早期的市都是从县辖域中划分出城市地区而设的，即以县（自治县、旗、市）的部分行政区域设置市，称为切块设市模式，这种模式在改革开放以前一直是中国的

---

① 王佃利. 现代市政学. 中国人民大学出版社，2004.

② 1954年颁布的《中华人民共和国宪法》规定，直辖市和较大的市分为区；国务院1955年颁布的《关于设置市、镇建制的决定》规定，人口在20万以上的市，如确有分设区的必要，可以设市辖区；这些设区的市相当于地级市.

主要设市模式，1980 年以后，因逐步采用整县改市为主导设市模式，切块设市模式最后仅在少数非县城中心镇得以保留，目前仍采用这种模式的市约 140 个，约占市总数的 1/5①。

整县改市模式。即将整个县(自治县、旗)改为市，个别的几个县合并设置一个市，如朔县和平鲁县合置朔州市，定海和普陀 2 县合置舟山市。这种模式为改革开放以来所普遍采用，现有的市 70%以上采用整县改市模式。1986 年民政部正式确认了这种做法，并规定了相应的标准。1997 年，民政部冻结了“整县改市”。

整县改市虽然能弥补切块设市所造成的市县同驻一地、机构重复设置、城乡分割的弊端，也带来了实际问题的混乱。如忽略城乡地域差异，实行城乡合治，扩大了市的范围，而市不再是传统意义的“市”；市区农村人口比重过大，城乡概念模糊，给城镇人口的统计工作带来困难，造成城市化水平的混乱，出现了“假性城市化”的现象。

在中国市制改革的问题上，浦善新在整县改市叫停 10 年后发表的观点给我们提供了一个明确的参考：中国现行的设市模式都有明显的局限性，作为主导模式的县改市不符合设置城市型政区的基本宗旨，也从根本上限制了市数量的增长。解决中国市的发展问题，不是简单地恢复县改市，而是在充分理论准备和宏观考量的前提下，研究行政区划的总体改革思路，当务之急是探索市制改革之路。市制改革的方向是按城乡分治原则创新设市模式，从根本上克服现行设市模式的局限性，从体制上保证城乡之间的平等竞争、和谐发展。

第二节 中国城市管理体制

一、城市管理体制的含义和类型

(一)什么是城市管理体制

对城市管理体制概念的界定，有多种版本，我们从 20 世纪 90 年代初至今出版的一系列著作中筛选出四种概念，介绍给大家，并结合当今学科发展的新形势，作出我们的解释。

---

① 浦善新. 县改市冻结十年反思. 决策，2007，2.

刘歧、金良浚认为："城市管理体制是计划、组织、指挥、调节、控制等手段在城市运转过程中的总体运用，它可以分解为城市管理组织体系和城市管理制度两个部分。城市管理组织体系是城市政府机构及其相互关系的总和。城市管理制度是城市各级管理机构职能的规定，是城市管理机构职能的总和。"①

而董俊山则认为"城市管理体制，即城市管理的硬件、城市管理的模式，有广狭两个含义。

广义城市管理体制包括：①以城市政权机构为核心的、向上与中央政权机构的关系（或与省级政权机构的关系）；②城市政权机构内部立法机关、行政机关、检察机关、审判机关之间的关系；③在处理城市公共事务过程中形成的城市政权机构与其他政治组织、群众组织、社会团体的关系；④城市政权机构与城市的企业、事业单位以及广大人民群众的关系。

上述四个方面构成一个错综复杂、纵横交叉的城市管理体制。广义城市管理体制是与国家政治体制、政权建设密切相关的，应该由多种学科进行研究。

狭义城市管理体制，是指国家行政管理机关在管理城市公共事务过程中的职责权限的正式划分和相互关系。它包括：城市人民政府与中央人民政府或省人民政府的职权划分和相互关系；城市人民政府与区县人民政府的职权划分和相互关系；城市人民政府职能机构与中央人民政府职能机构或省人民政府职能机构或区县人民政府职能机构的职权划分和相互关系。这里应着重探讨在城市公共事务管理过程中，城市人民政府及其职能机构的决策与执行的内容范围和层次界限，相互作用的方式、方法，这种管理权限划分和运用的存在模式、沟通模式及其发展变化的一般规律和基本原则。"②

叶南客、李芸在《战略与目标——城市管理系统与操作新论》中，也从广义和狭义两个角度，对城市管理体制进行了自己的界定。他们认为："城市管理体制有广义和狭义之分。广义的城市管理体制范围很广，包括政治管理、财税金融等经济管理以及科教、文化、卫生等管理体制；狭义的城市管理体制则主要是指当前城市发展建设的主导指挥部门——城市行政管理机构体系。"③

陈叔红主编的《城市管理学概论》对城市管理体制是这样界定的："所谓城市管理体制，就是由城市管理权限的划分，城市管理机构的设置，城市管理方式的确定和城市管理机制的运行等综合起来的相对稳定的体系。"④

---

① 刘歧、金良浚主编．城市管理学．浙江人民出版社，1991：18.

② 董俊山．城市管理学．吉林大学出版社，1990：105、106.

③ 叶南客，李芸．战略与目标——城市管理系统与操作新论．东南大学出版社，2000：102.

④ 陈叔红主编．城市管理学概论．湖南人民出版社，1999：24、25.

上述四种概念,运用各自的分析视角对城市管理体制进行了自己的说明,应该说,四个概念各有千秋,对它们进行仔细的研读,有利于城市管理专业的学生较全面地理解什么是城市管理,以及如何进行城市管理。因此,我们不惜笔墨,对其进行详细的介绍。但是,由于四个概念的界定时间是2000年或者之前,所以,全球化背景下的城市管理新趋势和新内容难以涉猎。而在WTO已经成为我们社会生活的组成部分的前提下,四个概念美中不足之处就显得特别突出。为了弥补这个缺憾,我们在充分研究已有成果的基础上,以陈叔红的城市管理体制定义为蓝本,结合新形势,重新界定如下:城市管理体制是用来规范城市政府、企业和城市市民管理城市活动的各种行为准则、规章制度的总和,是由城市管理权限在各主体之间的划分、城市管理机构的设置、城市管理方式的确定和城市管理机制的运行等综合起来的相对稳定的体系。

(二)城市管理体制的类型

研究城市管理体制的类型,梳理其变迁轨迹,可以帮助同学们更好地理解我国现阶段城市管理体制的基本格局,进而为把握它的发展趋势提供理论依据。

新中国成立至今,我国城市管理体制经过了一个曲折发展的历程,其结构、功能也几经调整,其发展的趋势在经过"文革"的震荡后,逐步走向完善。下面,我们将把新中国成立以来的城市管理体制划分为三个阶段,向同学们系统介绍学术界比较一致的观点。

1.改革开放以前我国城市管理体制的基本格局

从时间上看,这一阶段的上限可以上溯到1949新中国成立开始,下限延续到1978年改革开放发端;从内容上分析,可以划分为两种类型:其一,新中国成立初期的城市政府机构;其二,"文化大革命"时期的革命委员会。

(1)新中国成立初期的城市政府机构　这是新政府成立后,在管理领域的一个社会成果,通过改组旧的政府机构,贯彻新政权的意志而形成的最初的城市政府机构设置。"新中国成立初期的城市政府机构大体上都是按民政、公安、财政、建设、文教、卫生、劳动等机构的格局设置的。根据各个城市的大小和工作的不同需要,机构大体上是10～20个。如当时的首都北平市人民政府下设工作部门和办事机构24个,参见图3-1"。[①]

① 李主其等著.城市政府行政管理.中国城市经济社会出版社,1990:88.

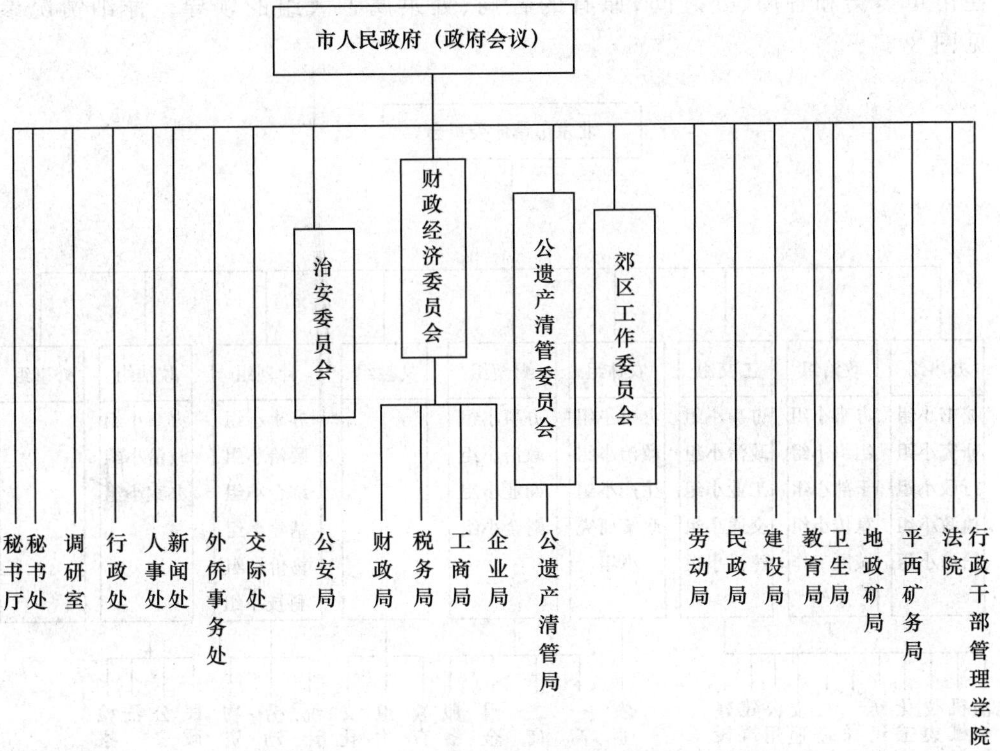

图 3-1 北京市政府 1949 年机构设置图

主要拥有一个管理层次，但其已成为高度集中的管理体制结构中的一个重要因子。截至 1965 年，一般市政府下设的机构包括：政府办公室、财贸办公室、经委、计委、文卫办公室以及归口管理的民政、公安、财政、税务、粮食、商业、统计、劳动、文化、教育、卫生、工业、交通、城建等局以及科委、体委、民委、侨委、宗教事务处、计生办、知青办、供销站、手工业社等 20～50 个部门。

(2)“文化大革命”时期的革命委员会 “文革”开始后，国家的政治、经济和社会文化生活陷入全面动乱，各级政府机构先后受到很大冲击，城市政府工作因之陷于瘫痪，新中国成立初期开始建设，1957—1965 年得到发展的政府各机构陷入停顿和半停顿状态。就在这种情况下革命委员会成立，并取代了原来城市政府及党委的工作。革命委员会下设的机构是名目不同的“组”，初始时期包括：批斗组、毛主席著作学习组、组织机构组、夺权组、抓革命促生产组和建立革命秩序组等；后来则为办事组、政治组、文教组、工交组、财贸组、农村组、计划组、政法组、外事组、专案组和接待组的基本格局。各大组党政合一，位置则在市革委会和各局、处之间，原有的各局、处隶属各大组的领导。详细情况参见图 3-2。[①]

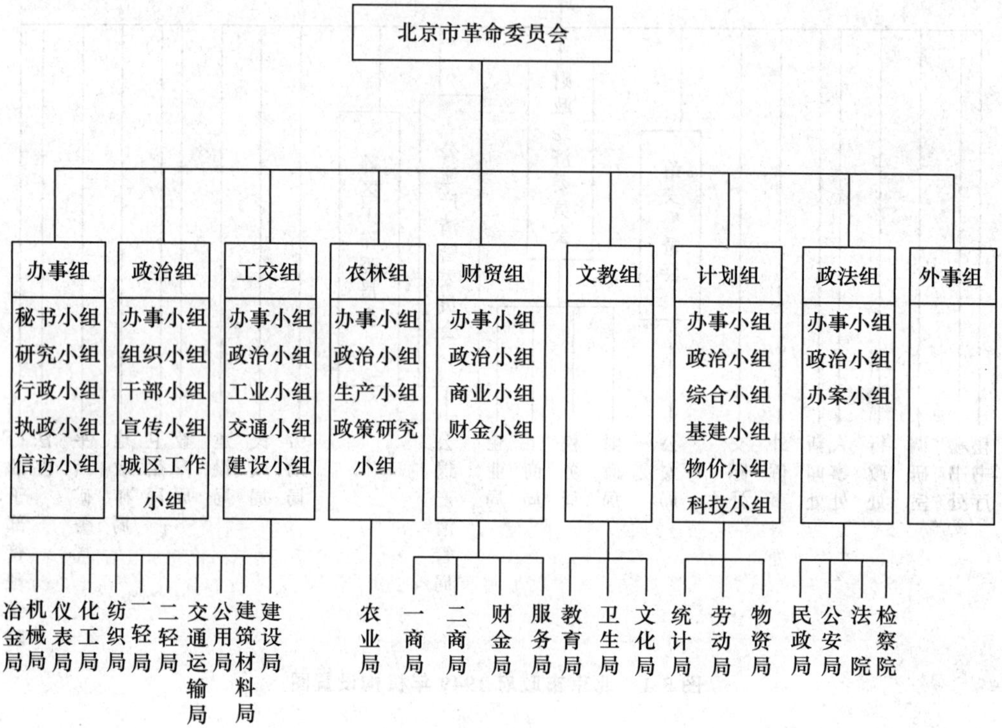

图 3-2　1969 年北京市革命委员会机构设置图

2.20 世纪 90 年代中期我国城市管理体制的基本格局

改革开放以后，我国城市管理体制的基本格局发生了根本的转变，并不断走向正规，到 90 年代中期，我国许多城市先后形成下设多个委、局、办同时管辖周边数量不等的县级单位的行政管理体制，江苏省无锡市城市管理机构设置(图 3-3)，[②]典型地反映了这一个阶段我国城市管理体制的基本格局。

① 李主其等著.城市政府行政管理.中国城市经济社会出版社，1990:92.

② 叶南客，李芸.战略与目标——城市管理系统与操作新论.东南大学出版社，2000:108.

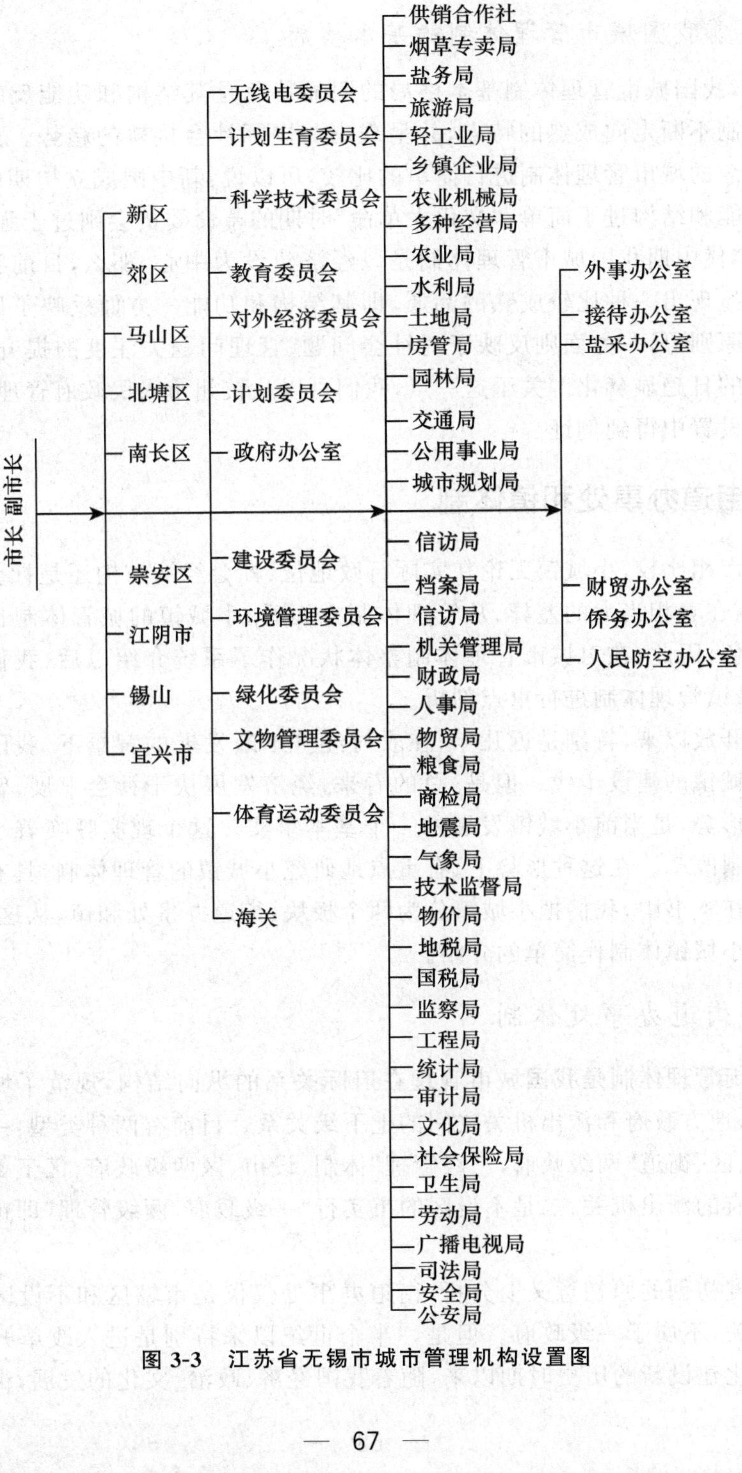

图 3-3 江苏省无锡市城市管理机构设置图

3. 目前我国城市管理体制的基本格局

目前,我国城市管理体制基本格局的明显特色是其结构和功能反映了我国市场经济体制不断走向成熟的特点,并呈现出与国际社会接轨的趋势。如果对新中国成立至今的城市管理体制进行简单的比较,可以说:新中国成立初期的城市政府机构的功能和结构过于简单,"文化大革命"时期的革命委员会则过于强调政治,20世纪90年代中期我国城市管理体制是以经济建设为中心,那么,目前我国城市管理体制则显现出一种比较成熟的品质,即其结构和功能一方面反映了以经济建设为中心的原则,另一方面则反映了对社会问题、管理问题关注度的提升,以及对应机构角色的日趋显赫化。关于这一点,我们可以从杭州市人民政府管理机构(图3-4)的现有设置中得到例证。

二、街道办事处和镇体制

与城市相比较,小城镇无论在实际行政地位、社会经济结构还是社会功能等各方面,都存在着相当大的差异,从管理体制方面看,小城镇的城管体制也有着自己独特的特色,因此,在对城市管理体制整体状况作了系统介绍以后,我们将集中精力,对小城镇管理体制进行重点剖析。

改革开放以来,特别是近几年,在农村经济不断发展的背景下,我国各地普遍加快了小城镇的建设步伐。但是,总的看来,经济发展快于社会发展,管理体制滞后于经济形势,是当前小城镇发展的一个基本事实。这个现实呼唤着小城镇范围的政治体制改革。在这种形势下,有重点地研究小城镇的管理体制,具有重大的现实意义。在本书中,我们把小城镇分为两个板块:街道办事处和镇,从这两个角度,对我国的小城镇体制作简单的介绍。

(一)街道办事处体制

市区街管理体制是我国城市管理在府际关系的纵向结构,规范了城区内地方政府之间,地方政府和派出机关之间的上下级关系。目前有两种类型:一是设区的市实行市、区、街道"两级政府,三级管理"体制,设市、区两级政府,区下街道办事处作为区政府的派出机关;二是不设区的市实行"一级政府,两级管理"即市下设街道办事处。

从制度初创的原初意义上分析,街道办事处仅仅是市辖区和不设区的市的政府派出机关,不属于一级政府。但是,"半个世纪以来特别是进入改革开放和社会主义现代化建设新的历史时期以来,随着我国经济、政治、文化的发展,街道办事处

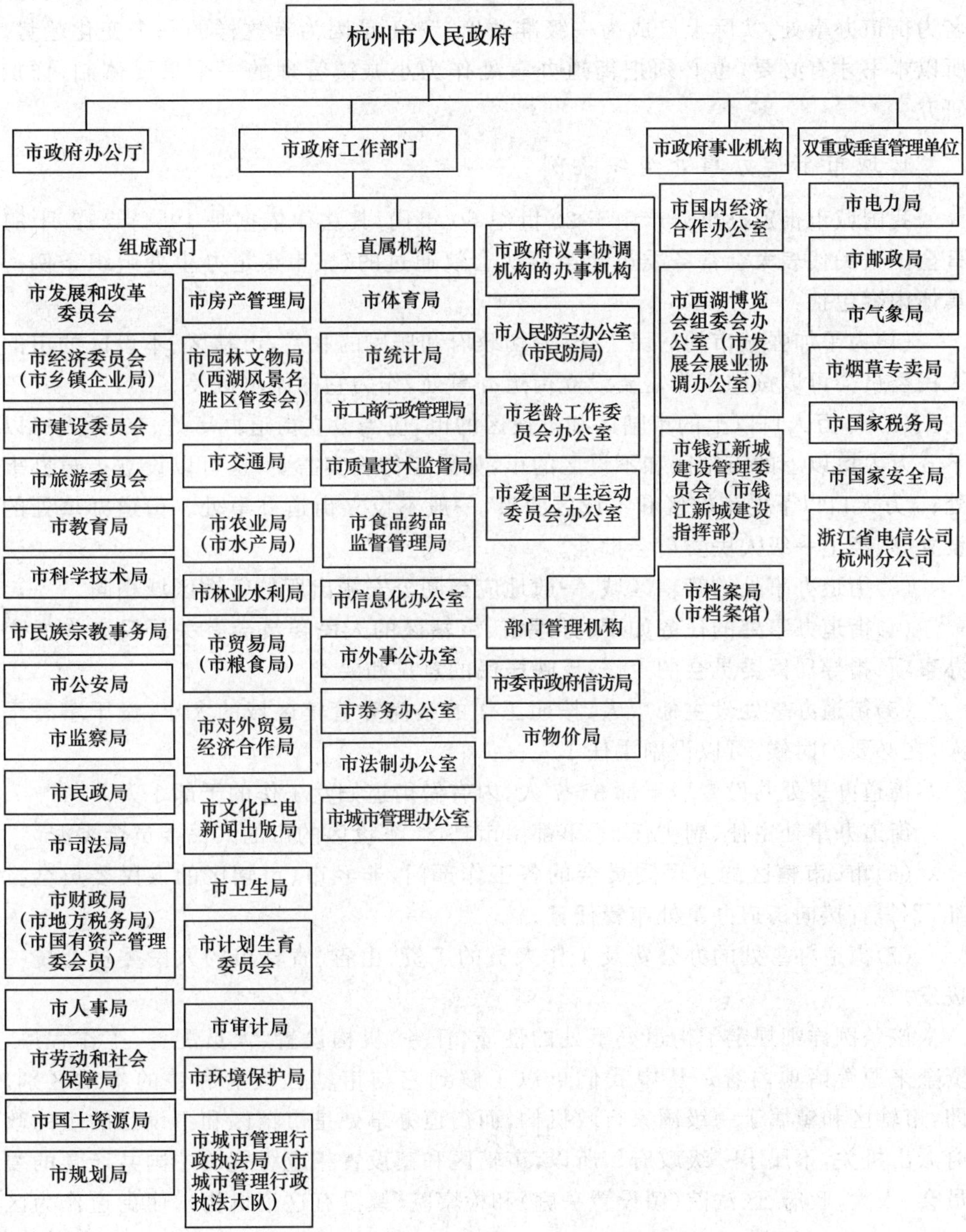

图 3-4　杭州市人民政府管理机构设置图

在工作对象、工作任务、机构设置、职能和人员编制等诸多方面也发生了巨大变化，名为街道办事处，实际上已成为一级准政府。”①正是因为有这样的一个变化趋势，所以本书才有必要，也必须把街道办事处作为小城镇管理的一个重要体制，详加研究。

1. 城市街道办事处组织条例

我国城市街道办事处产生于20世纪50年代，其法律依据是1954年12月31日全国人民代表大会常务委员会第四次会议通过的《城市街道办事处组织条例》。具体内容包括：

(1)为了加强城市的居民工作，密切政府和居民的联系，市辖区、不设区的市的人民委员会可以按照工作需要设立街道办事处，作为它的派出机关。

(2)10万人口以上的市辖区和不设区的市，应当设立街道办事处；10万人口以下5万人口以上的市辖区和不设区的市，如果工作确实需要，也可以设立街道办事处；5万人口以下的市辖区和不设区的市，一般不设立街道办事处。街道办事处的设立，须经上一级人民委员会批准。

(3)街道办事处的管辖区域，一般地应当同公安派出所的管辖区域相同。

(4)街道办事处的任务如下：办理市、市辖区的人民委员会有关居民工作的交办事项；指导居民委员会的工作；反映居民的意见和要求。

(5)街道办事处设主任1人，按照工作的繁简和管辖区域的大小，设干事若干人，在必要的时候，可以设副主任1人。

街道办事处共设专职干部3～7人，内有做街道妇女工作的干部1人。

街道办事处主任、副主任、干事都由市辖区、不设区的市的人民委员会委派。

(6)市、市辖区的人民委员会的各工作部门，非经市、市辖区的人民委员会批准，不得直接向街道办事处布置任务。

(7)街道办事处的办公费及工作人员的工资，由省、直辖市的人民委员会统一拨发。②

该条例详细规定了街道办事处的性质、任务、机构设置、人员配备、工作程序、资金来源等诸项内容。从中我们可以了解到它与市辖区政府和镇的本质区别。即：市辖区和镇属于一级国家行政机构，而街道办事处是市辖区和不设区的市的政府派出机关，不属于一级政府。所以，市辖区和镇设置相应级别的中国共产党的委员会、人大、政府、区法院(镇设置法庭)和检察院(镇没有这个机构)，而街道作为区

---

① 冯幸耘. 修改或修订《城市街道办事处组织条例》的建议. http://www.sina.com.cn，2005，03，11.

② www.gdyunan.gov.cn，2000-9-27.

派出机关只设街道党委和街道办事处；区、镇国家机构的职权，是法律授予的权力，而街道办事处的职权，是区政府依法委托街道办事处代为行使的权力；市辖区有一级财政权，街道只有市级或区级财政授予的相应的财政自主权。

2. 街道办事处行政管理机构图解

笔者在即将出版的一本专著中，曾就街道办事处行政管理机构予以图解并向加分析，主要内容介绍如下：

我国城市街道办事处产生于 20 世纪 50 年代，发展到今天，该体制已经在诸多方面发生了变异，例如，从初创时期的市辖区和不设区的市的政府派出机关，演变成为一级准政府①，等等。下面，我们将以 J 街道办事处和 Q 街道办事处(图 3-5)为例，解读现存街道办事处行政管理机构。

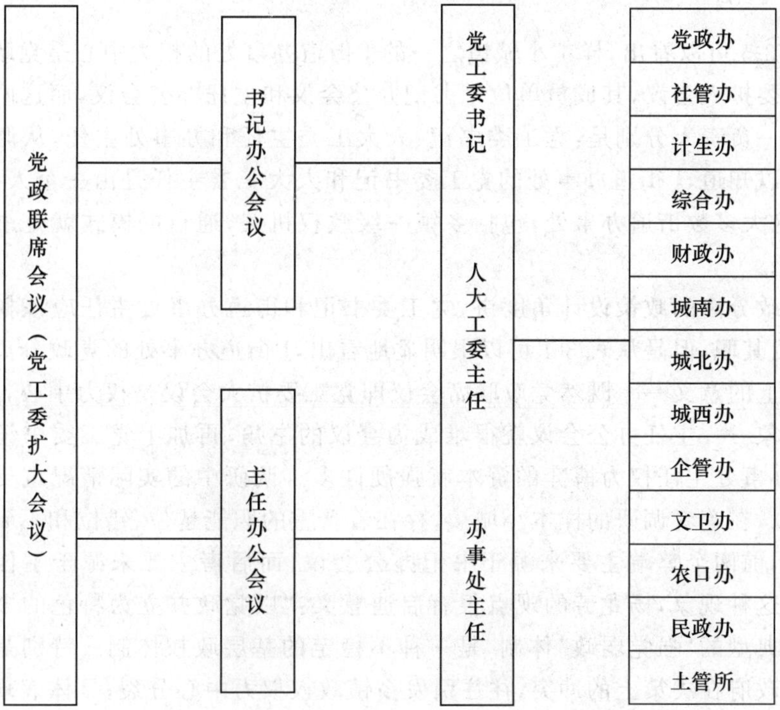

表 3-5　J 机关服务示意图

① 冯幸耘. 修改或修订《城市街道办事处组织条例》的建议. http://www.sina.com.cn,2005,3,11.

J街道办事处地处市(县级市)政府驻地,所以,它的基本架构与Q街道办事处稍有不同,主要表现在:J街道办事处的机构较多,功能较齐全,例如,在其机关构成中,有人大常委会街道工作委员会,而Q街道则无。除此之外,两者基本上是一致的。

在做半结构式访谈时,笔者曾跟Q街道办事处经济发展一科的丁主任就乡镇与街道的区别问题进行过深谈,他是这样评价二者的差异的:

"街道办事处与一般乡镇没有多大的区别,如果说有区别的话,就是街道没有'人大'这一机构,另外,街道的财政比一般乡镇要好,因为它是市政府全额拨款的。"

来自实践第一线的丁主任的介绍,从实践的角度,验证了冯幸耘的理论推断,为我们研究街道办事处的结构和功能奠定了一个基础,即,我们可以抛掉政策设计时原初意义上的街道办事处的地位和角色,用"一级政府"的标准,研读其管理体制之现状。

从图3-5可以看出,样本小城镇之一的J街道办事处的权力中心是党政联席会议即党工委扩大会议,其成员单位是书记办公会议和主任办公会议,而这两个办公会议的第一负责人分别是:党工委书记、人大工委主任和办事处主任,从调查所得的数据可以知道,J街道办事处的党工委书记和人大工委主任是由一个人担任的,实际上,绝大多数街道办事处,包括乡镇一级政权机关,通行的模式就是书记兼任人大主任。

从党政分离的政策设计角度讲,党工委书记和街道办事处主任应该权责分工明确、各司其职,但是从表3-1可以很明显地看出,J街道办事处的党政分离更多的具有形式上的意义——既然党政联席会议即党工委扩大会议是权力中心,那么,被扩大的对象——主任办公会议就很难成为会议的主角,再加上党工委书记一身二任,其与办事处主任权力博弈的资本就强硬许多。调研中的实际情况也支持这个结论,所以,在笔者调研的样本小城镇,存在着严重的职能越位、错位和不到位的现象。其中,前两个弊端主要来源于书记办公会议,而后者主要来源于主任办公会议。关于这种现象,杨龙芳的观点很有启迪意义:"以党政并立为特色的多中心体制是一种典型的'强党弱政'体制,是一种不稳定的基层政权体制。特别是乡镇党委同乡镇政府在决策上的冲突,往往引发乡镇政权权力中心分裂,具体表现为党政两个'一把手'不团结,最终导致乡镇行政效率低下。调查表明,中国不少地区的乡镇政府组织相当弱化,乡镇长负责制徒有虚名,乡镇长很少甚至没有单独召开过正规的政府办公会议。"①

① 杨龙芳.论中国乡镇政权组织系统的职能分化.江汉论坛,2004,1:14.

因此，目前的准生态小城镇的管理体制还有待理顺。但是，小城镇的管理体制改革的目标，特别是生态小城镇健全的管理体制是否一定要做党政分离的路子？恐怕还有待商榷。江泽民同志曾经说过这样一句话："实现发展民主，加强法制，实行政企分开、精简机构，完善民主监督制度，维护安定团结。"[①]该文中提出的政企分开的正确性已经被社会实践所证明，但是，小城镇的党政分开效果并不理想化，所以，在研究、制定生态小城镇管理体制时，不应该机械照搬政企分开的模式，也不应该机械理解中央党政分开的政策。按照笔者自行界定的城市管理体制的概念，即："城市管理体制是用来规范城市政府、企业和城市市民管理城市活动的各种行为准则、规章制度的总和。是由城市管理权限在各主体之间的划分、城市管理机构的设置、城市管理方式的确定和城市管理机制的运行等综合起来的相对稳定的体系。"笔者认为，在生态小城镇政府管理体制创新过程中，应根据小城镇的具体情况，找出适合其良性运行和可持续发展的管理模式，党政宜分则分，宜合则合。主要目的是建立起一个目标设置科学，体制与机制完善，能够规范和有效的保证决策制定和落实的激励和约束机制。[②]

（二）镇建制的标准和类型

1. 中国城镇建制的简单历史回顾

我国有"镇"的历史已经非常久远了，最远可以追溯到北魏孝文帝时期，但是，以法律的形式明确规定镇建制的时间并不长。1909 年 1 月，清政府颁布实施《城镇乡地方自治章程》，章程规定，在人口 50 000 以上的村庄屯集地建镇，设自治组织，议决及办理地方自治事宜。从此，在我国才出现了具有明确法律依据的"镇"级国家行政机构。但是，此时的镇，其功能不如现在那么广泛和强大，偏重于在经济上发挥作用，在其他领域则无所事事。

1949 年新中国成立以后，作为一级国家行政机构的镇，其性质、结构、功能等各要素才逐渐走向规范化，其规模和数量总的趋向是不断扩大，其社会经济地位逐步得到提升。1954 年底，全国设有 5 400 个镇，其中人口 2 000 以下的 920 个，人口 2 000～5 000 的 2 302 个，人口 5 000～10 000 的 1 373 个，人口 10 000～50 000 的 784 个，人口 50 000 以上的 21 个。此后，镇的建设走向低潮，可以利用规模、数量等指标加以证明。如至 1978 年底，全国仅有 2 173 个镇。取消人民公社制度后，建制镇的建设再次得到重视，但是，到 1983 年止，镇的总数也不过 2 968 个。

---

① 江泽民. 高举邓小平理论伟大旗帜，把建设有中国特色社会主义事业全面推向 21 世纪. 1997，9，12.

② 张本效主编. 城市管理问题研究，2007.

1984 年 11 月 29 日，国务院发出新的建镇标准，镇的建设走向良性循环，经过撤区并乡后，到 2002 年末，地区镇的数量猛增到 20 500 个（表 3-1）。

表 3-1　新中国成立以来镇的规模和数量变化一览表

时间	镇的规模和数量				
1954	5 400(个)				
	2 000 人以下	2 000～5 000	5 000～10 000	10 000～50 000	50 000 以上
	920(个)	2 302(个)	1 373(个)	784(个)	21(个)
1978	2 173(个)				
1983	2 968(个)				
2002	20 500(个)				

2. 建镇标准

我国镇建制的现行标准是 1984 年正式颁布的。在此之前，还有两个镇建制标准，分别是 1955 年 6 月国务院颁布的《关于设置市、镇建制的决定》和 1963 年 2 月，中共中央、国务院发出的《关于调整镇建制、缩小城市郊区的指示》。三个标准在内容上变化较大，在影响上互相渗透，致使我国的镇建制标准比较复杂，与国际上的划分标准有着很大的不同。所以，为了管理好我国的小城镇，作为未来的城市管理人，首先应该熟悉现存的并发挥着不同作用的镇建制标准，然后在此基础上，开始自己的城市管理之路。

(1)1955 年 6 月国务院颁布的《关于设置市、镇建制的决定》　该决定明确规定，镇与乡都是我国的基层行政建制。镇的设置标准包括四个条件，分别是：县级或县级以上地方国家机关驻地；凡是集聚人口在 2 000 以上，有相当数量的工商业居民；上述条件，在少数民族地区可适当放宽，确有必要者可设镇；由县领导的工矿基地。各类镇下均不得设乡。由于标准统一，有助于发展镇建制。

(2)1963 年 2 月，中共中央、国务院发出的《关于调整镇建制、缩小城市郊区的指示》　该决定对 1955 年的镇建制标准作了较大的修改，主要内容包括：应该是工商业和手工业相当集中，绝大多数居民从事这些行业，确实有必要由县领导才有利于经济发展和物资交流的地方；人口在 3 000 以上，其中非农业人口占 70%以上，或者聚居人口在 2 500 以上不足 3 000，其中非农业人口占 80%以上；凡不符合上述标准的，虽是县或县级以上国家机关驻地，也不设镇。

分析该“指示”的规定，可以发现，1963 年的标准，在要求上高于 1955 年的标准，例如在非农业人口的比例上，设镇的下限标准提高到聚居人口 3 000 以上，非农业人口 70%以上或聚居人口 2 500～3 000，非农业人口 80%以上。这比 1955 年标准规定的“凡是集聚人口在 2 000 以上”严格得多。经过该“指示”的规范，镇的数目被压缩了 1 000 个左右。我国城镇的发展进入了一个低潮期。

(3)1984 年 11 月 29 日国务院发出新的建镇标准　凡县级地方国家机关所在地，均应设置镇的建制；总人口在 2 万以下的乡，乡政府驻地非农业人口超过 2 000 的，可以建镇；总人口在 2 万以上的乡，乡政府驻地非农业人口占全乡人口 10%以上的，也可以建镇；少数民族居住地区、人口稀少的边远地区、山区和小型工矿区、小港口、风景旅游区、边境口岸等地，非农业人口虽不足 2 000，如确有必要，也可设置镇的建制。

该标准是在新形势下应对经济社会发展以及我国人口急剧增长的一大举措，从总体来看，我国基层行政建制的发展趋势是撤区并乡，以及镇取代乡。从实践层面看，这一趋势已经得到确实的印证，到 2002 年末，共计有 36 687 个乡、镇，其中镇 20 500 个。

3. 镇的类型

研究镇的类型，从最简单的角度理解，实际上就是分析镇的行政级别，这是对镇分类的最基本的标准，在我国这也是最通俗易懂的标准。按照这个标准，我们可以将镇分为四种类型，每种类型对等拥有着自己的实际行政地位、社会经济结构和功能，同时享受并履行着一定的责权利。

(1)副县(副处)级镇　由副县(副处)级干部担任主要负责人。此类镇机构编制较多，往往是城关镇，经济、文化事业发达，一般是全县政治、经济的中心。

(2)区级镇　它与县政府派出机构区公所同级，主要领导人相当于县科、局级，由县直接领导，机构编制与区相仿。此类镇工商业、手工业比较发达，多是新中国成立以来的老镇，在各类镇中占有较大的比例。

需要注意的是，由于我国基层行政建制的发展趋势是撤区并乡，所以，区分该类镇的意义需要进一步思考。

(3)乡级镇　它与乡同级，人员编制和乡一样，由区代管或由县领导，多属于新建的镇，经济不很发达。

(4)乡管集镇　它不是基层行政建制，其地位相当于村。由乡政府派专人或设街道办事处管理行政事务，集镇本身设居民委员会实行基层群众自治。多属于一乡政治、经济、文化的中心。

以上四类镇，前三类属于国家法律认可的建制镇，设有不同规格的国家机构，是基层行政单位。[①]

三、镇(街道)政权的地位、作用及面临的问题

我国现行法律规定，镇属于一级国家行政机构，而街道办事处是市辖区和不设区的市的政府派出机关，不属于一级政府。但是在实际运转过程中，街道办事处早已超越了法律赋予的地位、规定的作用。与镇相比较，街道办事处有两个突出的特点，一是后者没有“人大”这个权力机关，二是后者的财政状况普遍好于前者。这两个特点从不同的方向对街道办事处发生着作用，结果则是街道办事处成为事实上的一级政府。鉴于这个原因，本教材在下文中，一般采取这样的表达方式，即镇(街道)政权，这是本教材中以田野调查为基础，突出教材的实践品质的一个典范，这样组织材料的目的在于，突出教材的实践性、应用性和时效性，避免纸上谈兵式的无病呻吟。

(一)镇(街道)政权的地位、作用

我国镇(街道)政权的地位、作用，概括起来可以用七个字来介绍，即基础、桥梁、落脚点。

所谓基础，是指镇(街道)政权是国家政权的基础，它同乡一样，都是我国国家政权体系中的最基层组织，犹如“大厦”之根基，承载着巩固、稳定整个国家政权的重要作用。换句话说，我国政权稳固与否，直接取决于基层的稳定状况。只有基层政权稳定了，国家才具备了牢固的基础。

所谓桥梁，是指镇(街道)政权起着承上启下的作用，即：上，代表着“国家”对基层社会进行直接治理；下，代表人民，在日常生活中与“国家”发生各种关系。可以用乡镇政权在我国国家政权体系中的地位来类比镇(街道)政权的地位，即“乡镇政权是国家设在农村的基层组织，是党和政府联系人民群众最直接、最广泛、最经常的基层组织。一方面，党和国家的各项方针、政策要靠乡镇去贯彻执行，各项计划要靠乡镇去落实和实施，各项工作、任务要靠乡镇去完成；另一方面，人民群众的呼声和要求，也要通过乡镇向上级政府去反映，人民群众的生产、生活要靠乡镇去指导和协调，人民群众直接通过乡镇实现自己当家做主的民主权利。乡镇政权负有关心人民群众、联系人民群众、对人民群众做宣传的责任。没有乡镇政权这一联系

① 唐代望.现代城市管理学.中国人事出版社，1991：81、82.

人民群众的桥梁和纽带，党和政府就不能对人民群众进行有效的领导，人民群众也不可能有效地行使管理国家和社会的权利。”①

所谓落脚点，是指镇(街道)政权是国家各项工作的落脚点。党的路线、方针、政策，国家的法律、法规及各项措施，最终要落实到镇(街道)，并通过镇(街道)政权的号召、组织、宣传等工作，贯彻到人民群众中去，变为人民群众的自觉行动。因此，镇(街道)政权是国家各项工作在城镇的落脚点，是执行创建和谐社会任务的桥头堡。

总之，镇(街道)政权在整个国家政权体系中占有重要地位，因此发挥着特殊的重要作用。

(二)镇(街道)政权的特征

镇(街道)政权是国家最低一级行政区域的基层政权组织，有着不同于其他各级国家地方政权组织的特殊性。

1. 直接性

这是镇(街道)政权最基本、最突出的特征。这种直接性具体表现在：

首先，它直接面对人民群众。镇(街道)政权的直接工作对象是村(居)民委员会，镇(街道)通过村(居)民委员会，直接面向千家万户、服务千家万户；镇(街道)政权的主要任务是贯彻执行国家的法律、政策以及组织和领导本行政区域内的经济、文化、教育和各项社会事业，这些都与当地人民群众的切身利益息息相关，镇(街道)只有直接面对群众，直接联系群众，才能保证政权机关的运行经常处于最佳状态；镇(街道)直接与人民群众打交道，可以直接地、如实地了解和反映人民群众的意见、要求和建议。党和国家与人民群众的关系如何，在很大程度上取决于镇(街道)政权机关工作人员的素质和工作状况。

其次，它直接接受人民群众的监督。镇人民代表大会由人民群众直接选举产生，代表必须接受选民监督，选民有权依法随时罢免。同时，镇人民政府是由本镇人民代表大会选举产生的，它不仅要向本届镇人民代表大会报告工作，接受其监督，而且要经常地、直接地接受本镇广大人民群众的监督。街道办事处虽然不设立人民代表大会，但是，选民能够通过上级人民代表大会对街道政权问责。同时，由于街道政权必须直接面对群众，所以，居民有权通过各种法定形式，维护自己的权益，监督政府行为。

---

① 青宣网，2004-07-13.

最后,直接实施行政管理。由于镇(街道)人民政府是最低一级的行政区域的行政机关,在它之下再没有由它直接领导的、更低层级的国家行政机关。因此,它对本行政区域内的各项行政工作的管理,不再有什么中间环节,而只能进行直接而具体的管理,各项行政工作都要由它去落实,直接进行行政管理。

2. 基层性

镇(街道)政权是基层政权,镇(街道)之下设立的村(居)民委员会,是我国的基层群众性的自治组织,并不是一级政权组织,镇(街道)政权与村(居)民委员会的关系是指导与被指导的关系,不是行政隶属关系。党和国家的方针、政策和各项任务都要通过它落实到最基层,落实到人民群众中去,它在基层社会生活中发挥着其他层次的政权组织难以替代的作用。

3. 综合性

我国的镇(街道)政权工作忙、任务重,“上面千条线,下面一根针”,工作综合性很强,非常具体琐碎,包括方方面面,往往一个部门或一个人负责几项工作,镇(街道)干部需要具备“多面手”的素质。[①]

(三)镇(街道)政权面临的问题

镇(街道)政权作为我国的基层政权组织,是国家政权的基础,它的建设质量如何关系到社会的稳定与发展,也关系到国家的稳定与发展。从现状分析,我国的镇(街道)政权建设,还存在着许多的问题,需要加大改革力度,从而适应信息化时代、全球化时代对政府管理能力的要求。

镇(街道)政权面临的问题可以概括如下:

(1)经济主导型向社会主导型转变的步伐尚未开始。许多地方仍然存在着片面追求经济速度的高速增长和经济总量的不断提升,甚至出现以政治压力为手段,强迫实现自己制定的过高经济目标的现象。

(2)“球员兼裁判”的角色使镇(街道)政府管理理念落后,管理形式陈旧,“当权者自律”的无解困境,决定了镇(街道)政权的角色只能是直接控制型政府,很难实现向服务型政府的转变。

(3)镇(街道)政府责任大、权力小、效能差。20 世纪 90 年代中期以来,基层政权财政越来越紧张。主要原因包括:①实行分税制后,财政收入减少;②尽管经过几次改革,但是,政府机构仍相对膨胀,人浮于事的现象继续存在;③教育开支居高

---

① 突出三个重点 加快社会主义政治文明建设.青宣网,2004-07-13.

不下；④镇（街道）政权日常开支浪费严重；⑤税费改革堵死了集资摊派、搭车收费、行政调入等“增收”渠道。基层政权财政收支失衡，政府运转困难增加。

与财政权力日渐式微相对立，基层政府责任加重。当前的行政体制是种“压力型的体制”，上级将任务指标分解到基层政府，逐级考核，基层头顶上悬有众多“一票否决”的尚方宝剑。但是财政紧张使它们的能力愈来愈弱，条块不协调，使它们的权力愈来愈小。

任务重、能力弱，是许多基层政府欺上压下，弄虚作假的客观原因。上级政府亦知基层政府的难处与苦衷，考核流于形式，从而出现了基层政府责任大、权力小、效能差的不良现象。

(4)镇（街道）政权党政并立的权力格局需要进一步改革。现有的镇（街道）政权权力格局的主要特色是多中心：镇政权一般是三个中心，即镇党委、镇人民代表大会和镇人民政府；街道政权一般是两个中心，即街道党工委和街道办事处。“以党政并立为特色的多中心体制是一种典型的‘强党弱政’体制，是一种不稳定的基层政权体制。特别是乡镇党委同乡镇政府在决策上的冲突，往往引发乡镇政权权力中心分裂，具体表现为党政两个‘一把手’不团结，最终导致乡镇行政效率低下。调查表明，中国不少地区的乡镇政府组织相当弱化，乡镇长负责制徒有虚名，乡镇长很少甚至没有单独召开过正规的政府办公会议。”[①]

所以，如何改革镇（街道）政权党政并立的权力格局，充分发挥基层组织的凝聚力、号召力和战斗力，“实现发展民主，加强法制，实行政企分开、精简机构，完善民主监督制度，维护安定团结”[②]目标，是镇（街道）政权面临的又一个问题。

四、市管县体制

市管县体制即地级市以上的城市政府领导县级城市政府的管理体制，本意是要以经济相对发达的中心城市带动周围农村的快速发展。解放初期为了保证城市的蔬菜、副食品供应。在辽宁省旅大市（今大连市）、北京、天津等地试行市领导县体制，1959 年，全国人大常委会通过了《关于直辖市和较大的市可以领导县和自治县的决定》进行体制推广，1963 年中共中央、国务院发出《关于调整市镇建制、缩小城市郊区的指示》市领导县体制被叫停，很多城市随即撤销了市管县。20 世纪 80 年代，随着城市和农村经济的迅速发展，在经济发达的地区，撤

① 杨龙芳. 论中国乡镇政权组织系统的职能分化. 江汉论坛，2004，1：14.

② 江泽民. 高举邓小平理论伟大旗帜，把建设有中国特色社会主义事业全面推向 21 世纪（1997 年 9 月 12 日）.

销地区行署，实行市管县。1983 年 1 月，国务院批准江苏省撤销所有地区，地区所辖各县划归 11 个市领导，之后，市管县体制在全国各地全面推开。截至 2005 年底，除内蒙古（3 个盟）、黑龙江（1 个）、贵州（2 个）、西藏（6 个）、青海（1 个）、新疆（7 个）仍有 20 个地区（盟）外①，其他省或自治区都以地级市取而代之，实行市管县体制。

市管县的类型主要有四种：如江苏的苏州市与苏州地区合并，将原来具有相当经济实力的省辖地级市与原地区行署合并即地市合并型。如长沙、武汉等原来不领导县的市，把附近的地区一定数量的县划给地级市管辖即划县入市型。若该地区没有市，将地区撤销升县为地级市管辖周围县或在行署机关的基础上组建地级市进行周围县的管辖即撤地设市。最后是把原有的县级市升格为地级市，对周围县进行管辖即升市领导县。

市管县体制最初设计的目标是沟通城乡经济联系，让经济较发达的“市”带动周围“县”的经济发展，解决省领导县体制下管理幅度过大的问题，发挥城市的经济辐射带动作用。该体制运行到现在也带来一些新的问题。

第一，中心城市的辐射带动作用不强，尤其在中西部地区，中西部城市由于社会经济基础和资源环境的限制使其自身的经济发展不快，潜力不够。其次，在体制的运行过程中，常常出现通过行政手段截留审批指标、财政资金和工程项目给市区的现象，所以最初的市带县，就变成了“市压县”或“市刮县”现象。

第二，市领导县体制使我国区域空间管理中实行城乡合治，违背市制发展的国际惯例，也给我国城市管理体制带来混乱。首先，城市管理的对象和幅度拓宽，因为把与城市相对立的农村纳入到城市政府的管辖范围。其次，城市管理的组织机构也要相应设置专门处理农村事务的机构。最后，在城市管理体制运行过程，因为要考虑城乡两种不同的社会基础，而使决策呈现城乡混合性和复杂化的特点。

随着经济发达地区“县域经济”的发展，市县之间的矛盾也越来越激烈，市管县体制改革成为一个涉及面广的敏感课题，涉及政治、经济、行政管理等多个方面，所以需要全面规划，积极稳妥、稳步推进。

五、中国城市管理体制的特点

新中国成立之后，经过漫长的发展过程，受到多种因素的影响，特别是 20 世纪

---

① 张武冰等. 新编实用地图册. 中国地图出版社，2006：1.

80年代以来所推行的市管县体制，实行地市合并、整县改市，使得我国的市制走向城乡合治，深深地影响了我国城市管理的对象目标、层级结构和运行机制，形成目前城乡合治型的城市管理体制，其表现如下：

第一，城市建制具有双重性。市是设立在城市地区的行政建制，是城市型政区。我国的市是城市型行政建制，但因为市领导县体制，我国市有兼有地域性行政建制的特点，城市政府不仅要对辖域内的城市地区设立专门的机构，同时还要对辖域内的农村地域进行一般管理。

第二，建制市等级的多样性。我国建制市按照行政地位，分为直辖市（省级）、副省级市、地级市和县级市。因为我国除民族自治地区外不实行地方自治，不像国外发达国家实施城市自治，他们不同层级的政府有自己独立的事务管理分工范围，各司其职，互不干涉。而我国，从中央到乡镇政府，具有相同的事务管理内容，区别在职责和权限有所不同，各级政府之间存在行政隶属关系。一级人民政府既是本级政治权力机关的执行机关，又是上级国家行政机关的下级机关，对其负责受其领导，同时还要领导下级人民政府的工作。

第三，建制市组织结构具有同一性。我国宪法、地方组织法和有关法律对市的政权组织形式做了统一的规定。市人大及其常委会是城市的权力机关，市政府、法院和检察院由市人大及常委会产生。市辖区的基层政权也是按照人民代表大会制设置的，具有高度一致性。从纵向上看，市级政权机关全面领导区、县级机关的工作。

第四，法律地位的非自治性。我国宪法和有关法律规定，除民族自治地区以外，我国的市不是独立自治的政治实体，而是享有一定自主权的地方行政单位。

第五，城市管理职能的广泛性。城市政府管理的内容集工业、商业、农业、财税、金融、卫生、教育、科技文化、体育、环境保护、城市建设、民政、公安、司法行政于一体，十分广泛和复杂，有很强的综合性。同时我国市制的特殊性，从空间地域管辖上不仅要管理城市地区还要管理农村地区，更加使得城市管理复杂。

第六，建制市内部层级的混合性。建制市分设区的市和不设区的市。设区的市在城区为两级设置，即市—区；在郊区和县为三级设置，即市—区、县—乡镇。不设区的市在城区为一级设置，即市一级；在郊区为二级设置，即市—乡镇。在市辖区和不设区的市人民政府，经上一级人民政府批准，可以设立派出机关—街道办事处进行管理。

第三节 国外城市管理体制

世界各国的城市模式存在广泛的差异性，不仅各个国家之间的城市政府的模式和名称各不相同，甚至在同一个国家和地区内，这种差异也会有所体现。

19 世纪 20 年代以前，美国城市的行政长官，一般是由英国的殖民郡或州长或市议会挑选产生的。在讲英语的国家中，城市的首席行政长官通常称为市长(mayor)，也有其他称号，例如地方行政长官(local administration official)、地方执行官(local executive)、主席(chairman)、首席委员、主管人等等。西方国家的城市政府的首长不仅名称不同，更重要的是法律地位和职责权限不同。

法国的市长是由议会选举产生的。但事实上，他通过省长或专区区长对内政部所负的责任超过议会。大城市的市长常常同时被选进国民议会。英国市长也是由议会选举产生。但市长仅仅主持议会会议或者作为一种礼仪性的职位履行义务。如现任伦敦市市长，利毋斯托(Livingstone)同时也是英国的 ITV 电视新闻栏目今夜伦敦(London Tonight)的主播。德国市长产生的形式各不相同。有时市长由选民选举，有时由议会选举。日本市长由选民选举产生。加拿大的市长一般在议会之外进行选举。

下面我们将着重介绍几种典型的并在西方发达国家已经得到广泛应用的城市政府模式。

一、美国的城市政府

美国各州、各市的政治经济情况和历史发展过程各不相同，市政府的体制千差万别。每个州议会和每个市的宪章委员会在设计市政府体制时，在吸收其他城市已有的经验的同时，都要根据本地的情况加以修改和改造。因此，在美国，很难找到两个政府体制完全相同的市。尽管千差万别，全国所有的市都有一个选举产生的市议会，市议会均实行一院制，少则 5～9 人，多则数十人，市议会通过的法令必须符合市宪章、州宪法和法律、联邦宪法和法律。市政府体制的差别和变化主要表现在行政首长的设立及其与议会的关系上，由此可以归纳出三种基本的市政府体制，即市长—议会制、委员会制、市经理制。

(一)市长—议会制

市长—议会制是美国最早采用的市政府组织形式。直到 21 世纪开始之前，在美国,人口在 5 000 人以上的城市中,51%的城市都采用这种体制。至今该制度仍盛行于美国的大多数城市中。

根据这种模式发展的历史,在 19 世纪前的几十年是实行弱市长—议会制,19 世纪最后 20 年以来是实行强市长—议会制。同时,拥有 5 000～10 000 人的小城市有 60%,通常采用弱市长—议会制。拥有 50 万以上居民的大城市,通常采用强市长—议会制。

1. 弱市长—议会制

这种模式产生的原因是城市政府的职能微乎其微,地方官通过政党协调行动,人民害怕把权力赋予单一的行政机关及其首长。这种模式的特征是市议会既是立法机关又是行政机关。在小城市,市议会一般由 5～7 人组成。除市长外,其他行政官员也都是选举出来的,他们与市长共同分担责任。市长只有有限的权力,对市议会的决定只有有限的否决权或根本不能否决,市长任命行政长官受到限制,即使由他任命的长官,他也不能随意撤换,市长被剥夺了对所任命官员的实际监督权或者对所任命官员的责任,市议会有权直接负责行政管理,它常常通过自己的多种委员会来开展工作。弱市长—议会制的组织结构,见图 3-6。

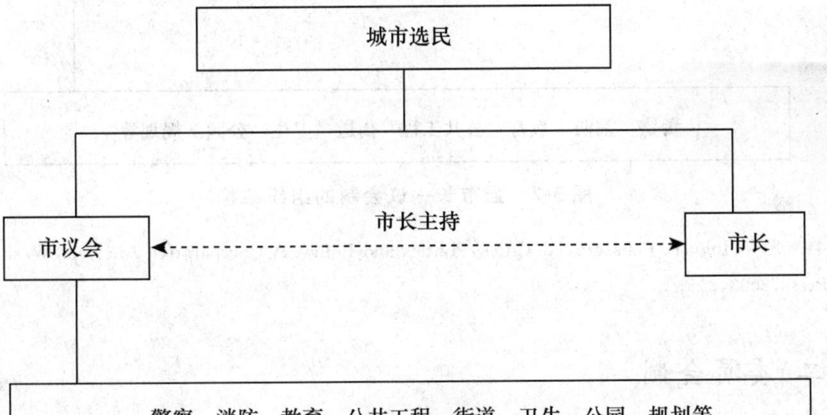

图 3-6 弱市长—议会制的组织结构

(资料来源①:John P. Pelissero, ed. Cities, Politics and Policy: A Comparative Analysis, Washington, D. C.: CQ Press, 2003, p15)

① 杨宏山. 市政管理学. 中国人民大学出版社, 2005: 83.

2. 强市长—议会制

市长是选举产生的，市长集中行使一切行政权力，有权罢免和任命其他行政官员，有对市议会决定的否决权，有向市议会提出立法政策的建议权，有拟定市政开销的预算，直接领导和控制城市行政管理，制定的政策由市长和市议会共同负责。总之，市长除实行强有力的行政领导外，还发挥非常重要的政治领导作用，市议会起着有限的附属作用。目前，也有这样的趋势，即允许市长委任职业管理专家出任行政长官，市长掌管政治事务、政策规划和礼仪上的事物，行政长官负责处理日常事务管理。强市长—议会制的组织结构见图 3-7。

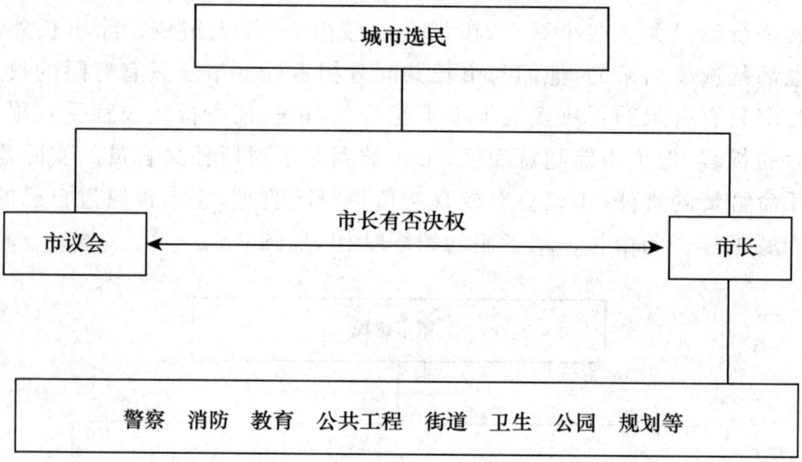

图 3-7 强市长—议会制的组织结构

（资料来源①：John P. Pelissero, ed. Cities, Politics and Policy: A Comparative Analysis, Washington, D. C.: CQ Press, 2003, p15）

（二）委员会制

委员会制，就是在全市范围内，选出 5～9 人，组成委员会。委员会的成员会以议会集体，或以个人作为部门首长履行职责。市长是委员会成员之一，也主持会议，出席正式的礼仪活动，但没有多于其他委员的行政权力。这种模式实质是一种推出少数领导，由集体包干的制度。其优点是手续简便、责权明确、效率较高。其不足是：委员会成员之间缺乏隶属关系，政令难于统一，缺乏自我批评的机制，即议

① 杨宏山. 市政管理学. 中国人民大学出版社，2005：83.

会对它的监督，并且市民无法挑选能干的管理人员。因此它曾流行一时，但是经理制产生后，便多向后者过渡。市委员会制组织结构见图 3-8。

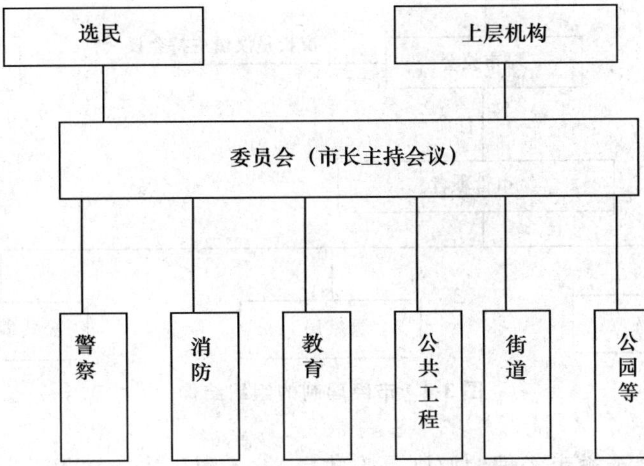

图 3-8　市委员会制组织结构

（三）市经理制

市经理制是一种与我们所熟悉的行政组织模式相差很远，而又曾引起人们广泛兴趣的城市政府模式。市经理制和集体委任制（委员会制）一样，是在应变中产生的。1911 年，美国俄亥俄州的斯汤顿市被洪水淹没，市政府陷于瘫痪，灾民急需安置。州政府无计可施，便委任少数工商界人士临时主持市政管理。由于受委托者不善于市政管理，只好推出 15 人，组成一个小议会，并由他们草拟市宪，城市行政管理则授权给一名市经理全权管理。但后者要接受小议会的监督。这就是后来的议会—经理制（简称市经理制）的雏形。据统计，美国二战前就有 300 个以上的城市采用市经理制。它也广泛用于加拿大、爱尔兰和德国等国的城市。

市经理制的组织形式是：由全市人民选出 5～9 人，组成小议会；议会制定政策；市长是议会委派的经理担任；市经理作为城市行政管理的专业人才，类似西方工商企业的经理，他负责执行政策，把提出的政策建议、技术分析和其他资料提交给议会；他有权委任行政部门的首长，拟定预算，并充当“市”这个“社会团体”的领导人。市经理制的组织结构见图 3-9。

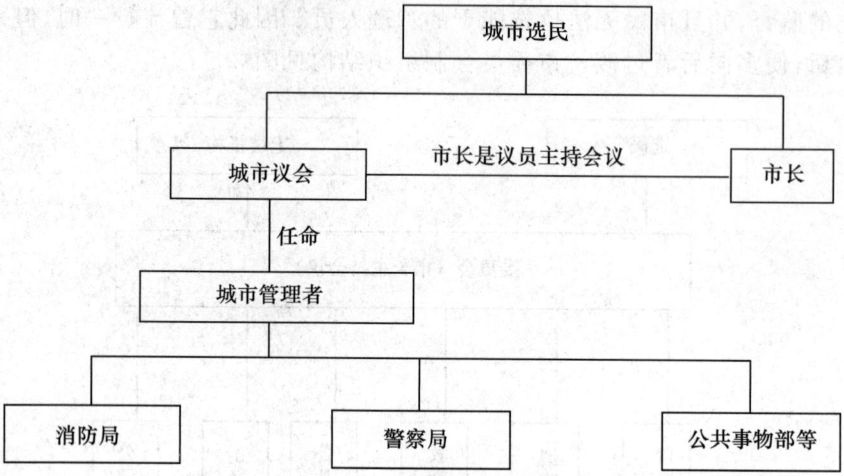

图 3-9　市经理制的组织结构

由于市议会选举市经理的原则是唯才是举，不限于本市居民。其任期不固定，干得好可以长期留任，干得不好可以随时免职，其性质和地位如同工商企业理事会所委托的经理一样。它的特点是计划与目标、决策与执行、政治与行政分工，机构简单，开支节省，除政府部门首长外，其他雇员一律按着文官公开竞争考试、择优录用的原则进行选拔和管理，办事效率高，有人称之为商业化的城市政府。

它在实行过程中也存在困难和弊端。首先，市经理人选不易物色，特别是小城市待遇太低，难以选到真正能干的经理。其次，市政府领导层变动太大，容易被文官制度前的党政分赃制染指。最后，大城市政府过于简单化难以适应日益扩大和丰富的城市管理业务和活动。

二、法国的城市政府

法国市镇是最基层的行政单位。各市镇除了首都巴黎外，无论城市大小，政府的权限都一样。作为市镇行政结构的决策机关的市政府，是由市长和市长助理组成。市长助理根据城市大小而设，多者 12 名，少者只有 1 名。他们都是在每届市议会第一次会议上，从议员中选举产生的，但市议会无权罢免他们。如因特殊情况需要改选市长，市长助理也随着变化。

法国城市政府在相当长的时间采用了中央集权制（centralisation）。在过去的 20 年里，虽然作了许多改革，但法国城市政府体系仍然显得非常复杂。法国是欧盟国家中为数不多的几个国家之一采用了四级政府制（four tiers of government）：国家中央政府（the state or central government）、区域政府（region）、部门政府

(department)和市镇政府(commune)。在法国地方行政主要由区域政府、部门政府和市镇政府完成。

1. 市镇政府(commune)

市镇政府是法国城市政府结构中最低一级的地方行政单位。它们中80%的市镇(commune)只有不到1 000居民的人口规模。这种状况直接导致了政府鼓励市政合并成城市社区(communautés urbaines)。市镇政府有一个决策机构——市镇议会(the municipal council)和1位决策者——市长(mayor)。市长由市镇议会选举产生。市镇议员的数目与市镇人口数量有一个固定的比例，议员每6年选举1次。他们负责制定市政行政政策、给出预算、管理市镇固定资产、改善学校教育设施和施政方式。

2. 部门政府

在法国大概有100个部门，其中96个都市区和4个海外殖民地(Martinique, Guadeloupe, Réunion and French Guiana)。部门政府是在权力下放到权力再集中的过程中建立起来的。它扮演着国家行政管理过程中的重要角色，同时也是一个地理区域性组织。部门政府最根本的任务是负责建立各部门的社会服务、资金管理、道路工程、资本消耗和大学的运行费用。

3. 区域政府

法国有26个区域政府，22个法国大都市区和4个海外大都市区。4个海外大都市区有点特殊，它们既是区域政府又是部门政府。区域政府的主要任务是进行区域规划、城市规划；制定经济发展计划；负责职业学校培训、设备添加和支付学校日常运行的费用。区域政府议会的决策机构是区域议会(the regional council)，它的成员每6年1次的大选产生。

三、英国的城市政府

英国是最早实现资产阶级城市自治的国家。城市政府管理城市的职能具有西方国家城市政府职能职能的代表性。总的说，英国城市政府的职能和权限既广泛又有限。所谓广泛，就是各城市政府对本行政区域内一切与居民生活有关的事物都享有一定的管辖权。英国城市政府要负责管理普及教育、社会服务、住宅、娱乐设施、图书馆、治安、消防、环境保护、公路养护、公共交通及其他市政设施、城市规划等等。所谓有限，就是城市政府对上述事务的管辖权受到不同程度的限制。如专业化程度较高和需要大量资金的部门(警察、消防、高等教育等)原则上直属中央政府相应的主管部门管辖。城市政府则主要是根据本地区的具体情况配合那些分设在本地的中央部门的工作，并负责一些具体事物和社会服务。具体说英国城市政府的职能主要有以下三个方面：

第一，社会服务。主要包括为当地居民提供教育、社会服务和住房。

(1)教育。英国1944年通过了《教育法案》。据此，城市政府设立地方教育机构。它的主要职能是：创办足够的学校负责对当地6～16岁的少年儿童进行连续教育；管理护士学校和大学以外的专科或职业教育；负责成人教育和师资培训；解决青年就业和儿童上学的交通问题等。教育是城市政府迄今最主要的服务项目，其费用占市政府预算的1/3以上(约占36%)。

(2)社会服务。根据1970年通过的《社会服务法案》和《疾病及伤残法案》，英国城市均设置社会服务局。其职能是照顾贫困者、年迈者、生理残疾者以及由于种种原因丧失正常家庭生活的儿童。这一服务主要通过两个途径来实现：首先是通过社会工作者进行调查访问来掌握情况，并动员社区提供有效的帮助或救济；其次是想办法动员社会提供帮助，如解决就业、提供劳动福利、照顾和收养孤儿等。

(3)住房。解决城市住房问题是英国城市政府预算中的第二大项目，约占16%的社会服务。在英国有一系列关于解决城市住房问题的法规。其中1975年的《住房法案》最为重要。该法规定，市政府负有向居民推荐和提供住房，确保当地各类住房处于良好状态这两项义务。同时该法案还规定城市房管部门得按照市议会或委员会的有关规定，履行修缮住房、拆除旧房、贷款给个人或团体进行房屋建筑和交易等职责。

此外，市政府还负责向居民提供和管理图书馆、娱乐设施、体育场馆、影剧院、医疗卫生设施以及超级购物中心。

第二，环境服务。主要包括交通、公路和环境保护。

公路和桥梁的修建是英国市政最古老的职能之一。近年来，市政府又接管了都市公共交通的管理权。英国市政府负责所管辖区大部分道路的养护，但不负责国家机动车辆和国家高速公路网。

环境保护的具体任务有：回收和处理垃圾，控制烟尘和废水的污染，控制噪声及监管食品卫生。

第三，保护性服务。主要包括治安和消防。

英国城市政府在这两方面的职能是有限的，主要负责保证装备的完好率和其他必要的准备，在消防方面，它主要是比较直接的负责该部门的纪律问题。

此外，英国城市政府还可以根据需要制定贸易法规，以保护当地的经济利益免遭非法的损害。

四、西方国家城市政府组织结构及特点

西方国家的城市政府职能都不直接管理企业，而主要是服务。其中包括：宣传；提供良好的城市公用设施；向企业事业单位提供信息服务和咨询；以优惠政策和条件吸引代表最新技术和有发展前途的工业企业来本市兴办；负责社会公益事业。西方国家为了完成城市管理的特定职能，设置了相应的政府机构，形成合理的结构。美国城市政府的机构的设置有两个依据：一是由市议会通过的市政组织法。该法的目的是依法组织建立所属的工作部门和主要的职能机构，并确定它们各自的职责。二是城市居民希望市政组织提供的不同的服务，也就是城市政府的职能或活动。由于不同城市需要种类不同的服务，所以没有适用于各种情况的标准化的服务模式。但是指挥和咨询是任何城市政府机构所具备的两种基本功能。与之相适应，政府机构也就由指挥机构和咨询机构来组成基本结构。

1. 指挥机构

指挥机构是对于分配给它们的城市行政管理目标，能够采取实质性和直接性措施的施政机构。如警察局和消防队。警察局的职责和职权是维护法律秩序和执行有关的法律，管理城市监狱。消防队的职责和职权是执行防火法律和调查火灾原因。由于市长有责任对城市政府所有功能进行普遍性的指导，所以，他是指挥机构的主要长官。但是，他既没有时间，也不可能具有警察或消防工作所必备的熟练的技能，所以，他必须把这一指挥机构的职责授予部属。指挥机构还包括市政工程局、公共卫生局、公园与娱乐局、图书馆机构等。市政工程局的职责包括建设和维修街区下水道和排污系统；垃圾废物的处理、安装和管理街道照明以及其他城市的用地设施；执行建筑法规；维修公共建筑，交通运输工程。公共卫生局的职责是防止疾病的传染，切实保护城市居民的健康。

2. 咨询机构

在指挥机构开始发挥作用之前，他们需要人力、物力、财力、设备、材料、建筑以及其他各种服务。市长不可能一人承担起这些具体工作，所以，他一定要建立完成上述服务任务的机构，这就是咨询机构。这些机构被分配给的行政目标就其性质而言是辅助性的或间接性的。在美国城市政府中，咨询机构主要有：人事委员会、财政委员会、规划委员会、司法委员会。

3. 职禄分配制

职禄分配制在美国已经施行了半个多世纪，已经被实践检验所认可。它的主

要特点如下:①设立独立的人事委员会(包括两党人士);②公开考试为选任职员的方式;③任用职员必须有一定的试用时间;④退役军人须享有特定的优待;⑤绝对禁止政府官员缴纳政治性的关税。目前在美国10万人口以上的城市中,90%以上施行功绩制。

现在各国市行政任用人员的任用方式不一,但可分为:选举、委派、同意、考试四种。采取选举方式者,认为市行政人员是市民的公仆,民主政府之权在民,主人自有选举公仆的权力。这样可以防止官吏滥权和渎职,可以保障民权与幸福。但选举容易受其他政治因素的影响,不利于求得人事的相宜、行政效率的提高。所以各国城市多主张和采用委派制,认为市长对所属机关事务的处理,负有完全的责任。为确保责任分明,外人不当有所牵制或干涉,应赋予任免全权,才可选得合适的专门技术人才来处理事务。但反对者认为这势必形成市长的专断,完全凭其好恶来进退人员,更易造成任用私人的分赃制,以非完善之策。因此大多数的城市对高级职员采取市长提名,经市议会同意。

在德国"专家行政"的人事制度被广泛采用,其主要特征如下:①一律平等原则,即所有公民都均按其能力与成就,依法任官,一律平等,不得有任何歧视和区别。②"人才主义原则",即任官唯一标准是本人所具有的知识与能力。③考试用人原则,即官员的任用,必须经过公开考试,以确定是否有任职的能力。④终身任用原则,即常任的文职人员(选任的政务官除外),经试任用后其任期均为终生职,以防止官职变为政争的角逐品。

法国人事管理强调四项原则:用人唯能的原则;平等原则;公开原则;专家领导原则。它坚持实行"人才主义"和"功绩制度"。法国对公职人员的纪律处分较为严密。在《公务总章程》中的十一条规定:①警告。②训试。③取消一次普升机会。④减薪。⑤降职。⑥调动工作。⑦降级。⑧强制退休。⑨撤职,但保留退休金的权利。⑩撤职,停止领取退休金。⑪临时解除职务,时间不超过6个月,在此期间内不付给一切报酬。

4. 城市财政制度

城市财政学在资本主义国家是一门专门的学科。西方城市财政中的一条原则是量出为入。这就是说,只要是城市人民需要办的事,必要办的,城市财政部门就可以向市民收取费用,这是城市财政学一条重要的原则。此外城市财政学还有其他一些原则,如经济原则、合理原则、统筹原则、公开原则、预算原则,这些市财政的原则可供我们城市借鉴。

董俊山①认为，西方各国城市政府模式虽然花样繁多，但是，以下几点都是共同的：

（1）城市政府的官员均由选举产生或由代议机构决定任命，城市政府大都要接受市代议机构的领导和监督，向代议机构负责和报告工作。

（2）城市政府主要长官的选举日益趋向于筛选职业的行政管理专家，对于知识、能力的要求不断提高。城市市长一般享有较大的人事权，即有市政府某些官员和助手的组阁权、任免权、监控权。

（3）城市政府的主要职能就是服务，即城市的规划、建设和管理，制定公共政策和领导、管理市政工程、公益事业等。城市政府根据服务职能的需要设置自己的工作部门和决定自己的活动取向。

这三点是现代民主政治和行政管理科学化决定的，也应成为我国城市政府发展的方向。

本章思考题

1.什么是市制？现代市制基本特征是什么？

2.什么是城市管理体制？我国城市管理体制发展的基本脉络如何？

3.中国城市管理体制的特点是什么？

4.什么是市长议会制？比较强市长—议会制和弱市长—议会制的区别与联系。

5.讨论市经理制由来、组织形式和优缺点。

6.概述英国城市政府的主要职能。

7.西方国家城市管理体制的特点是什么？

① 董俊山.城市管理学.吉林大学出版社，1990.

第四章　城市管理主体

本章所研究的问题，实际上就是探讨由谁来管理城市，以及在怎样的体制环境中管理城市的问题。从根源上讲，这两个问题如同一个硬币的两面，或者叫作一个问题的两个方面，因为城市管理主体的确定和选择，是由一定性质的体制决定的。在传统计划经济条件下，我国的城市管理体制实行的是“城市综合管理制度”[①]这种制度的特点是：城市政府对该城市以及行政辖区内的经济、科技、文教等事业的规划、建设及管理全权负责。[②]因而，在这种模式下面，城市的管理主体只能有一个，就是代表国家的城市政府。在全面推行社会主义市场经济的今天，城市的管理主体因为体制的变更而有了新的组合，具体说来，包括三种社会力量，即：城市政府、企业和城市市民。这三股力量的合作与竞争，规定了一个城市发展的基本模式、路径和方向。

第一节　城市政府组织体系

一、中国城市人民政府的性质和组成程序

根据我国宪法和法律规定，城市政府是地方国家行政机关的一种，是城市国家权力机关的执行机关。这就是我国城市政府的性质，它决定了城市政府的法律地位和职权范围。城市政府的这一性质，要求城市政府接受双重领导和监督，它不仅要处理地方事务，而且要处理中央政府或省政府授权和委托办理的事务。

城市人民政府，为了管理好城市中纷繁复杂的民政、公安、司法行政、工农业、交通、财政、商业、贸易、文化、教育、体育、卫生、工商行政等各方面的公共事务，必然要设立与之相适应的工作部门，即市人民政府的各局、科、委、办。城市人民政府

①② 刘歧，金良浚主编．城市管理学．浙江人民出版社，1991：19、20．

具体设立哪些部门，应该根据地区、城市的特点和实际情况，按照工作需要和精干、效能的原则来决定。各工作部门的设置，只应要求工作业务归口，而不应要求上下对口或全国一种模式。市人民政府的工作部门的设立、增加、减少或者合并，均由中央人民政府——国务院或省人民政府批准。

我国《地方组织法》规定，市人民政府的各工作部门受本级人民政府的统一领导，同时受国务院主管部门或省人民政府主管部门的领导，或业务指导。我国市政府各工作部门的局、委员会、科，分别设局长、主任、科长，在必要的时候可以设副职；不设区的市政府办公室设主任，在必要的时候，可设副主任。直辖市和设区的市人民政府设秘书长 1 人，副秘书长若干人。

根据董俊山[①]的观点，城市管理是城市政府的功能，城市政府的功能是通过城市政府的人事系统实际完成的。在很大程度上，城市政府人事系统决定着城市管理的质量。城市政府人事是由四个子系统构成的：决策层人事系统——市长、副市长及其他市政府组成人员；中介人事系统——局委办领导班子成员；管理层人事系统——局委办内部工作单位的负责人员；操作层人事系统——一般的执行公务的人员。

二、中国城市人民政府组织的构成

（一）城市政治权力系统

1. 中国共产党的城市组织体系

（1）市党代表大会　市党代表大会是中国共产党的市级领导机关，是由选举产生的中国共产党党员代表所组成。它的职权有四项：听取和审查市委员会的报告；听取和审查市纪律检查委员会的报告；讨论本市的重大问题并做出决议；选举市委员会，选举市纪律检查委员会，选举出席上级党的代表大会的代表。

（2）市委员会　由中国共产党的市代表大会选举产生，是在市党代表大会闭会期间党的常设领导机关。直辖市、市、市辖区的委员会，每届任期 5 年，其委员和候补委员必须有 5 年以上的党龄。市委员会全体会议每年至少举行 1 次。其职责是执行上级党组织的指示和本级党的代表大会的决议，领导本市工作，定期向上级党委会报告工作。下设机构有办公厅、组织部、宣传部、政法委员会、政策研究室等。

（3）市委常委　中共市委常务委员会的简称，包括书记、副书记和市委常务委员。是由市委全体会议选举产生的，并报上级党组织批准。在市委全体会议闭会

---

① 董俊山．城市管理学．吉林大学出版社，1990．

期间行使市委职权。

(4)市纪委　党的市纪律检查委员会的简称。由每届的党的代表大会选举产生。是中国共产党在城市维护和执行党的纪律的专门机关。市纪委的全体会议选举产生常委成员,书记和副书记。它受市委和上级纪委双重领导。主要负责党纪、党风的监督和检查。

2. 城市权力机关

市人民代表大会是市的国家权力机关,在城市的行政辖域内代表人民行使国家权力。市人民代表大会是城市中其他国家机关权力之母,行政机关、司法机关由它产生,对其负责。直辖市和设区的市的人民代表大会由下一级人民代表大会选举产生,不设区的市和市辖区的人民代表由选民直接选举产生。直辖市、市、市辖区的人民代表大会每届任期 5 年。市人民代表大会主要行使决定权、任免权、监督权和地方立法权。市人大常委会是市人民代表大会的常设机关,是市人民代表大会闭会期间行使城市国家权力的机关。

3. 城市行政机关

行政机关通常简称"政府",是国家机构的基本组成部分,是依法成立的行使国家行政职权的行政组织,包括政府以及有关功能部门(官僚机构)。城市国家行政机关指市人民政府,是市人民代表大会的执行机关。市人民政府的职能是执行市人大及其常委会的决议,对市人大及其常委会负责报告工作,接受市人大及其常委会的领导和监督。市人民政府实行行政首长负责制,市长对市政府的全部工作负有责任。

4. 城市司法机关

城市司法机关是由市的审判机关即人民法院和市的法律监督机关即人民检察院组成。两者从属于市人大及常委会,对其负责,受其监督。直辖市设市高级人民法院、市中级人民法院和市基层法院(即市辖区人民法院),地级市设市中级人民法院和区人民法院,县级市设人民法院(即基层人民法院)。

(二)城市政治参与系统

1. 城市民主党派

指我国八个民主党派即中国国民党革命委员会、中国民主同盟、中国民主建国会、中国民主促进会、中国农工民主党、中国致公党、九三学社、台湾民主自治同盟在直辖市、部分地级和县级市建立的组织体系。城市民主党派的作用是参政与监督作用,发扬社会主义民主;为城市建设出力献计;协助有关部门团结和争取海外人士和香港、澳门同胞,扩大和巩固爱国统一战线;维护市内各民主党派成员的合法利益,组织成员自我学习,自我教育。

2. 市人民团体

市人民团体指以表达和维护一定阶层的群众的具体利益为基础,担负着部分社会管理职能,起着依照各自的切身利益协调社会各部门之间关系的作用,并按照一定章程组织起来的群众性的社会政治团体。主要有市总工会、市共青团委员会、市妇女联合会、市科协、市侨联、市文联等人民团体。市人民团体代表群众利益,反映群众呼声,维护起合法利益;思想宣传教育工作;动员和组织工作;参政议政,民主监督。

3. 市人民政协

市人民政治协商会议是城市中具有广泛代表性的爱国统一战线组织,在中共市委和政协全国委员会领导下,实现党派合作,发展社会主义民主,实现政治协商和民主监督。在直辖市、设区的市、不设区的市和市辖区一般设立人民政协市(区)委员会。政协成员,主要是中国共产党、各民主党派、无党派人士、人民团体、各少数民族和全市各界的代表及其台湾同胞、港澳同胞、归国华侨的代表组成。市政协不是国家机关,不享国家权力,但与国家政权关系密切,表现在市人大召开会议时,一般会吸收政协委员列席参加。

4. 市社区居委会

简称居委会,1990年元旦施行的《中华人民共和国城市居民委员会组织法》规定:居委会是城市居民自我管理、自我教育、自我服务的基层群众性自治组织,不设区的市、市辖区的人民政府或者它的派出机关对居委会的工作给予指导、支持和帮助。其主要任务:法律法规宣传,调解民间纠纷,搞好社会治安、卫生、人口、社会救助等,反映居民意见、要求,开展精神文明建设活动。

5. 城市第三部门

主要指城市的非营利性组织(NPO)和非政府机构(NGO),他们具有非营利性的、志愿的、慈善性的、非政府的特点。在政府职能转变的过程中,第三部门迅速发展壮大,在参与城市管理过程中的作用也越来越重要。它和人民团体是有区别的,人民团体是中国共产党和社会工作之间的桥梁,接受中共市委的直接领导,而第三部门由政府部门尤其是民政部门的管理。

6. 营利性企业

企业是市场经济的微观经济主体，企业的本质是追求利润最大化。企业参与城市管理也是带有这一特点的经济行为，并通过其利益群体——城市社会中的非政府机构（行业协会、私营企业主协会、商会）参与城市的管理。具体参与的方式是通过建立使用者付费制度来吸引民间资本投向公共物品的供给。如公路、桥梁、文化活动室、游览景点、体育场等。

7. 市民参政

市民参政，也叫市民政治参与，指市民个人或群体通过一定途径和形式向政府提出各种利益要求和建议（也称市民利益的表达），向有关部门检举揭发、行使选举权、罢免权等权力，监督权利的行使，阻止或促进某政策行为。

第二节　城市政府职能

一、城市政府职能的含义和特点

城市政府职能从广义理解是城市政府在城市公共事务管理过程中依法履行的各项职责和功能的总称，是城市政府管理活动的基本方向。具体地说，就是城市政府作为一级地方行政机关，依法在地方政治、经济以及其他社会事务的管理中应履行的职责及其所应起的作用。从狭义的层面讲是指城市政府在城市环境、建设、规划、管理、服务等方面的职责和功能。城市政府职能是否科学合理决定了城市政府工作的成败和效率。

城市政府职能因为国家的性质和城市政府在国家政权体系中的地位的不同而有所不同，并随城市的发展而不断发展变化，具有历史性。城市政府职能实施主体是市人民政府，作用的客体是城市公共事务。城市政府职能的实现必须做到依法循制，按照既定的规则来进行，所以法制化和科学化是政府职能发展的方向。

二、城市政府职能与城市职能

城市政府职能所作用的客体是城市公共事务，所以政府职能发挥的基础应该紧密联系城市本身作为区域经济中心所担负的作用和功能。特别在全球经济一体化的压力下，城市在国家区域的中心作用进一步提升，也势必引发新一轮的世界城市重新排序与定位。中国城市（特别是东部沿海城市）在这一过程中得到了前所未有的城市化加速度。这直接导致了原有的城市平衡状态被打破，城市政府面临着层出不穷的新问题与新挑战。

（一）城市职能体系的界定

近年来，国内学术界对于城市的职能体系的探讨是相当深入的。张复明和郭文炯[①]认为，城市职能是指城市在国家或区域的政治、经济、文化生活中所担负的任务和作用。国外地理学界对城市职能的理解比较宽泛，认为人们在城市中进行的各种生产、服务活动均属于城市职能的范畴。城市职能可以分成"一般职能"和"特殊职能"。一般职能是指集聚于城市中的生产、流通、分配、文化、教育、社会、政治等项活动中为每个城市都必备的那一部分职能。特殊职能是指那些不可能为每个城市都必备的职能，如采矿业、加工工业、旅游观光业以及各种门类的科学研究活动。

萨姆巴特（M. Sombart）将城市职能分成了"基本职能"和"非基本职能"两大部分。前者也称基本活动，是指为城市以外地区生产和服务的经济活动。后者也称非基本活动，是指为城市本身提供货物和服务的经济活动。亚力山大（J. W. Alexander）将两者分别称为"城市形成生产"和"城市服务生产"。英国地理学家卡特[②]（H. Cater）从区位论角度出发，将城市以外的职能归纳为三类：中心地职能（或称一般职能），是指为广大邻近地区提供物质、精神和管理方面服务的职能；交通职能，是指城市的交通枢纽、运输组织职能；特殊职能，是指为非邻近地区的资源提供加工的职能。

20 世纪 80 年代末和 90 年代初，周一星[③]先生相继发表了两篇有关中国城市工业职能的研究论文，较为系统地提出"城市职能三要素"理论。依照这一理论，城市间工业职能的差异，由三个要素来反映：①专业化部门，是指城市为区外服务的部门，它可以是一个也可以是多个。②职能强度，即城市工业的专门化指数，数值越大则职能越强。③职能规模，指城市对外服务绝对规模的大小。城市职能三要素互有联系，缺一不可。明确专门化部门是首要的，在职能强度很高的专业化城市

---

① 张复明，郭文炯．城市职能体系的若干理论思考，经济地理，1999(4)，19-23．

② H. Cater. The Study of Urban Geography. London：Edwand Amold，1972．

③ 周一星．城市地理学．商务印书馆．1995．
许学强，周一星，宁越敏．城市地理学．高等教育出版社，1996．

之间,职能规模的差异性常常退居次要地位。但在专业化程度并不高的综合性城市,职能规模往往构成城市职能差异的主要因素。

(二)城市职能域和职能组分

任何一个城市的职能都是由若干个职能要素或者职能组分所构成的,这些组分分属于不同的城市职能域,它们之间的配比和组合关系支配着城市职能体系的发展和变化。从城市职能的定义出发,城市职能可以划分成四个职能域:即政治职能域、文化职能域、经济管理职能域、生产服务职能域。

1.城市职能组分与结构特征

职能组分及其相互关系反映着城市职能体系的结构属性。根据城市职能组分数量的多少、职能影响的特征,可以将城市划分为四类:单一职能城市、专业化城市、多样化职能城市、中心(综合性)城市。一个城市的职能结构支配着城市的发展能力和方向,也影响着城市与区域的关系。因此,根据城市的职能组成及其配比情况,可以分析城市职能体系的结构发育状况,判定城市与区域关系特征,进而明确城市职能建设的目标和重点,为城市发展提供现实指导。以往为了分类的目的,多数职能研究工作特别注重城市职能的强度,也即专业化部门的发展水平。有的学者甚至强调,只有专业化的城市才是真正的城市,认为职能组分多样的综合性城市,是一种"大而全"、"小而全"的现象,不利于城市的健康发展。然而事实上,城市职能组分的多样性、职能组分间的相互关系以及职能结构特征,对于城市本身以及城市区域的发展具有重大影响。可以这么讲,组分过于单一的城市,充其量是一个工矿区或者其他职能地域单元,而不是真正意义上的城市。作为城市就应当是一定区域的中心,应当是由多种职能组分整合而成的综合性职能地域中心,应当在社会、生产与服务、经济管理、文化等诸多领域对腹地区域产生广泛而深刻的影响。

2.城市职能的空间属性:职能尺度

城市经济活动的影响是有空间性的,有的职能组分影响范围很小,有的职能组分则影响很广。城市的非基本活动是为城市本身服务的,其影响范围为城市的实体地域。而城市的基本活动是为城市以外的地区服务的,这就是通常所说的专业化部门的影响区域,专业化程度越高,影响的空间范围可能就越大。德国地理学家克里斯泰勒将这种职能称之为"中心性",迪肯森(R. E. Dickinson)则称之为城市地域职能。所以,城市的职能尺度可以分成三个层次。一是低层次的,职能尺度为城市实体地域,职能组分大多是用于维持城市的正常运转和满足城市居民的基本生活需要。二是区域性的，职能尺度为城市的腹地区域，职能组分的构成是多样性和综合性的。三是跨区性的，这类职能大多是由高度专业化部门承担的，专业性强，职能组分较少，但是职能影响尺度较广。

（三）职能层次与职能规模、职能强度

1. 城市职能的等级特征：职能层次

城市的本质特征是集聚，它是社会经济发展的重要推动力量。各个城市的对外辐射、组织、扩散作用是有差异的，根据城市职能的影响范围并与经济区域划分相结合，可以大致地确定城市职能的等级特征，具体有世界性、国际性、国家级、大区级、省区级、区域性、地方性 7 个职能层次。一般来讲，城市职能层次越高，职能组分越少，专业性越强；职能层次越低，职能组分越多，综合性越强。

从区域经济发展看，如果一个国家或者区域的经济同质性很高，则多数城市的基本活动的服务范围就较小，职能层次就较低。反之，如果经济的互补性很强（异质性很高），则多数城市的职能层次就较高。同样，如果一个国家经济的国际化程度较强，也即外贸依存度很高，则肯定有一些城市的基本活动具有国际性，这些城市的某类（主要是外贸产业）职能也就相应地具有国际性层次。根据贸易品的空间特征可以进行城市经济类职能层次的研究。

2. 城市职能的量态特征：职能规模

职能规模是城市职能的主要量态特征。不同的职能组分，其职能规模的测度标准是不同的。具体而言，可以按照某类城市职能组分规模非平均值或中位数，然后加减一定的百分比进行分级。比如，平均水平为中型，平均水平的两倍为大型，平均水平的四倍为特大型，平均水平的 1/2 为小型。根据职能规模样本的数量分布特征（离差程度）进行划分较为准确，但是需要进行动态调整。当然，平均水平本身也具有尺度性，可以是世界范围内的、国家集团范围内的，也可以是国家范围内的、大区范围内的，还可以是更小范围内的。这应当根据研究目的和需要加以确定。

3. 城市职能的同比特征：职能强度

职能强度是表征城市职能同比特征的重要指标，主要用于城市之间职能的比较和职能类型的划分。根据有关研究成果，规模较小的城市，职能组分较少，专业性强，职能强度相对较高。而规模较大的城市，职能组分较多，综合性强，职能强度相对较低。纳尔逊（H. J. Nelson）曾经使用平均职能规模（M）加一个标准差（S. D）

来反映职能强度。之后，有学者使用平均职能规模加半个或多个标准差测度职能强度考虑到城市各个职能组分发育程度不同，可以根据与平均水平的差异程度，将城市各个组分的职能强度，分成强烈（加两个标准差以上）、较强（加一个至两个标准差）、中等（加半个至一个标准差）、一般（加减半个标准差）、较弱（减半个至一个标准差）、极弱（减一个标准差以上）6 个档次。

职能层次与职能规模、职能强度有较强的相关性，但不是一一对应的。比如大同的煤炭工业职能十分突出，职能强度很高，职能规模很大，但是其职能层次充其量是全国性的。因为，煤炭不是世界性贸易品，大同的煤炭出口量也很少，所以不具有世界影响。可见，城市的职能层次是与更大区域（包括国家、世界）的经济结构和贸易结构相关联的。如果城市的主导产业是生产世界性短缺产品（至少是贸易品），则城市（经济）职能的层次就较高。如果城市的主导职能产业仅仅是区域性专业化部门，即使职能规模和强度较高，城市的（经济）职能层次也较低。

城市政府职能具体讲就是城市政府在城市环境、建设、规划、管理、服务等方面的职责和功能。政府职能除了要充分遵守地方组织法关于职责和义务的规定之外，也要充分体现城市发展的要求，所以充分研究不同阶段、不同区域尺度城市职能是非常必要和基础性的工作。这是相辅相成的，城市职能研究为了更好地明确一段时间内政府职能，反过来政府职能之一就是要促进城市发展和提高城市的中心作用的区域辐射尺度。当然，政府职能科学合理定位离不开对政府、市场、社会三者关系的清楚认识和尺度的充分把握。下面介绍城市政府职能研究的一些理论。

三、城市政府职能的相关理论

（一）服务型政府理论——建立廉洁、高效的学习型、服务型政府

市场经济需要廉政建设，因为只有作风清廉、办事高效的政府，才能自觉运用市场客观规律，促进城市经济的协调健康发展。政府的腐败危害极大，不仅会给城市管理和城市经济发展带来重大损失，还会严重败坏社会风气，阻碍城市精神文明建设。因此，反腐倡廉是政府工作的重要内容，这要从源头抓起，重点靠制度。在这方面，韩国的经验值得借鉴。20 世纪四五十年代的李承晚政权不仅忽视经济建设，而且忽视廉政建设，而在六七十年代的朴正熙时期，政府在奉行经济第一位的同时，还特别强调廉政建设，对贪污腐败分子严惩不贷。政府还通过行政改革，建立严格的监察制度，对政府进行公开和秘密的监察，有效地制止了官场腐败，保证

了政府强大有力，对当时韩国经济的腾飞具有重要意义。

要优化城市调节主体，还必须提高城市政府的工作效率，转变长期以来形成的拖拖拉拉的工作作风。目前，有些城市已在减少“公章旅行”方面下了功夫，北京市宣布在2000年精简行政审批事项42%的基础上再精简30%；青岛砍掉了52%的审批项目，换来的是26%增幅的外资项目的增长。但是提高政府工作效率，并不仅仅在于砍掉多少审批项目，最重要的是要限制政府滥用权力，因为这不仅降低政府工作效率，而且必然成为腐败的温床。

美国著名管理学家彼得指出，现在全世界的管理和思维方式正在酝酿一个新的趋势，这就是学习型政府和学习型企业的脱颖而出。因为未来社会唯一持久的竞争优势就是“有能力比你的竞争对手学习得更快”。美国学者科恩认识到，只有每个人都在学习，机构变革才能实现。因此，建立学习型政府是全面推进人事制度改革和其他各项改革措施的保障。只有不断地学习，才能提高城市管理者素质，只有创造每个人都能主动学习的环境和机制，才能提高政府工作效率和服务质量。

王乐等学者认为，建立服务型政府，就是要树立为企业、市民和全社会服务的意识，因为管理的本质就是服务。政府为企业服务就是要为企业正常顺利经营创造良好的条件，如提供公平的竞争环境、招商引资、完善中介服务、提供充分的信息指导、鼓励企业联合合并等。为市民和家庭服务，就要努力改善市民的生活条件和生活质量，提供完善的社会保障体系等。为社会服务包括提供文化、卫生、教育服务、防治自然灾害和社会灾害等。服务是城市政府管理的一项重要职能。

（二）学习型政府理论——构建扁平型与弹性化的学习型政府组织结构

1. 扁平型的学习组织结构

政府要想将自身改造为学习型组织，必须从建立适合于学习的组织结构入手。高雪莲[①]认为学习型组织是以信息和知识为基础的组织，其管理层次比传统结构要少得多。传统的金字塔形的组织结构不利于各类信息和知识的上传下达，影响了政府的学习效率和行政能力的发挥。扁平型的学习组织能够提高政府的学习能力及认识水平，例如它可以促进核心公共部门的建立，减少政府层级体制，使政府组织由金字塔形向扁平型转变，降低政府的运行成本。扁平型的学习型结构还包

① 高雪莲．再造学习型的城市政府．阜阳师范学院学报（社科版），2004(4)．

括分解和细化政府组织，即将原有无所不包的大部门分解成具有相对独立性的若干执行部门，这些执行部门以执行某种公共服务为己任，这样学习的范围和目标更为具体、集中而又高效，新西兰和英国的政府改革即具有这种特色。

2.弹性化的学习组织结构

弹性化的组织结构是城市政府组织转型的方向。现代城市政府的理念正从层层行政审批向顾客（广义的城市市民）满意为导向的服务化转型，进行顾客需求的调查、倾听顾客的抱怨并予以改进。顾客满意度具有多样性，因而要求政府组织也是弹性化的。而只有弹性化的学习型组织才会从本质上促成弹性化政府组织的成功。弹性化的学习型组织是一种适应性很强的结构形式，其内容包括：

（1）政府内部的竞争性学习（internal competitive learning），在政府内部各组织间开展相互借鉴学习，并引入强制性竞争机制、人造考场、市场测试（market test）、标尺竞争（benchmarking）等方式建立学习的激励约束机制，改进核心公共部门的服务。

（2）政府外部的参与式学习（external participating learning）。有两大参与对象，即市民和城市企业。引入市民代表参与政府的学习行动，可以弥补内部组织信息不足的缺陷。学习借鉴企业管理的方法，将企业的目标管理、全面质量管理、人力资源管理、顾客关系管理、组织再造理论、组织文化的建立等等引入政府的组织形象设计，能够促进以企业精神改革政府的进程。

（3）政府组织内部与外部的互动学习（intercommunicating learning），即民营部门、城市居民与政府公共部门的交流。

3.寻求学习型政府组织学习的途径

持续改进的高层次学习。政府组织的学习应该立足于一个较高的层次上。高雪莲[①]认为城市政府的学习，从学习吸收外来经验上看，主要有两种学习表现，一是学习标尺城市的外形设计；二是学习标尺城市的制度，学习如何将外部规则和国际惯例及游戏规则转变成政府内部的制度。显然，后一种学习更为高明，是学习型政府的首选。从学习过程上看，政府的学习可以分为两类：即常说的“单环学习”和“双环学习”，前者是指在出现错误时，改正过程仅仅依赖于以往的常规程序和当前的政策。相反，学习型政府组织运用的“双环学习”则是指在发现错误时，采用修改组织目标、政策和常规程序等改正方法。它运用搜集、整理到的信息，不断对现有的过时观念和规范提出挑战，并提出截然不同的解决方法。这即是持续改进的学

① 高雪莲.再造学习型的城市政府.阜阳师范学院学报（社科版），2004(4).

习类型。

流程再造的开创性学习。学习型的政府组织要求摆脱过去的因循守旧，打破原有的条条框框，再造政府业务流程，真正为市民提供高质量的服务。以城市顾客为中心的学习过程要求以核心公共部门为突破口，推动其他公共部门的流程再造；流程再造以充分赋权为基础，放手让管理者进行管理，发挥其独创性。核心公共部门要研究的是如何从直接经营企业转向提供城市公共物品和吸引外来资源的城市信号物品；前者包括城市的基础设施等，后者包括政府的公共政策、制度支持，独特的城市环境、本地的文化以及政府的快速反应能力，政府的国际性思维能力等等。这些服务都要求开创性的学习及提高过程。

自主管理的全方位学习。许多管理理论如组织扁平化、并行工程、界面管理、项目管理等都是有益于组织学习的管理创新，但不论哪一种理论都离不开学习主体的自主管理。各级政府团队、各部门、各小组以及单个成员都应以明确的绩效标准，以顾客满意度为准绳实现自主管理的学习。这一学习是全过程的学习，通过跨职能的学习过程，来降低各职能部门的交易费用并缩短实施周期；在学习中，高层领导应优先考虑服务质量评估标准、服务政策和策略的制订，并身体力行地带动下属的学习积极性。从而通过学习，能够降低政府的直接成本与间接成本，提高城市市民对政府的满意度，吸引资本、人才、技术等要素流入。

（三）政府成本理论

在计划经济时期，政府执掌着几乎所有的社会资源以及支配这些资源的权力，此时大家没有必要考虑政府的成本问题，政府自己当然更不会去重视。但在市场经济条件下，市场是配置资源的基础手段，政府只是在市场失灵的领域发挥作用，政府的职能发生了很大的转变。政府的收入来源于纳税人，其支出理应为纳税人服务，且其支出方式还应受纳税人的监督。这时的纳税人和政府的关系实际上相当于“委托人—代理人”的关系。在各经济主体都追求效用最大化的今天，邹治平[①]认为政府应是一个“理性的经济人”，也应以效用最大化作为自己的追求目标（不过这里的效用重点是纳税人的效用，当然也包括政府自己的效用），政府在行政过程中必须注重“成本-效益”分析。

前已述及，政府在组织和管理社会的过程中所发生的成本以及所造成的损失都不由其自己直接承担。这就造成了一些政府管理者在行政过程中出现“不负责任”的表现。如一项决定只要能促进当地经济增长，或者使人民的福利改善，政府

---

① 邹治平.政府成本的内涵及其控制初探.河北学刊，2003(2):43-47.

就会拍板实施，这无可厚非。但在实施决策的过程中，往往只注重效果，而不计成本。政府发生的成本及错误决策所带来的损失是由人民或者说是纳税人承担的。如果政府行为在增加福利的同时却发生了大量的成本，这就会使增加的福利大打折扣。如果成本过于高昂，还会使人民原有的福利减少。

1.政府成本的内涵与分类

有些人将政府成本和财政支出等同起来，这是不合理的。政府成本是指政府及其行政过程中所发生的各种费用和开支，以及由其所引发出的现今和未来一段时间的间接性损失（周镇宏、何翔舟，2001）。由此可以看出，政府成本除包括财政支出外，还包括政府决策和政府行为所引起的社会、经济以及生态等方面的间接性成本。

邹治平认为政府成本可分为直接成本和间接成本，而间接成本又可细分为机会成本和社会成本。另外，根据政府成本影响周期的长短，也可分为短期成本和长期成本——前者指成本的影响期只限于当届政府，后者的影响期则超过当届政府。直接成本又称为会计成本，指通过财政预算的政府各项支出的总和，即相当于我们通常的财政支出。它包括行政管理支出、经济建设支出、社会文教支出、国防支出以及其他支出。现代经济学认为，机会成本就是指经济主体在选择某种行为时所放弃的另一行为可能带来的收益。它往往在政府制定决策时显得尤为重要。政府在作出任何一项决策时客观上都有机会成本的存在，只是有时难以找到可比对象或者是难以计量而将其忽视。社会成本就是指由于政府行为所造成的社会、经济以及生态方面的损失。这种成本的典型特征是其影响面广，对社会公众带来一些不必要的负担和负面影响。

2.政府成本、收益指标的界定

(1)政府成本指标的确定　政府直接成本很好确定，它实际上就相当于政府财政支出。对于机会成本，只能通过一定的假设来进行估计。当政府在进行一项工程（即有形公共产品）决策时，肯定要进行工程预算，假设用此支出建设另一项或几项成本相似的工程，然后分别对它们的收益进行估算，再把各自的收益进行比较，从而估计出该项工程的机会成本。如果该项决策成功实施了，那么计入政府成本的只应是该项决策的机会成本和它本身所产生的收益之差。如果该项决策实施失败了，那么政府成本就应包括社会成本和机会成本。对于社会成本，可以选择一些有代表性的指标来进行衡量。如考虑河流污染的社会成本时，对由污染造成的直接经济损失可直接以货币量来计量；对污染造成的人们饮水不便，可以人们选择其他供水方式时所产生的成本来计量。在考察社会成本的同时，几乎都离不开机会成本。因为上述考虑的只是某项决策或工程失败后所造成的损失。

(2)政府收益即政府绩效指标的确定　经济增长一般都是用 GDP 的增长率来度量的。城市 GDP 由城市居民消费支出、城市私人投资、城市政府购买和城市“净出口”(城市对域外的购买与域外对城市的购买之差)构成。在市场经济条件下，政府不直接参与城市经济建设，只是为投资者提供尽可能好的投资环境(包括软环境和硬环境)。因此，我们可以把城市私人投资中的来自城市域外的投资看作是因为政府的良好服务以及该城的“硬件”条件而造成的。判断政府购买是否有效时，不妨用公共产品建成后周围地价的变化来代表。若地价上升，则可以说该项政府支出是有效的，否则无效。这样，有效政府购买与来自域外的城市私人投资之和占当期城市 GDP 的比重就可以用来衡量政府对经济增长的贡献。对于城市生态环境，可用国家环保总局每日测定的“大气污染指数”的平均数为代表来进行衡量。对于城市社会稳定，可用城市万人刑事案件立案率来衡量。为能用一个综合指数来度量政府的绩效，邹治平认为可将三者进行加权平均。

3.政府成本的控制

政府成本的控制包括直接成本控制、机会成本控制和社会成本控制。政府直接成本即我们通常所说的财政支出。财政收支运行过程的一般规律是：社会公共需要决定政府职能，政府职能决定财政职能，财政职能决定财政支出，财政支出决定财政收入。

一些政府决策者为了追求政绩，根本不考虑什么机会成本、社会成本。只要能给自己脸上“贴光”，只要自己任期内不出事，哪管什么“成本”。为减少这种现象的发生，我们必须采取一些措施来对政府行为进行规范、约束。首先，要加强行政立法，健全这方面的制度约束，以行政法规支持和指导政府行为的规范化建设，这同时也要求我们科学地设置组织机构，为政府行为的规范化建设提供组织保障。其次，要加强对政府绩效的分析，使政府的业绩指标尽可能“硬性化”，从而使政府行为监督有“准绳”可依。

(四)城市可持续发展理论

胡国亮[①]认为城市可持续发展必须由城市政府推动，城市可持续发展是一种全新的城市发展观，要求我们用系统、综合、辩证的观点去正确处理城市经济、社

① 胡国亮.城市可持续发展与城市政府职能.中国人口资源与环境，1999(1)：14-17.

会、生态的相互关系。实现城市可持续发展,必须依靠城市政府、企业和居民的共同努力。尤其是可持续发展在中国城市推行具有一定的超前性,在现阶段人民生活水平还不高的情况下实施可持续发展,明显具有自上而下的外推性特点,这就加重了城市政府在可持续发展中的主导作用。我国在世界上率先颁布了国家级《中国21世纪议程》,随后又通过国家、省区、城市政府分层次地逐步推动,促进了可持续发展战略的实施。北京、上海、沈阳、广州、成都等城市政府积极响应,大力倡导贯彻实施可持续发展的战略。实践证明,城市政府是推动城市可持续发展的第一力量。

城市可持续发展表现在逐步改善自身环境质量条件下,使经济发展、社会进步、生态环境相互协调。城市可持续发展坚持以人为本,改善人居环境,努力提高人民生活水平。城市是一定范围内区域经济活动的中心,是促进国民经济增长的主力军,因此,城市政府肩负着促进地方经济快速发展、改善居住环境,促进社会全面进步,提高人民生活水平的任务。促进城市可持续发展是城市政府所追求的目标。城市可持续发展必须由城市政府倡导和督促,推动城市可持续发展理应是城市政府的主要职能。在当代的城市发展过程中,有很多迫切需要解决的问题,如经济增长方式以粗放型为主,部分城市主导产业不明确,人口众多而素质低,城市规划落后,交通设施滞后,绿化覆盖率不高,环境污染严重,生态环境恶化,就医难、上学难、住房不足,社会保障体系不健全等,城市政府在解决这些问题时,有必要贯彻可持续发展的理念。

四、我国城市政府职能的改革方向

(一)我国城市管理过程存在问题分析

1.当前中国城市政府在政府架构、政府职能、管理模式、管理方法等方面的弊端[①]

(1)在管理范围上,存在无限政府与社会萎缩的弊端。无限政府是建立在只有政府才能把社会事务处理好的假设基础之上的,这样就形成了政府无所不管、政府权力无限的管理格局。其结果是,一方面,政府包揽一切社会事务,管了许多不该管的事情,有许多事情没有管好;另一方面,社会组织和公民对自身应负的责任也由政府承担了,造成公民普遍的依赖心理和社会自治力、约束力下降。

---

① 鲁俊生.论市场经济条件下中国城市政府行政职能.安阳师范学院学报,2000(1):7-12.

(2)在管理职能上,既存在政府职能越位现象,也存在着政府职能缺位现象。所谓越位是指管了不该管的事情。所谓缺位是指该管却没人管。所谓错位是指A管了B该管的,B管了A该管的。这种"三位"现象在城市管理工作中大量存在,危害严重。这是由职责不清引起的,有好处的事争着管,没好处的事互相推诿扯皮。政府职能的越位现象是指越位是指对微观干预太多;缺位是指宏观调控不足。手伸得太长,不该管的管,该管的却管不好或干脆不管。

具体表现为经济职能过强,社会职能过弱;微观管理职能过强,宏观调控力过弱。即政府对企业的人、财、物、产、供、销一管到底,而对整个社会的经济发展却缺乏强有力的宏观调控。在社会职能中,社会管制功能过强,采取政治统治模式,而社会服务功能过弱。

(3)在管理机构上,存在着政府机构庞杂,效率低下,官僚主义严重的弊端。几十年高度集权的计划经济体制造就了一个庞大臃肿的政府机构体系,部门林立,层次重叠。据有关资料统计,1990年全国机关总数比1984年增加5.3万个,平均每年增加9 000个。机构膨胀与人员超编加在一起,1979年靠财政预算支付工资的人员为1 500万人,到1991年增至3 400万人,每年以100多万人的速度递增,机构与人员膨胀给政府财政带来沉重压力,使有限的财力更加捉襟见肘,1980年,全国行政事业费开支为404亿元,1991年已超过1 400亿元。机构膨胀与人员超编不仅加剧了政府职能的紊乱,直接影响企业和生产功能的发挥,而且还带来人浮于事,效率低下,产生严重的官僚主义,影响社会经济的发展。

在中国,城市政府经济管理机构,是由综合管理机构和部门管理机构构成的。综合管理机构是按社会化与专业化的原则,行使市政府管理经济的某一方面职能的机构组合。它们面对全市所有的企、事业单位,但又与企、事业单位没有直接隶属关系。部门管理机构则是按产业、行业或所有制性质、行政级别对企、事业单位进行直接管理。够格的企、事业单位分别隶属于有关对口的主管部门。由于城市行业庞杂、企业众多、直接管理的任务纷繁复杂,跨度大的一级管理难于胜任。因此不得不逐级下设机构和逐行业设置机构。形成部门林立、层次重叠的部门管理系统。市政设施不只是为人民生活服务的,有一部分或大部分是为生产服务的。不难设想,任何一家工厂如果没有水和电、没有道路,那是无法进行生产的。但有些部门对市政建设不够重视,例如全国的车辆就有70%在城市道路上行驶,可是现行的养路费却全部由交通部门收取。另外,城市还有许多该征的税收项目,不仅非常合理,而且是很可靠的税源,但事实上却无人问津。

城市政府机构庞大的又一表现是部门林立,不够精简。城市人民政府除设有几十个管理经济的委员会和职能局外，还设有十几个乃至几十个虚设的、临时的委员会、领导小组和各式各样的名义的办公室。上海市一级未列入政府序列的非正式机构和临时机构多达70个以上，重庆市曾经公布过90个临时和虚设的名单。这些机构常常同常设管理部门交叉重叠在一起，这就产生了多头指挥、政出多门、职责不清、互相扯皮、办事效率低下、浪费领导精力、增加不必要的行政经费等弊端，严重干扰了正式的、常设机构的职能发挥。

此外，政企关系含蓄，层次重叠。主要因为行政性公司和综合管理机构（委办）成为行政层次。在1982年的政府机构改革中，我们把有些政府改变为公司，还把一些企业经过专业化协作，改组后建立起公司。公司是一种企业，是实行独立核算、自负盈亏的经济组织，是法人。根据《地方组织法》的规定，局委及综合管理机构和部门管理机构，都是市人民政府领导下的平行机构。1982年，中央在有关文件中也规定，机构层次宜少不宜多。直辖市和市人民政府应该直接领导局委工作，不要再设中间领导层次。然而事实上综合管理的委（办）往往成为一级领导。如上海市，政府专业局——部门管理机构一般要通过委（办）才能找到分管市长。这实质上给基层单位增加了管理层次和办事环节。这样我国城市经济管理层次由原来的市人民政府—委局办—企业，变成现在的市人民政府—委（办）—局—公司—企业。显而易见，随着经济管理层次的增加，企业的活力会减少，行政效率会下降。

现代组织理论学者认为，完善、健全的行政组织机构是决策机构、咨询机构、执行机构、监督机构共同组成的。这四者之间应当既目标一致又相互独立，分工明确，依法行使职能，形成完整、和谐的运行系统。目前，我国城市政府机构是：执行系统过于庞大，监督和调控系统软弱无力，信息和咨询服务系统分散，决策和反馈系统反应迟钝。这就产生了两方面的问题：一方面，执行机构将监督、咨询、执行结为一体，由于缺乏横向的和自上而下的强有力的全面监督和信息咨询，必然出现掩饰失误和欺上瞒下的现象，为了特定的非行政的目的而往往有意识地筛选信息，“报喜不报忧”或“报忧不报喜”，严重造成决策系统信息反馈的遗漏和失真。另一方面，由于城市政府机构不健全，其功能就发挥不出来，管理系统内部之间必然出现相互牵制、相互干扰的现象。如该由统计、审计、工商、司法等监督系统解决或仲裁的问题，却请城市经济委员会过问，有时还要请市长当裁判员；该由信贷、税收、价格、劳动工资等调控部门行使的职能往往都由执行系统运用行政命令手段去干预。当然执行系统的日常事务也找城市市长来处理的现象非常普遍。这样市长、市政府办公室就穷于应付了。

(4)在监督机制上，法制不健全，没有形成强有力的监督制约机制，产生权钱交易腐败现象。在高度集权的计划经济体制下，由于民主与法制不健全，基本上是实行“人治”，权力过分集中。一是政企不分，企业是政府的附属物，政府拥有决定企业命运的各种审批权；二是具体到一个部门、一个单位，不能坚持民主集中制，往往是“一把手”个人凌驾于组织之上，个人代替组织，主要领导人的权力得不到限制和制约；三是重大决策既存在着程序不规范、“暗箱”操作现象，也存在着不能充分体现广大公民的意愿而仅是少数领导人“拍脑瓜子”的决策不民主、不科学现象，因此，对权力的运行缺乏有效的监督和制约。其结果往往是给人民群众带来严重的损失。例如一些地方政府及部门领导无视城市规划，违反法定程序，擅自变动、批准建设，造成恶性后果。如 2001 年 12 月《焦点访谈》连续报道的武汉外滩花园违反《城市规划法》和《防洪法》，在城市总体规划命令禁止建设地段，建成 6 万多平方米商品住宅，为拆除该违法建筑经济损失超过 2 亿元。

2. 党政不分，以党代政仍然在城市政府机构中存在

实行党政分工和党要管党是党的十一届三中全会以来我们始终坚持的重要原则。经过几年的调整和改革，政府中党政不分，以党代政的情况有了较大的改善。与此相适应，一些城市党委和政府进行了大胆尝试，撤销了政府和党委重叠的机构，取得了一定的效果。但是，党政不分、以党代政的情况没有从根本上得到解决。首先，城市政府机构和城市党委机构存在相互交叉、重叠设置的问题。如上海市政府的文化、电影、出版、广播、电视、宗教以及民族事务委员会、参事室等管理部门，其大量的行政性、事务性工作是由市委工作部门承担，实质是党政不分的机构。其次，城市党委重复设置与城市政府相对口的工作机构，事实上领导或介入有关的具体的行政管理过程。例如城市党委一般都设有公交、财贸、农村、文教卫生、科技、组织、宣传等工作委员会或工作部门。这些党的机构往往代行市委或市政府的职能，成为不受政府领导的特殊行政部门，进而取代或削弱了政府行政部门的地位和职能。这显然违背党政分工的原则和发展方向。

3. 人事、用人制度的不合理

人事制度的腐败是最大的腐败，我国目前的人事制度基本上仍然是旧制度的沿袭，即任命制，领导说了算，由于缺乏群众参与和监督，任人唯亲、论资排辈、只能上不能下、有能力不如有关系、会干不如会说等现象长期存在，严重阻碍了有才干的人走上领导岗位。导致政府官员平均素质不高。虽然从表面看，有相当一部分人已持有大专或大专以上文凭，但从工作能力和实绩看，相当一部分人缺乏高素质

所体现的高技能和高效率。据近期北京市委党校和市科协对北京市领导干部的一项调查资料显示，在电脑及互联网如此普及的今天，仍有24%的领导干部没有使用过电脑和互联网。而据中共中央党校《学习时报》披露，目前仍有部分领导干部对科学技术的重大意义认识模糊。除了知识水平低以外，缺乏领导能力，没有责任感和上进心，得过且过的现象也是司空见惯的。

4. 明确市场和政府的作用，避免市场与政府的同时失灵

为克服市场失灵，政府通过财政政策、货币政策、收入政策和对外贸易政策等对总供给和总需求进行调节，以期实现充分就业、经济稳定增长、物价稳定和国际收支平衡等宏观经济目标。出现市场与政府双重失灵现象的原因在于政府调节与市场调节没能有机结合，政府可能干预过多、干预不足或干预不当。然而政府失灵的原因主要在于两个方面：一是理论指导不足，即政府究竟应该对哪些领域进行干预，以及在这些领域采取什么样的方式和手段进行干预，还认识不足；二是作为调节主体本身存在问题，使调节不能按照既定的方针正常进行下去，也就不能实现调节的目的，这些问题主要体现在政府官员素质差、职责划分不清、官僚主义、腐败滋生等。在城市领域，由于管理者素质差，政府失灵的现象随处可见。城市管理者拍脑袋决策，根本不懂城市发展的客观规律；为了个人政绩，搞一些花里胡哨的东西；盲目照抄照搬，效仿别人，不顾本市实际情况。这样的例子比比皆是，不胜枚举。例如，城市规划者不懂羁留效益、相邻效益，居民区里建工厂，污染严重，最后不得不搬迁，经济损失难以弥补；再如，修桥修路根本不做效益分析，头脑一热就拍板；将用水大户建在缺水的城市，企业城市两尴尬；好好的马路挖了铺，铺了再挖；引进外资只注重数量，不考虑投资方向和投资结构；砍掉大树种草坪，小小县城建了好几个大广场等，凡此种种。这些都是看得见的，还有更多看不见的，或是深层次的，贪污、腐败自不必说，效率低下，官僚作风等，给城市带来的损失也同样不容忽视。而更大的危害是城市发展战略规划方针的错误，例如，多年来我国发展小城市，限制大城市发展的方针，造成了难以估量的损失。

（二）我国城市政府职能改革案例

城市政府的基本职能是经济职能和社会职能，政府职能转变首先是体现在促进经济发展和实现社会进步上面。为了生动形象的分析政府职能转变的方向，本节试以案例的形式，呈现城市经济、社会发展过程中城市政府的职责和作用。

1.我国城市经济管理的显著成就

总结我国城市管理的社会经济成就主要可以用以下几个观察尺度的视野去考察:宏观、中观和微观。

在宏观尺度上,我国东部沿海城市(特别是自改革开放以来)的发展要优于中西部地区。东部城市经济的长足发展从世界市场的需要和全球化的趋势来看是必然的。20世纪70—80年代的西方资本主义国家自身的发展也遇到了不可逾越的瓶颈,此时的它们急需海外市场的缓解。然而二战以后,社会主义阵营的国家大多热衷于走固体化(资本不能自由流动,像固体状态下的分子)政治经济道路。这就限制了西方国家经济的进一步发展和世界经济的融合。但是中国70年代末的改革开放政策在很大程度上缓解了西方国家苦苦寻求海外市场的状态。这个政策不仅缓解了西方国家面临的潜在的经济困境,而且也为中国东部沿海城市的快速发展提供了契机。中国的经济的液化政策(让资本像液体一样可以自由流动)比苏联和东欧整整早了10年,它为世界经济的再发展与大融合做出了相当巨大的贡献。70年代末80年代初,中国在其东部沿海地带设置了14个开放城市,4个经济特区。在世界经济的潮汐作用下,从此中国东部城市的城市化进程势不可挡,逐渐形成了首都—环渤海湾城市带、长三角城市带和珠三角城市带三大城市密集区,也可将他们称为三大都市圈。

在中观尺度上,我国三大都市圈位于我国经济最发达、城镇化水平最高的东部沿海地区。三大都市圈的土地面积仅占全国的3.3%,却拥有全国12.6%的人口,21.4%的非农人口,GDP则占全国的36.0%,人均国内生产总值达23 314元,是全国水平的2.85倍。三大都市圈均位于我国东部沿海地区,处于我国经济对外开放的最前沿地带。三大都市圈对外交通发达,均有大型港口。如首都圈的天津港、秦皇岛港,长江三角洲大都市圈的上海港、宁波港,珠江三角洲大都市圈的广州港和深圳港,都是全国重要的对外贸易海港。同时,三大都市圈的中心城市也分别是各大都市圈的交通枢纽,其中北京更是全国交通枢纽以及全球航空交通枢纽之一。在长期发展过程中,我国三大都市圈分别以各自中心城市为核心形成了空间联系紧密地城镇体系,区域发展从重点城市一枝独秀向大、中、小城镇协调发展转变。自改革开放以来,三大都市圈的年均经济增长速度超过了10%。①

在微观尺度上,制度的创新对城市经济的增长,对投资吸引的增强起了决定性

① 李国平.首都圈结构、分工及营建战略.中国城市出版社,2004.

的作用。城市的制度是城市经营软环境的体现，制度创新在于通过交易成本的下降和培养城市的内增长能力来提高城市竞争力；城市政府通过对人才的吸引、对投资的吸引、对科技创新的激励和合法产权的保护，形成城市经济增长的有效机制，持续吸引生产要素的再投入。比如长三角的小城市昆山的制度创新——率先将ISO质量认证标准融入城市管理系统中。[①] 城市政府以培育企业家为核心，不断进行制度创新，就应该努力营造有利企业家脱颖而出的机制和环境，营造一个有利于人们做事和做成事的良好氛围。在这一点上，三大都市圈内许多的城市都做得非常好，比如大连市经过多年的努力，创造出了国际知名的会展名城、中国北方明珠和旅游名城的氛围。[①]

根据IMD竞争力理论[①]，分析"人"的因素对经济增长或发展的影响，一般可分为三个层面。第一个层面分析人口数量与经济增长的关系。第二个层面分析可获得的人力资源数量对经济增长的影响，这里人是被作为生产要素看待的，主要考察劳动力的规模、结构、利用和流动状况。第三个层面，是目前最受重视的层面，就是劳动力(人力资源)的质量与经济增长的关系。而对于一个城市来说，其人力资源的获得主要来自于这个城市的居住者以及外来流动人口。所以一些城市试图通过对户籍制度的改革来增加知识移民、技术移民、投资移民的比例。比如2002年，江苏省政府正式批准了江苏公安厅《关于进一步深化户籍管理制度改革的意见》，再次对江苏省户籍管理制度做出重大改革。在全省范围内建立城乡统一的户口登记制度，统称"居民户口"；取消了进城人口计划指标管理；实行有利于吸引资金和人才的城市户口迁移政策；取消对申请迁入城市投靠亲属的条件限制；改善了省内大、中专院校学生户口迁移办法。[①]

案例1　园区建设与城市发展相结合的成功范例——南京江宁开发区

创办于1992年的江宁经济开发区(图4-1)现已成为南京地区建设规模最大、配套设施最完善、发展速度最快的国家级高新技术产业开发区。由于江宁的开发区相对苏南众多工业园区而言，起步相对要晚一些。但江宁城市政府的领导班子坚持用"高起步"来弥补"晚起步"的策略来开发江宁新城。他们邀请德国专家做概念性规划，并先后聘请50多位国内一流的专家参与论证，历时3个多月，对论证报告作了6次修改。最终将这次规划的主旨明朗化了：就是要把园区建设与城市发展相结合、利用城市化手段推动开发，以城市化带动工业化，最终建成生态型高科技花园和现代知识传新园地。

---

① 连玉明.中国城市报告.中国时代经济出版社，2004.

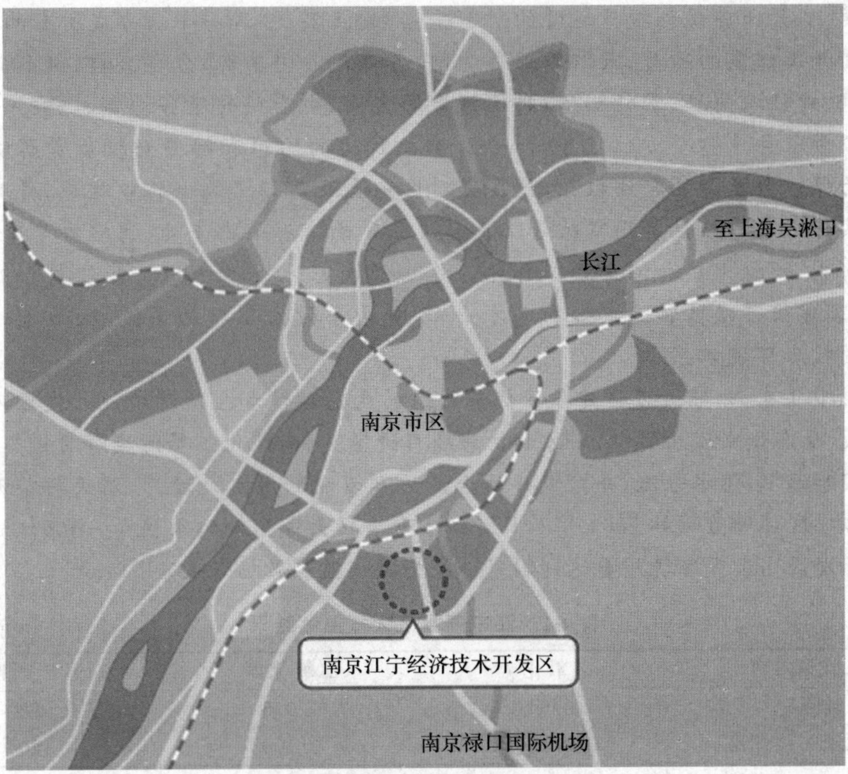

图 4-1　南京江宁经济技术开发区区位

开发区严格遵循科学规律，融南京主城区发展战略和江宁区城市发展规划于一体，按照建设现代化新市区、高科技花园新城、江苏知识创新基地的定位，坚持高起点、高标准、富规划、巧开发的原则，精心规划设计，体现特色，完善功能，层次清晰，有序开发。开发区总体规划的功能定位为：具有鲜明特色的国际化、现代化、生态型的南京新市区；一个以高新技术产业、高科技企业、高科技人才为支撑的经济园；一个与国际惯例接轨、与现代市场经济接轨的创业园；一个人与自然和谐共生的城郊休闲旅游生态园；一个人居环境清洁优雅、文化气息浓郁、充满生机活力的文化园。从而描绘出了以高科技和现代先导产业为主体、融山、水、城、林于一体、功能齐全、设施配套的高科技花园新城、知识创新基地的宏伟蓝图。

江宁经济开发区以"先投资者之忧而忧，后投资者之乐而乐"的服务理念为导向，按照"简捷、周到、诚信、高效"的服务宗旨，与国际惯例、市场经济相接轨，创立了开发区"一站式"行政服务中心，实施"三规"、"五制"和"双章法"，全权负责区内的规划建设、项目审批、人才引进、企业管理等各项事宜，办理从项目立项到领取营业执照、从开工建设到投产运营的所有手续,真正实现“进一个门办成所有的事”。

对开工建设的项目,采取跟踪负责制,各部门各司其职,分段交接,做到服务内容明确、责任人明确、责任明确;对已投产的企业,由专门的服务协调机构——进区企业投诉服务中心全方位服务,对企业需要解决的困难和问题全权负责解决或解答。为保障投资者的合法权益,开发区对区内企业实行了统一扎口收费,并对外资企业实行行政事业性费用零收费制度。设立了南京海关办事处、商检办事处,正在建设海关、商检大楼和博士后工作站。建成了南京地区唯一的私营外贸企业创业园,开工建设开发区物流中心和人才中心,并着手设立出口加工区,从而进一步营造新的投资环境体系。

十多年来,江宁开发区建设了优美舒适的生态环境和生活环境。开发区以建成园林式、生态型新城为目标,一方面把好项目进区关,谢绝化工等污染项目进区;另一方面实行雨水、污水分流,并建成日处理能力 8 万吨的污水处理厂,消灭污染源。南京市江宁区环境监测站 2004 年 6 月对江宁开发区大气监测结果显示,南京江宁经济技术开发区内大气环境质量达到国家一级标准。监测数据如表 4-1 所示。

表 4-1　江宁开发区大气监测结果　　mg/m^3

监测内容	二氧化硫	二氧化氮	总悬浮颗粒
采样点一	0.041	0.036	0.092
国家一级标准	0.050	0.100	0.120

案例 2　从土地管理走向土地经营——深圳土地交易市场的建立

在 2001 年 11 月,深圳市人民政府三届 21 次常务会议审议通过了《深圳市土地交易市场管理规定》①,通过土地交易市场的建立,深圳市的土地得到了更加高效合理的利用。它既防止了土地的浪费,又满足了民营企业的用地要求,对民营企业的发展起到了良好的推进作用。

深圳市这次对城市土地管理制度的大胆改革的成功之处可以总结为以下两点:①消除了民营企业之间土地买卖信息堵塞的现象;②盘活了相当一部分民营企业的资产。

集中的土地市场可以聚集大量的供求信息,解决了民营企业土地信息瓶颈的问题,促进了土地与民营资本的有机结合。在集中的土地交易市场经营模式下,城市土地经营的信息是公开的,同时要求政府部门定期公开其中、长期发展规划和土地供求信息,这样就有助于民营企业根据政府计划结合企业的自身发展制定“量身订

① 见附件 1。

做"的计划。这样就确保了民营企业在土地交易市场中的活力。2004年，深圳市土地交易市场持续走旺。深圳市继续全面执行所有经营性土地一律通过招标、挂牌、拍卖方式出让，全年政府出让土地134.41万米^2，收取地价40.46亿元。市土地房产交易中心提供的统计资料显示，在政府出让土地上，深圳市2004年全年共组织了11次土地使用权招标、拍卖、挂牌会，成功出让用地23宗，成交土地面积134.41万米^2，建筑面积184.74万米^2，收取地价40.46亿元。在土地使用权转让交易上，深圳市去年全年共成交土地47宗，成交土地面积99.21万米^2，成交金额18.22亿元。

在《深圳市土地交易市场管理规定》出台之前，由于受相关规定的限制，部分民营企业拥有的土地资源不能流通，存量土地不能及时转化为资金，使不少民营企业背上沉重的包袱，濒临破产。土地交易市场的建立降低了原先的交易门槛，盘活了民营企业的资产，加速了民营企业土地资本的套现，解决了资金瓶颈问题。另外，改变原有的土地管理为土地经营模式后，所有土地的前期审批手续由政府相关部门协商解决，民营企业通过市场获得土地后，即可进行开发，为企业发展赢得了时间。

在土地供应结构上，深圳市近两年的土地供应计划更是体现了优先保证政府重点扶持的高新技术产业、现代物流业等支柱产业的发展。而在中央强调要避免的"部分行业过度投资和重复建设"的现象在深圳市基本不存在。至于房地产业的土地供应，近年来深圳市也一直坚持着"严格控制新增供应，积极消化存量土地"①的宏观调控政策。实践证明，该项调控措施已取得了明显的成效。房地产市场继续保持健康、理性、平稳的发展态势；销售面积持续上升；市场价格连续数年未发生明显波动。城市土地作为城市经济运行的载体，在城市发展中具有举足轻重的地位。深圳土地交易市场规范的土地市场运行秩序，高效、集约地分配、利用土地的模式为深圳的城市社会经济的可持续发展提供了保障。

案例3　长三角打造3小时都市圈交通网络

在长三角地区，以上海为中心，周边14个城市都坐落在300公里的半径之内。打造"3小时交通圈"，已成为长三角新一轮接轨的首选。② 长三角3小时都市圈交通网络的建设将以公路为主，由南翼和北翼组成。北翼是上海与江苏的连接通道将由目前的2条高速公路增加到6条，南翼是上海与浙江的通道将由目前的1条高速公路增加到2条。

自沪宁高速（长三角地区最早的高速公路）开通以来，上海与苏锡常地区的通勤时

① 吕锐锋答记者问：树立科学发展观珍惜每一寸土地．深圳特区报，2004年6月24日．

② 连玉明．中国城市报告．中国时代经济出版社，2004．

间已被控制在2小时以内，上海到南京的通勤时间也不会超过4小时。据《江南时报》报道，继南京长江大桥之后，江阴大桥、南京二桥陆续建成，全省过江通道已打通3座，宁通高速公路串起苏中的扬州、泰州和南通。在江北，全长108公里的通启高速公路也将加紧建设，苏中沿江高等级公路的前期工作即将展开，连接江阴、张家港、常熟、太仓等沿江城市的苏南沿江高速公路已在2004年建成。四通八达的高等级公路网，将使江苏与上海连接为一个整体。江苏省社科院信息所所长吴先满认为，可以从三个层次上看宁太高速(苏南沿江高速公路)的意义：其一，有利于加快推进长三角建设国际制造业基地；其二，有利于加强苏南、苏中、苏北的合作，有利于加快推进沿江开发战略的实施；其三，有利于苏南内部的合作分工，从而提升整个苏南地区的发展水平。

3小时都市圈交通网络南翼建设更是引人注目。沪杭甬高速公路浙江段将全线拓宽，四车道改为八车道；从杭州出发，沿杭州湾北岸直达上海浦东的高速公路开始启动；绍兴投资近70亿元兴建跨越杭州湾的公路、铁路大桥，保绍兴与上海的车程缩短到2小时以内；杭州市准备建沪杭磁悬浮铁路线催生沪杭同城效应。另外连接宁波与上海的杭州湾跨海大桥(世界第一长度的跨海大桥见图4-2)正在建设当中，预计2008年能够竣工，到时，宁波也与杭州一样进入上海的2小时通勤圈。

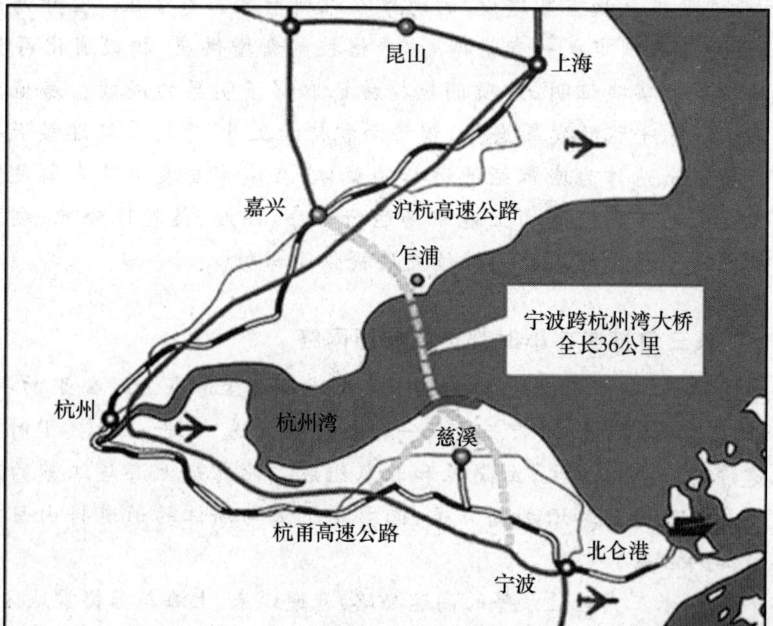

图4-2　世界第一长度的跨海大桥

杭州湾位于我国改革开放最具活力、经济最发达的长江三角洲地区。建设杭州湾跨海大桥，对于整个地区的经济、社会发展都具有深远的、重大的战略意义。

首先，直接促进宁波、嘉兴经济社会的发展，带动周边地区杭州、绍兴、台州、舟山、温州等地的发展，并对全省乃至长江三角洲南翼地区的整体发展产生积极影响。据统计，杭州、宁波、温州、绍兴、台州 2001 年 GDP 占全省的 72.4%，工程建设将使这些地区的发展如虎添翼，为区域经济、社会的进一步腾飞注入新的活力，为全省整体综合实力的提高发挥更大作用。同时它对于促进沪苏浙整个长江三角洲区域经济整合和一体化发展也具有十分重要的意义。

其次，有利于发挥以上海为龙头的集聚和辐射作用，进一步提升浙江省的综合竞争力。大桥的建设，将大大缩短浙东南沿海与上海之间的时空距离，使浙江省可在更大范围、更高层次、以更优越的地理优势，融入国际大都市经济圈。这对于辐射浙江省广大腹地，优化提升产业结构，改善投资和发展环境，吸引外资，提高浙江省综合竞争力，具有十分深远的积极作用。据统计，今年上半年，宁波、嘉兴、杭州、绍兴 4 市合同利用外资 41.7 亿美元，占全省同期利用外资的 81.9%。杭州湾跨海大桥工程建设，将为优化发展环境，进一步吸引和利用外资，创造更为优越的条件。

再次，有利于推进城市化发展战略。大桥建设将进一步密切嘉兴、宁波、绍兴、台州等城市的联系，促进浙江省杭州湾城市连绵带和沿海对外开放扇面的形成，从而将这一区域提升为以上海为龙头的、具有国际竞争力的都市群的最重要组成部分。同时，大桥建设对周边县市的城市化发展也将产生深远的影响，慈溪、海盐等地瞄准这一千载难逢的战略机遇，已有不少的规划设想，大力吸引人口、产业的集聚，促进新区新城的崛起，做好、做足“大桥经济”文章。

最后，作为我国沿海大通道中的第一座跨海大桥，突破了杭州湾的瓶颈，优化了国道主干线的路网布局，改变了宁波交通末端状况，大大提升了宁波这一极具发展潜力的经济中心城市的竞争力。大桥建设也有利于支持上海国际航运中心建设，促进宁波、舟山深水良港资源的整合开发和利用，有利于旅游业的发展和国防建设，有利于缓解杭州过境公路交通的压力。江泽民总书记在 5.31 讲话中要求，“在新世纪新阶段，发展要有新思路，改革要有新突破，开放要有新局面。”加快杭州湾跨海大桥建设，正是再创改革开放新局面的巨擘手笔。[①]

---

① http://unn.people.com.cn 新闻报道.

2. 我国城市管理的非经济成就

在中国,相对于城市管理的经济成就而言,非经济成就显得略微逊色。但一座城市的经济成就很大程度上是依赖于它的非经济因素的改善与进步(如城市政府的服务水平,城市的生态环境,文化开放性和兼容性等);否则这些经济成就都将是暂时、短期的,而无法可持续发展。对于城市来说,创建政府新秩序,必须以提高政府绩效和公共服务质量为根本,以维护市场公平为重点,以保护产权为宗旨,以制度建设为核心,从根本上塑造城市的竞争优势。

案例1　昆山市引入"质量认证"城市管理新理念

连玉明①认为城市政府应以制度建设为中心,确定以下五种观念:①环境观。营造宽松的环境,包括硬环境(如道路、供水供电以及基础设施等)和软环境(如政府办事效率和公平问题)。②法制观。政府抓经济要依照法律规则办事。③区域观。要跳出狭隘的"区域"抓经济,确定大区域一体化的价值取向。④税收观。重视培育、扶持有税源的经济增长点,进一步增强政府实力。⑤服务观。要在服务环境、服务态度和服务质量上做文章,切实改变"门难进、脸难看、事难办"的现象。

对于树立以上五种观念,昆山城市政府走在了全国其他城市之前。昆山城管局在全国城市管理系统中,率先引入了原用于企业品管的ISO质量认证。实施ISO质量管理后,就要求城市政府首先在理念进行一次大转变即从"管市民"转到"服务市民,服务经济"。因为ISO讲究让顾客满意,而政府部门的顾客是市民。在推行ISO过程中,昆山城管局重视规范化,并通过纪录的完善来体现流程的规范。每个部门对日常工作、发现的问题及其原因进行记录,一些内部工作流程通过电子化得以规范。为了规范服务流程,昆山城管局让TUV公司为其量身定做一套被称为PDCA(Plan策划-Do实施-Check检查-Action改进)管理模式。PDAC体现的是ISO的过程管理、持续改进的思想。

案例2　城市的可持续发展与其生态、环境的关系——贵阳

城市是集体性、集团性的人群,具有很大的自我发展和膨胀的趋势,因此对自然社会的和谐发展具有很大的破坏能力。具体地说,城市生态危机产生的根本原因有三:社会生产力的组织形式和无节制的发展;市场调节的弊端和失灵;公共管理的滞后和失灵。生态、环境、可持续发展这个世界性课题越来越受到人们的重

① 连玉明.中国城市报告.中国时代经济出版社,2004.

视，这方面的呼声越来越高涨。生态、环境、可持续发展问题的产生与经济发展有关，是经济发展重要负面影响之一。现代社会经济的发展主要是由城市所主导的。解决全球的、国家的、地区的生态问题，要以城市为重点、为中心。因而城市管理的主要目标和任务就是城市经济—社会—自然的复合型生态平衡①，而平衡的根本方法只能是自然调节。

在西部内陆省会城市贵阳，一场实施可持续发展战略，探索资源消耗和再生利用、减少废弃物排放、经济快速发展和环境保护协调发展的循环经济模式，已经实践3年，循环经济"贵阳模式"渐入佳境。自2002年以来，作为我国首家循环经济生态试点城市，贵阳不仅完成了全国第一个循环经济生态城市总体规划，制定和正式施行了全国第一部循环经济生态城市地方性法规，而且坚持"政府引导，企业为主；科学规划，点上突破；制度规范，全民参与"的发展思路，找到了发展循环经济的新路子。

贵阳市委托清华大学、中国环境科学研究院的有关教授、院士和专家，制定了建设循环经济生态城市的总体规划，选择金阳小区区域、生态工业、生态农业、住宅小区和消费行业等五大领域、8家循环经济试点单位和科伦药业有限公司等3家清洁生产试点单位，确定首批28个重点项目，启动了开阳磷煤化工（国家）生态工业示范基地、清镇循环经济煤化工生态工业基地和息烽磷复合肥基地等重大建设项目，构建起全市循环经济生态城市的支撑体系。

随着循环经济生态城市规划的深入实施，贵阳生态环境大为改善，这个酸雨重灾区已实现连续1 000天无酸雨，近年来先后被全国绿化委员会、建设部、国家林业局、国家旅游局评为"中国优秀旅游城市"、"全国园林绿化先进城市"和"全国造林绿化先进单位"。2004年，在国家表彰的9个"全国绿化模范城市"中，贵阳是唯一的省会城市。贵阳的循环经济模式得到了国际组织的认可，联合国规划署于2004年3月决定选择贵阳市作为"可持续生产与消费地方政府能力建设"项目的全球唯一实施地，并提供相应的项目启动经费，目前已投入10万美元用于这一项目实施。贵阳还获得了欧盟50万欧元"循环经济政策支持"资金及德国"贵阳市循环经济中德合作项目"20万欧元的项目支持。②

案例3　启动文化引擎东莞着力提升城市品位

城市是文明的结晶、文明的标志。富于时代气息和民族风格的城市文化，是城市的魅力所在。城市文化建设是塑造城市形象的系统工程。挖掘和整合历史文化

---

① 饶会林．城市的复合型生态矛盾与调节治理．江西财经大学学报，2003(1)：5-8．

② 新华每日电讯2版．

资源、在长期的文化交流和融合中形成的较强的文化兼容性,是提高城市文化品位,放大城市价值的应有之意。经过改革开放多年的建设发展,东莞已成为全国综合实力第一的地级市,但文化建设相对滞后。东莞决策层清醒地认识到:当前,国内外区域间的竞争,正从"拼经济"、"拼管理"上升到"拼文化",没有文化的繁荣,不可能有东莞经济的持久繁荣。东莞市委书记佟星认为:经济是城市的实力,文化是城市的魅力。文化塑造城市的精神和灵魂,最终决定城市的历史地位。

东莞市委市政府在2001年重新调整了城市定位,提出文化新城的发展战略:用5～10年的时间,把东莞建设成为具有较强文化影响力、辐射力、竞争力,城市精神昂扬向上、群众素质极大提高、文化事业产业发达、文化市场繁荣有序、文化精品日益涌现、文化品位不断提升、文化生活丰富多彩、文化经济发展壮大的文化新城。他们以史无前例的投资规模,迅速建起一批高水平的文化设施。在新城市中心区的9大标志性建筑物中,属于文化设施的就有7座,其中新图书馆、大剧院、展示中心、科技博物馆达到国内一流水平。在此基础上,东莞把历史文化巧妙融入城市文化景观,精心规划,保护性开发可园、鸦片战争遗址等重点文化遗产,不遗余力地保护戏曲、醒狮、龙舟、书画等非物质文化遗产,延续东莞文脉(图4-3)。

图4-3 东莞城市文化景观

全方位提升市民的文化品位。各镇区每周都有大型文化活动。两年来,东莞社区文化蓬勃发展,先后有1 000多人次在各种艺术门类比赛中获奖。在文化体制建设上,东莞还首开地级市先河,实施公益文化项目招商,实现政府从"办文化"到"管文化"的转变。在文化新城建设这个庞杂的系统工程里,东莞响亮地提出打造"图书馆之城"、"博物馆之城"、"文化广场之城"三大文化品牌,用以实现知识传播、技术普及推广和人文精神培育锻造的文化三大功能。东莞还鼓励各种社会力量兴办以陈列馆、展览馆、美术馆、纪念馆、博物馆等为主的博物馆体系和市、镇、村三级博物馆网络。

第三节 市、镇政府领导

一、市政府领导的含义和特点

(一)市政府领导的含义

1.什么是领导

像“麦当劳”、“肯德基”等词汇一样，“领导”也是个舶来品，它源于英国，在中西文化交流的过程中逐渐流入我国，并安家落户，成为我们文化中的一个基本概念，并生长出自己的意义。那么，从城市管理学的角度出发，应该如何准确的界定“领导”这个外来者呢？下面，首先让我们分析几个较流行的“领导”概念：

概念一：“所谓领导就是指在一定的社会组织或群体内，为实现组织预定目标，领导者运用其法定权力和自身影响力影响被领导者的行为，并将其导向组织目标的过程。领导的实质在于影响。影响力由法定权力和自身影响力两个方面构成。”[①]

概念二：领导是由领导者、被领导者和其所处环境这三个因素所组成的复合函数。其中：领导者是致力于实现领导过程的个人和集体，或者说领导者是集权、责、服务为一体的个人或集体。领导者是领导活动的主体；被领导者是指领导者所辖的个人和团体。他是领导活动的客体；环境也是领导活动的客体。在领导活动过程中，领导者只有带领着被领导者并与环境相结合，才能做好领导工作。[②]

概念三：“领导的根本属性是责任，领导的基本要求是责权统一，领导的根本特征是创造。责任、权力和创造三位一体，构成了完整的领导概念。”[③]

概念四：《现代汉语词典》对领导的概念是这样界定的：“率领并引导朝一定方向前进”。[④]

---

① www.learn-qdtvu.com

② http://61.144.28.99，2002年9月2日.

③ 殷体扬.城市管理学.山西经济出版社，1990：86.

④ 中国社会科学院语言研究所词典编辑室.现代汉语词典.商务印书馆，2002：807.

以上有关“领导”的四个概念，从不同角度，对大家习以为常的“领导”进行了理论界定，本教材不厌其烦地向同学们反复推荐同一概念的不同版本，目的有二：首先，让同学们从最一般的角度了解，作为一个领导，其管理行为的理想类型之雏形；其次，让同学们——未来的城市管理者从根本上理解自己未来工作的性质和特点，从而为自己的成才制定一个可行性的规划。

需要特别提醒大家的是，对此处的所谓“领导”，应该从最广泛的角度进行理解，它并不单纯指政府领导，而是包括各行各业、各种情形下的管理行为。那么，从城市管理这个角度，应该如何理解“领导”这一概念，并操作化这一概念呢？

为了解决这个问题，我们将分四个层次——城市政府、镇政府（包括街道办事处）、企业和个人，逐层剖析，最后给大家构建一个整体的框架。

2. 什么是市政府领导

城市管理第一层次的主体是城市政府，从理论上讲，市政府在管理城市时最有效、最理性、最恰当的行为模式是什么？为了讨论这个问题，首先要弄清楚我们所谓的城市政府的含义。什么是城市政府？或者说，本教材探讨的城市管理的第一层次的主体应该如何界定？

有关城市政府的概念也有多种说法，本教材在众多概念中进行了比较，结合城市管理这一视角，认为如下的城市政府概念是比较合适的：“城市政府，是指城市的国家行政机关的总和，除包括上述城市人民政府及其组成人员所构成的决策班子外，还包括城市人民政府领导下的管理各专业行政的职能机构和为市政府决策服务的各直属办公机构。”[①]

结合领导和城市政府这两个概念，我们认为，应该这样界定全球化背景中的市政府领导：城市政府以城市管理的现代观念和方式为手段，以现代城市的功能发挥为目标，以城市管理体制为载体，运用其法定权力和自身影响力，整合城市中人口、财富、环境等自然、社会、人文资源，导引整个城市实现构建和谐社会的战略目标。

（二）市政府领导的特点

关于市政府领导的特点问题，唐代望在其《现代城市管理学》一书中提出了这样的观点，他认为：“无论是领导，还是领导者，在管理社会公务中，一般都具有下列特点：

① 董俊山. 城市管理学. 吉林大学出版社，1990：39.

1.权威性

他们根据国家权力机关制定的法律、法令和政策，确定行政目标、任务和规则及其实施办法、章程和手段，具有法律性权威，有普遍的约束力。因为他们代表国家行使行政权力，在国家管理中处于主导地位。

2.广泛性

他们管理整个城市社会的公共事务，包括经济的、政治的、文化的、科技的、国防的以及外事、生态环境等方面的工作。注意综合协调，平衡发展。

3.执行性

市政府各级领导及其领导者，是拥有法定权力、承担相应责任和执行国家公务的集团或个人，以执行党和国家权力机关所确定的方针、政策和所规定的总任务为根本职责，接受国家权力机关的授权、监督和控制，并对其负责。市政府提出各种议案，必须经市人民代表大会通过方能生效。

4.效益性

讲究效益是城市领导工作的出发点和落脚点，各级领导务必充分注重提高效益，其中，经济效益、生态效益等是性质、领域而言，而社会效益是主体、是归属，因此，要正确衡量城市领导的工作实绩，必须坚持全面的效益观，不能顾此失彼。”①

唐代望的这一观点比较全面地阐述了市政府领导的基本特点，但是，还遗漏了一个重要指标，即，市场经济条件下城市社会对市政府的一个新兴要求——服务功能。按照他的语言风格，我们可以把城市政府的这一新的领导特点定义为市政府的第五个特点，即：服务性。

我们党和政府历来坚持全心全意为人民服务的宗旨，并把它作为自己的根本任务，但是，长期以来，特别是计划经济时期，门难进、脸难看、事难办一直是大家深恶痛绝的衙门作风，其昭示的是政府在自身定位上的失当，政府把自己定位为管制型政府、审批型政府，所以忽视了自身需要履行的从事社会管理的服务性职能。

我国加入 WTO 后，对政府的一个新的要求就是改进并增强其社会服务功能，使之能够与国际社会接轨，进而应对国际竞争的挑战。回应这个要求，我国政府，特别是城市政府，应该强化服务意识、完善服务功能，在科学发展观的指导下，努力构建服务型政府。

① 唐代望.现代城市管理学.中国人事出版社，1991：88.

二、服务型的政府与城市政府作用绩效评价

1. 城市政府作用绩效的评价指标

本教材向同学们介绍的这个评价指标体系，摘自连玉明主编的《中国城市报告》(2004)，该指标体系从四个方面，利用16个量化指标，对城市政府的作用绩效进行总体评价，指标的具体设计请参看表4-2。

表4-2 城市政府作用绩效的评价指标

政府控制力	管理效率	社会稳定程度	社会参与度
地方财政收入/GDP	综合生产率变动	失业率	市民满意度
地方财政支出/GDP	投资效果系数	通货膨胀率	议政参与率
地方债务/GDP	劳动者人均年收入增长率	社会保障覆盖率	政府决策对市民透明度
政府机构开支/财政支出	公务员违纪违法数	万人刑事案件	
政府对企业的补贴值			

在这里需要提醒大家的是，该评价指标只是同学们认识、理解、研究城市政府作用绩效的一个参考坐标，不是评价城市政府作用绩效的一个可以随便套用的公式，同学们在学习这个指标体系时，可以从以下几个角度进行思考：

(1)绩效考核指标是科学，还是艺术？关于这个问题，我们给予的明确解释是，绩效指标不是科学，是艺术。它虽然包含着一定的科学性，但是其主要功能是计算，是通过一定的、人为的指标值，计算城市政府作用绩效。而不是每个城市政府行政过程中必须坚持的工作准则。

(2)绩效考核指标的作用特点。绩效考核指标的作用方式就是我们通常所说的让数据说话，在量化评估过程中，将数据输入电脑，得出评价政府行政的量化指标。因此，其作用的大小、其结论的真伪，依赖于考核指标的合理性程度，从根本上说，依赖于制定指标者的知识水平和他对城市政府机构领导功能的认知程度。所以，对待任何考核指标，都应该用审慎的眼光理性的思考，切不要忘记，数据不会说话，会说话的永远是制定、应用数据的人。绩效考核指标的作用方式是通过人为的因素，相对客观的发挥作用的。

(3)绩效考核指标可能带来的两种结果。以考核指标评定城市政府的工作绩效，可能会出现两种截然不同的结果：

①因为绩效指标设计不合理，干扰或者阻碍了城市政府的管理行为。主要表

现在两个方面：一方面是不能够有效的支持城市政府的行政行为，甚至会把城市政府工作引向错误的方向。例如，过度强调科层制度本身的稳定与发展，就有可能导致城市政府的管理行为发展为“科层制仪式主义(bureaucratic ritualism)”[①]，忽视或者忘掉制度设计的本来使命，把维护制度本身作为工作的意义和目标。在现实生活中，特别是在官僚主义比较盛行的单位，置换制度目标的这种官僚主义行为是屡见不鲜的。另一方面，绩效指标设计不能够执行，或者是因为太过超前，或者是因为操作性不强，或者是因为指标设计不合理，或者是因为其他原因，总之，用来评价政府行政行为客观效果的指标，成为政府行政行为的累赘，劳民伤财，干扰政府管理行为的正常秩序。

②有效的绩效考核指标促使政府管理行为走向主动化、效率化，甚至还会培养出一个富于创造性的政府管理团队。假如将“万人刑事案件”作为界定一个城市政府管理能力大小的评价指标，并决定着相应人员地位的升迁，可以想象，它对城市管理者在维护社会治安方面的积极性的影响，以及对该地社会治安状况的影响。

有了上述理论准备后，我们进入对该指标的学习过程。该指标具有较好的参考价值，是因为它满足了下列四个条件：

比较准确地反映了现代城市管理者的工作目标。该指标既涉及传统的政府管理职能政治统治与经济管理，也有转型期城市政府重点面对的社会问题，同时也包括了民主、法治建设等内容，基本上涵盖了城市政府作为管理者应该从事的工作。

所有这些指标是能够量化的，具有可操作性。上文我们已经说过，绩效考核指标的作用方式是让数据说话，而利用数据讲话的指标必须是能够量化的。把抽象的概念、难以言说的管理模式数字化、可操作化，既是考察城市政府工作绩效的途径，也是未来的城市管理者需要具备的一项基本能力。

能够激励城市政府创造良好的工作业绩。该指标体系具有明确的工作努力方向，既方便城市政府按图索骥，也有利于政府管理行为走向主动化、效率化，甚至还会培养出一个富于创造性的政府管理团队。

在指标数量的掌握上恰到好处，做到了尽可能的全面，但又简而不繁。

总之，该指标体系做到了“量化正确的事情，并且是我们有限的精力能够做好的事情。”[②]它为我们研究城市政府的日常活动提供了一个参照系，所以，在探究高

---

① [美]戴维·波普诺.社会学(第10版)，中国人民大学出版社，1999：195.

② http://edu.tmn.cn，2004-10-18.

效率的城市管理者需要面对的几个问题之前，首先让同学们了解现有的、比较先进的、评价城市政府作用绩效的指标体系。

2. 市政府成为高效率的城市管理者需要面对的几个问题

(1)我国现阶段城市政府管理中存在的三个不适应："城市管理体制和运作机制与现代城市发展的需求不适应；城市管理的观念和方式与可持续发展战略的要求不适应；城市管理手段与现代城市的功能发挥不适应。"①

上述三个不适应，实际上是在叩问城市政府：在管理现代城市过程中，政府应该做什么，不应该做什么，以及怎么做？换句话说，就是："城市管理"管什么、谁来管和怎么管。

(2)构建服务型政府，转变城市政府管理职能。

①什么是服务型政府？

回答"城市管理"管什么、谁来管和怎么管这一问题，也就是回答城市政府成为高效率的管理者的一般操作模式的基本架构的问题。我们认为，一个高效率的城市政府必须是一个服务型政府。那么，什么样的政府才能称得上是服务型政府呢？关于这个问题，国内外学界众说纷纭，没有一个标准的答案，就连"服务型政府"这一概念本身，也还有不同的看法。在此，我们向同学们介绍有代表性的三个概念。

概念一：国外有学者认为，所谓服务型政府"它是在公民本位、社会本位理念指导下，在整个社会民主秩序的框架下，通过法定程序，按照公民意志组建起来的以为公民服务为宗旨并承担着服务责任的政府。"②

概念二：国外还有学者认为，所谓服务型政府是"把为公众服务作为政府存在、运行和发展的根本宗旨的政府。"③

概念三：国内有人认为公共服务型政府是以市场为导向，以企业、社会和公众为主体，以提供公共服务为特征的政府行政模式。④

尽管上述三个概念表述的侧重点有所不同，但是，我们可以从中得到一定的启迪：一个高效率的服务型政府，必须在自身结构、服务对象、服务手段等各个方面，满足公民本位、社会本位的要求，以全心全意为人民服务作为自己唯一的宗旨，只有这样，才能使自己成为适应现代化要求的城市管理者。

---

① 连玉明主编. 中国城市报告. 中国世代经济出版社，2004：292.

② 刘熙瑞. 服务型政府——经济全球化背景下中国政府改革的目标选择. 中国城市管理，2002(7).

③ 张康之. 先知政府规模的理念. 人文杂志，2001(3).

④ www.happycampus.cn，2004-11-17.

②转变城市政府管理职能，构建服务型政府。

综合国内外的研究成果和实践经验，结合现阶段城市政府管理中存在的三个不适应：我们认为，城市政府应该尽快从以GDP为中心，向为经济发展提供最重要的制度性公共产品转变，城市政府应该改变过去以经济建设型政府为主建设方向的模式，转向建设公共服务型政府，向城市经济发展提供最重要的制度性公共产品，实现建立高效政府的目标。

据此，现行政府领导的结构功能应该作如下调整：

首先，树立市民本位，城市社会本位的执政理念，全心全意为市民服务、为城市社会全面发展服务。

其次，实现城市政府管理的五个转变：即从经济主导型向社会主导型转变；从行政主导型向法治主导型转变；从直接控制型向协调服务型转变；从垂直管理向网络化管理转变；从追求发展速度向追求发展质量转变。①

最后，以城市政府作用绩效的评价指标为指南，设计完成服务型政府的主要任务。公共服务型政府的主要任务可以概括如下：为社会提供足够的公共产品，建立公共服务型的财政体制，合理确定中央与地方的关系，从封闭型的行政体制向公开、透明的行政体制转变，政府治理结构创新，从行政控制型体制向依法行政型体制转变。②

第四节　城市管理的民主原则

本节讨论的主要问题，实质上就是界定城市管理的另外两个主体——企业和城市市民在城管实践中的地位与作用的问题。换句话说，就是探讨城市中现存的三种社会力量，即城市政府、企业和城市市民在城市社会发展中的关系结构问题。这种关系结构的性质，直接决定了城市可能的发展模式、方向、性质等一系列原则问题。按照上文的说法，就是："这三股力量的合作与竞争，规定了一个城市发展的基本模式、路径和方向。"

为了弄清楚企业和城市市民在城管实践中的地位与作用，我们首先向同学们介绍"健全的城市管理运动"的大致情况，从这个具有全球影响的事件中，理解城市管理的民主原则。

① 连玉明主编. 中国城市报告. 中国世代经济出版社，2004：461.

② 罗海珍. 公共服务型政府的主要任务. http://www.jjykj.com，2005-8-1.

一、健全的城市管理全球运动

(一)健全的城市管理全球运动发起过程

1996 年 6 月,联合国第二届人类住区大会在土耳其的伊斯坦堡通过了《生境议程》和《伊斯坦堡宣言》两个文件,会议重申“让全人类享有更高品质的生活水准、更大程度的自由”,强调“人人应享有适当住房”和“城市化过程中人类住居的持续发展”的全球性共同目标。基于这一认识,2000 年 5 月 8—12 日,联合国人类住区中心(也称住区中心或生境中心)在内罗毕举行“全面审查和评价《生境议程》实施情况的大会特别会议筹备委员会”第一届会议,提出了“健全的城市管理”的概念,认为,良好的城市管理是达成上述全球性共同目标的关键,从而发起了“健全的城市管理全球运动”。

(二)健全的城市管理规范:建设“包容性城市”的宣言草案

《宣言草案》的拟议案文如下:

我们,各政府、地方当局和《生境议程》其他伙伴:

认识到为实现可持续的城市发展,处于中心地位的是人,而城市中的贫困、边缘化和社会排斥则是当今城市面临的最为迫切的问题。

重申各国政府对于公认的人权协定以及在联合国重大会议上特别是在联合国环境和发展会议(1992 年)、社会发展问题世界首脑会议(1995 年)、第四次世界妇女大会(1995 年)和联合国人类住区会议(生境二)(1996 年)上作出的承诺。

深信如同《地方自治世界宪章》中所述,附属性和包容性市民参与是健全的城市管理的基础。

还深信迫切需要加强实施健全的城市管理,这是实现《生境议程》的目标的基本前提条件。

赞同“包容性城市”概念——城市中的每个人,不论财富、性别、年龄、种族和宗教信仰,均得以利用城市所能提供的机会参与生产性活动——作为健全的城市管理全球运动的旗帜和目标。

兹协议如下:

“城市管理是个人和公私机构用以规划和管理城市公共事务的众多方法的总和。这是一个调和各种相互冲突或彼此不同的利益以及可以采取合作行动的连续过程。它既包括正式的体制,也包括非正式的安排和市民的社会资本;

城市管理是与全体市民的福利紧紧连在一起的。健全的城市管理必须使女人和男人都能享受到城市公民的利益。基于城市公民资格原则上的健全的城市管理，强调任何人，无论男女老幼，均不得被剥夺取得城市生活必要条件的机会，包括适当的住房、房屋租用权保障、安全的饮水、卫生、清洁的环境、保健、教育和营养、就业、公共安全和流动性。通过健全的城市管理，使市民们得到发表意见的讲坛，充分发挥其才智，以便改善其社会和经济状况；

健全的城市管理应表现为可持续性、权力下放、公平、效率、透明度和责任制、市民参与和市民作用、安全保障，这些规范是相互依存的，又是相辅相成的。”

“1. 我们承诺努力实现下列各条中所述的、有关健全的城市管理的标准：

第1条：城市发展的各个方面的可持续性

城市必须平衡兼顾当代人和后辈人的社会、经济和环境需要。领导者必须在可持续的人的发展方面有长远的战略眼光并有能力为共同的福利而调和各种不同利益。

第2条：下放权力和资源

应根据附属性原则分配提供服务的责任，亦即在最低的适宜级别上按照有效率和具有成本效益地提供服务的原则分担责任。这将最大限度地发挥市民参与城市管理过程的潜力。权力下放和地方的民主制度应能使各项政策和举措更加符合优先事项和市民的需要。各城市应能获得足够的资源和自主权来履行其承担的责任。

第3条：公平参与决策过程

分享权力的结果是公平地使用资源。男女市民，特别是穷人，应能平等地选派代表，参与所有的城市决策和资源分配过程，使他们的需要和优先事项得到平等的解决。包容性城市为每个人提供平等机会，获得基本的、适宜标准的营养、教育、就业和生计、保健、住房、安全的饮水、卫生和其他基本服务。

第4条：提供公共服务和促进当地经济发展的效率

城市必须有健全的财政制度，以具有成本效益的方式管理收入来源和支出，管理和提供服务，并根据相对优势，使政府、私人部门和社会各界都能正式或非正式地对城市经济做出贡献。

第5条：决策者和所有利益攸关者的透明度和责任制

透明度和责任制是使利益攸关者得以深入了解本地施政状况和评估哪些社会阶层从所作决定和行动中得到惠益的必要条件。人人有机会获得信息和信息的自由流通对于透明和责任分明的管理，至为重要。法律和公共政策的实施应做到透明而具有可预测性。政府官员应始终保持专业能力和个人品德的高标准。

第 6 条:市民参与和市民作用

人是城市的主要财富,对于实现可持续的人的发展而言,人民既是对象,也是手段。市民参与的含义是,生活在一起并不是一个被动行为:在城市中,人民必须积极参与谋取共同的福利。市民,尤其是穷人,必须得到权力来有效参与决策过程。

第 7 条:个人及其生活环境的安全

每个人都有不可剥夺的生存、自由和人身安全权利。各城市必须努力避免人际间的冲突和自然灾害,使所有的利益攸关者参与防止犯罪、防止冲突和预防灾害的准备。安全保障还意味着有不受迫害的自由。

2. 我们承诺通过下述各种办法促进这些规范的实现:

(1)不断地监测我们城市的社会、经济和环境状况并以公开、及时而透明的方式报告这些状况;

(2)与所有本地的利益相关者举行广泛的协商,以便为实施这一《宣言》而确定本地的优先事项和必要的具体活动,然后提请地方的议事机构核可此项《宣言》;

(3)在实际可行的范围内将上述有关健全的城市管理的规范纳入本国法律之内;

(4)在地方和国际会议上提高对《宣言》的认识,以便争取更多的城市和地方当局成为签署方;

(5)定期地向联合国人类住区中心(生境中心)报告在实施《宣言》中所取得的进展。"[①]

二、城市管理的民主原则

对"健全的城市管理运动"的了解,可以帮助大家更深刻地理解城市管理的民主原则。关于城市管理的民主原则,我们向同学们推荐董俊山的观点,董的观点形成于 20 世纪 90 年代初期,现在看来,无论是观点本身,还是措辞、用语,都有不完善之处,但是,毋庸置疑的是,其核心观点对今天的城市管理者仍有重要的参考价值,而且由于叙述比较精彩,所以,除了做一些必要的修改外,我们向同学们全面呈现他的观点。详细内容如下:

(一)民主原则的实质

"人民城市人民建,人民城市人民管",是社会主义国家城市管理的重要原则。

① http://www.cin.gov.cn,2000-6-29.

我们不应把它理解为动员全市人民群众参加各种义务劳动，向社会公益事业捐献款项衣物的口号。城市管理的民主原则，实质上体现了社会主义国家城市人民在城市发展、建设和管理中的主人地位和重要作用。

（二）人民是城市的管理者

我国宪法第 2 条第 3 款规定："人民依照法律的规定，通过各种途径和形式管理国家事务，管理经济和文化事业，管理社会事务。""人民城市人民建，人民城市人民管"，是这一宪法原则在城市管理上的具体化，也指明社会主义城市管理的主体是人民。

人民是城市的管理者，要求城市政府及其管理人员在城市行政管理过程中，充分相信城市人民，依靠城市人民，代表城市人民的意志，保护城市人民的权益，向城市人民负责，并吸收城市人民参加管理。与乡村相比，城市文化教育比较普及，市民文化水平比较高，居住相对集中，组织性、纪律性、觉悟性比较强，城市各种舆论工具（广播、电视、报纸、杂志、公共集会场所）比较发达，信息传递快，群众组织快。这些优越条件决定城市人民民主应当在社会主义民主体系中居于较高层次。党和国家应当努力创造条件，早日实现城市人民普选市长和市人民代表大会代表。目前的"市长接待日"、"市长电话日"等，对密切联系群众，发扬人民民主，实现"人民城市人民建，人民城市人民管"的民主原则起了积极作用，应当继续发扬光大，今后，我们应当发展"局长接待日"、"局长电话日"以及其他形式，使人民监督国家机关和工作人员活动的权利落到实处，让人民有更多的机会参与决定本市的大政方针、前途和命运，这是"人民城市人民建，人民城市人民管"的实质所在。

（三）人民是城市的享有者

城市是巨大的综合性社会财富。人民应当最充分享有和利用这一财富。城市各项事业发展应当牢记全心全意为人民服务的宗旨。城市管理的一切活动应当以实现城市人民利益、要求和意志为最高目标、最高准则。为此，城市政府的管理者必须树立方便群众的观点。最方便居民群众的城市是最好的城市。所谓方便居民群众，就是城市的各项公用设施，要尽可能齐全一些，配套一些，布局合理一些。譬如，城市的商业、服务业、教育、文化娱乐设施、卫生医疗设施、托儿所、幼儿园及公用电话、公共交通、公共厕所等为人民群众服务的设施，既需要与人口的数量保持一定的科学比例，又要在设置地点上方便群众生产和生活。这是"人民城市人民建，人民城市人民管"的民主原则的重要体现和标志。

城市各种为人民群众服务的设施。其设置和分布具有一定的客观规律。小学应该设在居住区内;商业中心,为了满足群众集中购货的需要,应当集中布置,日常用品的零售点却不应距群众住宅区过远;供菜、供水、供电、供热、供气等,应当尽量满足人民群众的生活需要;工业企业布局要考虑工人上下班的方便和内外交通的方便。各项城市服务设施满足城市人民物质和文化生活需要和方便群众的程度,是检验城市管理是否贯彻“人民城市人民建,人民城市人民管”的重要标准。在这方面,有些城市做得比较好,有些城市做得很不够。有的城市政府在管理城市过程中,缺乏方便群众的精神:商业网点分布得不合理,不均匀,中小学不设在居民区,公路和铁路穿越城市,电影院集中在一条街或一个区域,有的时候方圆几里见不到一部公用电话,或一个影剧院、体育场馆,或一个小卖店,或一个汽车站,或一个邮政局,或一个厕所。这不仅使城市人民群众在物质文化生活上感到很不方便,也不利于社会主义商品生产和交换的发展,更不利于城市精神文明的建设。人民群众往往会因此而感觉不到主人的应有地位和享有的权利,甚至对社会主义制度的优越性产生怀疑和动摇。所以,城市管理必须贯彻人民是城市的享有者的原则精神。

(四)人民是城市的建设者

社会主义事业是全体人民的事业。社会主义现代化城市的建设,归根结底要靠城市人民的生产实践、科学实验以及其他实践活动来推动。人民是城市的建设者特指城市人民群众在城市建设中进行的公益性、社会性、义务性的劳动和活动。充分调动城市人民群众在城市建设中进行公益性、社会性、义务性劳动和活动的积极性、首创精神,组织城市人民群众为自己城市的繁荣昌盛的目标而自觉奋斗,是城市管理者的神圣使命之一。

在任何时候和任何地方,人民群众中都蕴藏着无限的创造力和潜在力,问题在于领导者和管理者能否把这种巨大力量组织起来,充分发挥出来。城市的许多公益事业,只要城市政府组织和发动城市人民群众去办,就可以收到事半功倍的效果,做到少花钱能办事,不花钱能办事。这就是所说的管理出效益,管理出速度,管理就是资源,管理就是金钱。城市中的有些事,就可以发动群众,通过义务劳动来进行。例如,搞清洁卫生,种草种树,美化环境,修修小胡同人行道,通通下水道,就可以在城市政府统一规划下,由基层单位发动群众搞义务劳动。这里需要解决一个思想认识问题。有的人认为 20 世纪 50 年代发动群众搞义务劳动,一呼百应,而现在群众的情绪与那时大不一样,觉悟下降了,不好动员。事实证明,这种认识脱离了群众的实际,低估了群众的觉悟。只要是取之于民用之于民,群众能够办得到,并且是大家福利的事情,而不是乱摊派,那么组织群众去办就一定能够得到群众的拥护和支持,就一定能够办好。天津市的引滦工程就是一例。市委当时决定发动30万人参加义务劳动，有的人表示怀疑，提出“这样做能行吗?”后来，在群众里进行了动员，向群众说明要改变天津喝苦水的状况，必须大家动手，下决心去干。一经讨论，群众就通过了。大家争先恐后报名参加，去了工地之后不肯回来。各单位分片、分段包干，很快完成了任务，这就是社会主义制度的优越性，是我们的长处。我们应该珍视和发挥这个长处。万里同志对此评价说：“这一点，我们比任何国家都厉害，他们办不到的事，我们能办到。例如天津市动员几十万人参加引滦工程建设，这在资本主义国家是办不到的”。①

本章思考题

1.名词解释：城市政府职能、城市职能。

2.简述当前中国城市政府在政府架构、政府职能、管理模式、管理方法等方面的主要弊端。

3.简述政府成本控制的内容。

4.结合事例，说明城市政府职能的改革方向是怎样的。

5.什么是服务型政府？构建服务型政府与转变城市政府管理职能的关系怎样？

6.城市管理民主原则的实质及其内容是什么？

7.结合事例，剖析城市管理各主体之间的合理关系及未来走势。

① 董俊山.城市管理学.吉林大学出版社，1990：95、96、97.

第五章　城市管理的主要内容

第一节　城市经济管理

城市经济是由工业、商业等各种非农业经济部门聚集而成的地区经济，是人类社会发展到一定阶段的产物，是随着第二次社会大分工和商品经济的发展所引起城乡分离而产生的。城市经济是城市生产力和生产关系的综合，具有集聚性、综合性和相对独立性的特点。

城市经济管理是指城市政府利用经济、行政、法律等手段，对整个城市社会生产和再生产过程中的各项经济活动进行科学有效的决策、规划、指导、控制、协调、监督和服务，以维护城市经济的正常运行，获得最佳的城市经济效益。城市经济管理的主体是城市政府，这是由城市经济的特点决定的。城市经济管理主要包括城市产业管理和城市项目管理两个方面。

一、城市产业管理

城市是产业集聚、发展的重要空间载体，而产业则是城市经济发展和解决劳动就业的基础，是表征城市综合经济实力和竞争力的核心内容之一。

在市场经济体制下，随着城市化进程快速推进，国际和区域之间产业相互转移趋势的逐渐增强，我国城市产业结构也正在发生着深刻变革：一是房地产、邮电通讯、会展旅游、咨询中介等新型服务业迅猛发展，第三产业占城市经济总量的比例不断增加。二是产业结构逐步升级，计划经济时期工业型城市，随着城市开发建设，传统制造业企业相继迁出或被改造，取而代之以产业层级和融合度更高的制造业；过去的资源型城市，随着资源逐渐枯竭，主导产业也开始由资源开发向资源深加工行业调整。三是城市远郊产业园区、新兴城镇不断崛起，城市产业的布局结构不断优化。

（一）城市产业管理的主要内容

在市场经济体制下，根据城市的特点以及城市在区域发展中所承担的功能，及时调整产业结构，促进产业发展，是城市产业管理的主要内容。

1. 进行城市产业布局

城市自其产生之日起，就处在一个不断更新、改造的过程中，但城市产业布局大规模变化则是始于 20 世纪 50 年代欧美的一些发达国家。产业革命导致世界范围的城市化，大工业的建立和农村人口涌向城市促使城市规模扩大，由于城市的盲目发展，随之使城市问题不断加重；居住环境恶化、市中心区的衰败、城市特色消失和社会治安混乱等；同时随着社会经济发展，城市结构和功能日趋复杂，城市结构的分化现象也日益明显。面对这种局面，局部的改造已不能满足需要，大规模的更新和重新布局，成为各城市解决这些城市问题的主要措施。

均衡的城市产业布局是指城市产业布局要与城市功能相一致。一般来说，一个城市所承担或具备的功能可分为两个层次：

(1)城市外在功能　指该城市为其所在地区、国家乃至全世界承担的功能，如长春市作为吉林省的首府所在地，承担着全省的政治中心、管理决策中心和全省经济中心职能，郑州市承担着全国中部地区的交通枢纽功能，而北京市则承担着国家首都、全国的政治中心、文化中心以及国际交往功能，香港承担着东南亚金融中心功能。城市基本功能体现着城市基本特征，基本功能的规模、集聚水平可以决定城市的规模以及城市在地区中的位置，是城市承担特殊功能的前提。一个宜居并充满发展活力的城市规划和建设目标就是将这些功能以人的生产和生活需求为中心，相互匹配并均衡分布在城市各个不同区域。

(2)城市内在功能　即人类生产和生活功能，包括居住功能、经济(产业)发展功能、交通运输发展功能、科技、教育、文化、卫生等社会事业发展功能、生态环境调节功能等。新中国成立后我国城市在“变消费性城市为生产性城市”方针的指导下，城市布局的企业一直以生产性为主，城市的改造也是以“充分利用”为主。改革开放后，特别是从 20 世纪 90 年代以后，随着城市经济和对外开放的快速发展，我国的城市化速度大大加快，原有城市发展空间和产业布局结构远不能满足现代城市发展的需要。一是城区人口的高密度，二是基础设施的落后，三是老城的发展空间有限。因此，我国大城市的空间结构与产业布局结构也应该进行相应的调整，主要是通过规划布局调整来实现。一般包括两个方面：一是对内城空间和产业布局进行调整和改造，二是扩展城市的发展空间和产业布局空间。

城市产业发展作为城市内在功能之一，通过调整产业空间布局，使产业功能布局与城市其他功能相协调，有利于优化产业发展环境，便于产业最大限度地获取发展要素支撑，促进产业集聚和发展，提升城市外在功能。

2. 建立协调发展的产业结构

城市产业结构的协调性是指城市二、三产业之间以及产业内部各行业之间要保持一定的比例关系。合理的城市产业结构内各产业应该是协调发展的,具有结构的整体性。各产业在发展中能相互创造条件,形成良性的经济互补关系,推动各产业在生产、分配、交换、消费各个环节间的和谐运动。各产业部门之间,在质上相互依存,相互制约;在量上按一定的比例组成,形成产业有机整体。合理的产业结构不能存在"瓶颈"产业与过剩产业。

目前国内很多大中城市提出大力发展第三产业,认为第三产业占地区 GDP 的百分比越高,产业结构越高级。其实不然,第三产业说到底是服务业,不论一个城市还是一个地区,如果没有强大的第一、第二产业作为支撑,城市的第三产业经济总量必然有限。一般来说,服务业可分为三类行业:第一类是为自然人生活直接服务的行业,如医疗、餐饮、教育、旅游业等,该类行业的经济总量与地区人口总量、流动人口总量和地区人均消费水平直接相关;第二类是为其他产业(企业)生产和经营服务的行业,如金融、仓储、科研设计等,该类行业的经济总量取决于城市及周边地区一、二产业总量和行业服务半径;第三类是既为人服务也为产业服务的(混合型)行业,如交通运输、房地产、邮电通讯、商业、中介咨询等行业。①

在城市产业结构调整过程中,合理把握二、三产业之间的比例关系,根据城市特点及周边地区产业类型确定本城市产业调整的结构目标。选择若干有带动性、有发展潜力的产业作为城市的主导和支柱产业,围绕该产业形成一系列扶助产业和基础性产业,从而形成合理的产业结构。这样不仅能够完善产业链条,提高产业竞争力,也有利于城市产业规模和经济总量的扩大。

3. 促进产业发展的可持续性

产业可持续发展包括三方面的含义,一是市场对产业的持续需求,二是资源和生态环境对产业发展的持续支撑,三是产业对经济环境变化和技术进步有适应能力。产业发展的可持续性,要求把科技含量高、经济效益好、资源消耗少、环境污染低、国际化特征强的产业和产品作为城市产业管理基本目标指向。

产业结构不仅形成产品结构,而且是能源结构、居民结构、人才结构、用地结构的基础。城市的产业结构直接决定着城市资源的配置。在可持续发展的城市中,产业结构的调整,要有计划地从依赖物质资源向依赖社会资源、人才资源转变。通过龙头项目或主导行业的拉动,使城市向高技术、高服务、高附加值,低消耗、低污

① 姜杰等.城市管理学.山东人民出版社,2005:219.

染、可循环的产业构成转变。只有形成合理的产业结构，才能在源头上遏制环境污染和资源耗竭，实现城市的可持续发展。

城市可持续发展要求产业结构合理化、高度化，能够发挥资源禀赋比较优势，但是我国目前产业结构不合理，不利于社会经济的可持续发展。现阶段由于多数城市机械制造、纺织化工、钢铁、建材等传统产业仍占主导地位，高新技术产业、绿色工业在城市经济总量中所占份额有限，相当一部分小城市仍是以农副产品初加工及原料采掘业为主，这些在西方发达国家早已衰退的夕阳工业在我国城市的产业结构中仍占有举足轻重的地位。而且，我国多数城市工业总体技术水平还比较落后，可见的时间内以煤为主的能源结构不可能根本改变，大量从业人员素质还不高，且在快速城市化和必须保持较高经济增长的压力下，传统产业生产规模在一定时期内仍会不断增长，“三废”污染的绝对量仍会上升。在城市生态环境仍将遭到破坏的情况下，可持续发展所确定的城市性质、产业发展方向及产业布局就只能成为一种空论，如不从根本上改变这种经济增长方式，就不可能有城市的可持续发展。

为了真正实现城市可持续发展，必须努力调整产业结构，促进产业结构升级，大力发展第三产业、环保产业和高新技术产业。

4. 以产业发展促进城市安全稳定

产业在城市发展中具有基础作用，城市建设与管理、经济发展、社会稳定都要求城市具有良好的产业支撑。产业税收为政府筹集资金，建设城市公共设施、发展社会事业、进行城市管理，保障城市居民公共服务和公共需求，产业发展能有效解决城市居民就业和生活需求问题，促进社会稳定。2003 年非典暴发，北京、广州疫情严重城市的餐饮娱乐、会展旅游等服务行业 80% 停业，二季度财政收入全面下滑，而城市管理支出大幅度上升，政府财政、市场物价一度面临危机，虽然只有几个月，但产业对城市安全稳定的影响由此可见一斑。

以产业发展促进城市安全稳定，需重点解决三个层面问题：一是扩大产业规模，保证居民充分就业和城市充足的财政收入；二是对应城市人口结构，确定重点发展行业，保证不同人群就业均衡；三是合理确定三次产业结构和产品结构，保障居民公共需求和生活需求，确保城市应急供应。

（二）城市产业管理应遵循的原则

1. 宏观调控与市场调节结合的原则

城市的产业发展的主体和基础是企业，城市产业结构调整的微观表现形式是企业和企业产品结构的调整，所以，在城市产业结构调整过程中，政府所能做到的主要是通过充分发挥市场对资源配置的基础性作用,以经济手段为主,行政和法律手段为辅,引导、促进企业设立、发展并进行产品结构调整。宏观调控与市场调节结合的原则在城市产业结构调整中表现为以企业为中心,市场自身调节与政府宏观调控相结合的机制。

2. 统筹兼顾原则

城市发展的过程也是城市功能不断集聚、分化、调整的过程,城市规模的扩张、城市人群多元化,从客观上都要求城市产业发展必须按照统筹兼顾的原则,解决劳动就业、城市与周边乡村统筹以及经济社会协调发展问题,在发展技术密集型、资金密集型产业,提高城市竞争力的同时,兼顾劳动就业和社会稳定,发展劳动密集型产业。

3. 产业布局与城市承载力相适应原则

产业结构调整与产业布局调整相辅相成,调整城市产业空间布局是政府在促进产业结构调整的主要手段之一,布局调整既能优化城市空间结构,也有利于产业集群的形成。但产业的发展,一方面取决于城市资源结构、人口结构和城市基础设施和环境承载能力;另一方面也受限于城市在国家和区域范围内所承担的功能,所以,调整城市产业结构,必须正确处理产业发展与城市功能之间、产业建设与基础设施承载力之间、产业资源与资本转化之间的关系,合理调整产业结构梯度和布局结构,使产业发展与城市发展相适应。

4. 比较优势原则

调整城市产业结构,发展具有竞争力的行业和产品,必须依托城市的区位、资源等比较优势,根据优势确定产业结构调整的方向。

(三)政府在促进城市产业结构管理中的主要职能

政府作为城市管理的主体,在城市产业结构管理中具有以下主要职能:

1. 规划引导

(1)科学设定产业发展与人口居住、生态环境以及公共服务设施等城市基本功能之间的规模比例和区域空间,并在城市内部不同地区内均衡布局、统筹建设,提高城市基础设施和环境对产业发展及人口就业生活承载水平。

(2)编制城市产业发展规划,明确城市产业发展的结构和布局导向,发挥土地资源对产业发展的调控作用,实现土地利用规划、城市建设规划与产业发展规划的结合,严格按照规划审批建设。

(3)规范市场准入条件。坚持有所为、有所不为，根据产业调整目标指向，制定城市重点发展、限制发展和转移淘汰的产业、产品和技术目录，作为城市产业结构调整的依据，严格审批限制、淘汰类项目建设投资。对城市已有的重污染、高耗能、高水耗、存在安全隐患等限制、淘汰类产业，加大监督力度，采取清理整顿、限期整改等适当的行政、法律手段，促使、引导其通过技术改造、土地置换等手段加快产业、产品转型。

2.政策扶持

(1)结合城市产业结构调整中重点产业、重点区域的建设和发展需要，制定产业扶持政策，对重点发展产业领域中的规模企业、限制淘汰产品改造搬迁企业，在资金、土地使用、人才引进等方面给予支持。发挥政府采购的扶持作用，对本地区重点发展产业的企业产品，政府部门优先购买。

(2)完善城市创新服务体系，提高产业创新能力。加强政府引导作用，通过市场机制运作，建立和完善科技评估、技术成果交易、创业投资等区域创新服务机构。制定产业创新政策，鼓励多元投资主体创办各种形式的孵化器，建立服务功能社会化、网络化的创新服务体系，为科技成果产业化、新产品开发、中小企业技术创新提供服务；鼓励企业与科研院所加强合作，开发新技术、新产品，增强企业技术和产品的创新能力。

(3)积极发展非公有制企业，扩大市场开放度，拓宽产业投资发展空间。加快教育、文化、卫生、体育和市政基础设施建设等领域的投资管理体制改革，开放城市社会事业和市政基础设施领域，推进社会公众服务类产业的投资主体多元化。

3.环境促进

(1)优化产业发展硬环境。加大财政对市政基础设施、能源设施建设和生态环境治理方面的投入力度，加快建设教育、文化、卫生等社会服务设施，优先发展交通运输、能源、邮电通讯和信息服务等基础产业，提高城市功能对产业发展的承载能力。

(2)优化产业发展软环境。加强城市管理，发展城市文化，提升城市文明，加大城市社会治安整治力度，完善社会信用制度，维护市场良好秩序。切实转变政府职能，完善投资服务体系，规范行政审批，简化审批程序，压缩审批时限。制定优化发展环境监督机制，强化领导责任追究。提高政务信息透明度，建立政府公共信息平台，多渠道为企业提供信息服务。

二、城市项目管理

现代城市居民和以往农村居民所不同的一个重要特性，在于他对于城市环境、公用设施项目的强烈依赖，就像城市经济学家蒂莰形容：“现代城市居民出生在公立医院，在公立学校和大学受教育，借助邮局和半公营的电话系统通讯，依靠公共的污染处理系统清除垃圾，受公安、消防、卫生机构的保护等，最后死在公立医院，可能还要葬在公墓里。尽管是思想保守的人，他每天的生活也难以避免同政府以及许多公共服务的决策息息相关。”[①]这就说明城市的各类公共事业项目对城市居民的日常生活起着多么大的作用。西方经济发达国家的城市地方政府提供和管理着范围广泛的、并且日益广泛的公共事业服务项目，现代城市综合功能的发挥，在很大程度上是以城市发展项目来体现的。城市项目的建成和科学管理已成为城市经济管理的新内容、新重点。

（一）城市建设项目的主要内容

城市项目是为整个城市的生产、生活和发展提供共同的、一般的基本服务的各种公用事业和基础设施。其内容主要包括：住房项目、给排水项目、交通运输项目、邮电通讯项目、能源动力供应项目、环卫环保项目、防灾项目等。

城市发展项目的功能涉及城市经济和社会生活的各个方面。例如，城市的给排水项目既是生产部门必不可少的生产条件，又是市民基本和必要的生活条件。可以断言，城市的各个领域，都离不开城市项目给予的服务。城市发展项目与其他建设项目相比，在建设的时间顺序上应适当超前或同步进行。这是因为城市项目主要是那些包括基础设施在内的各项基本设施，它是城市建设和发展的基本的、必要的物质条件，因而建设上应适当超前进行。例如，开发建设一个工业区，必须首先做到路通、水通、电通等，为此就得建一些给排水项目、交通运输项目、能源动力供应项目等。与此同时，还得建设相应的生活设施，包括职工生活区等。只有这样，城市发展项目才能真正起到保障城市各项建设顺利进行的作用。

（二）城市项目管理的特征

由于城市项目关系到城市发展的全局，因此城市项目的建设和管理往往是各城市在任市长的主要职责之一。不过，市政府的职能不在于城市项目的内部经营管理，而是从宏观上根据城市人口、经济和社会发展的情况，制定城市项目的发展战略、计划、政策以及相应的管理措施等。城市发展项目的公用性、基础性以及超前性特点，决定了项目管理中的垄断性和多样性特征。

城市项目的经营管理具有较强的垄断性，表现在：

---

① 朱慕唐等.西方城市经济学.中国财政经济出版社，1988：153.

(1)管理机构(部门)的性质比较单一,大多是公营性质,这些机构受市政当局委托,主管着城市项目的营建与营运等一系列事务。

(2)城市项目的管理条例或规则具有权威性和强制性,城市内任何单位或个人都得受其制约。

(3)城市项目所提供的服务在一定时期内是相对稳定的,其需求弹性比较小。为了保障城市生产和生活的正常进行、体现城市项目投资的综合效益,市政当局通常严格掌握城市项目的定价以及使用收费。任何单位或个人都不得擅自决定各项使用价格,如水、电、煤气费等。

城市项目经营管理的多样性是由其公共服务性特点决定的。在向社会提供服务的过程中,城市项目要消耗各项活动和物化劳动。这些消耗都需要得到补偿,否则城市项目的再建设就难以为继。城市项目的消耗要根据各类项目的种类和服务对象来确定其补偿的方式。一般地说,可划分为3类,即市场补偿、财政补偿和市场、财政复合补偿。[①] 少部分实行市场补偿的城市项目,必须遵循价值规律获取社会平均利润,以维持项目自身的简单再生产和扩大再生产。对于必须实行财政补偿的城市项目,必须搞好企、事业的内部经营,尽量减少国家补贴。对于实行复合补偿的城市项目,既要搞好内部经营管理,又要扩大收益范围。以上不同的项目补偿方式要求城市项目采用有针对性的多种管理方法,从而实现城市发展项目的价值。

(三)城市项目管理的功能

实施城市发展项目管理有着多重社会经济功能:

(1)有利于提高现代城市的管理水平,提升城市文明形象。将城市项目的建设和管理置于重要的战略地位,通过项目实施,改善其内部的经营管理,提高城市基础设施的负荷能力,提高城市的综合管理水平和效益。

(2)有利于城市社会经济功能的完善与发挥。城市项目内部平衡、互相协调,就能产生整体效应,如城市地铁系统的运行就可减轻地面交通的压力,改善城市交通的状况;城市住宅区的建设,需要进行综合性的开发与建设,包括住房、给排水、煤、电、道路、绿化等。这样才能发挥城市项目投资的总体效果,实现城市综合服务功能的强化。

(3)实施科学的项目管理,可以减少浪费,增加城市管理效益。对每一个具体的城市项目管理来说,首先要确定最优方案(项目),对初步选上的方案,要从经济、技术、社会环境、政治、文化等方面,进行广泛的比较和分析,从中筛选出可行的方

---

① 刘明信.现代城市管理学,中国财政经济出版社,1989:347-348.

案。建设方案一旦确定之后,就要抓紧落实实施。缩短项目建设的周期,不但可以减少项目的成本,更重要的是能够早日实现城市发展项目的外部效益。

(四)城市项目管理的基本流程

1. 城市项目的管理周期

城市发展项目建设是一个系统工程,而对其实施项目管理的过程,也是一个动态的系统管理工程。每一个项目从内容的提出、确认,到实施鉴定结项,都包含了丰富的管理内容,是一个完整的管理周期。如图 5-1 所示。

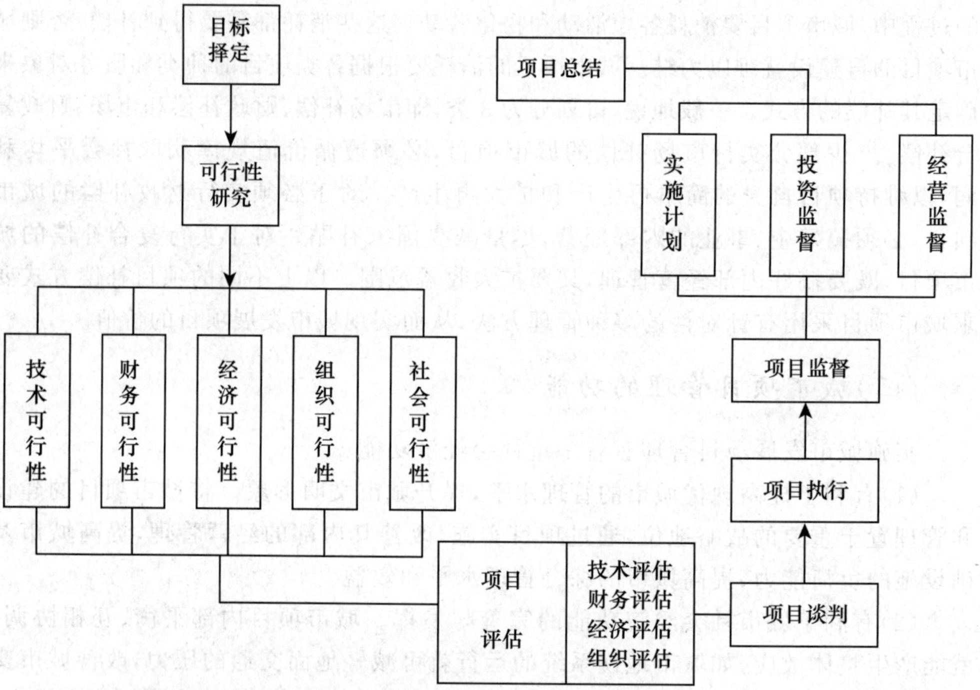

图 5-1　城市项目管理流程图

一个发展项目管理较完整的周期内容主要由图 5-1 中几个方面构成,其中目标择定和可行性研究是关键基础;项目评估、项目谈判、项目执行是管理的主体;项目监督、项目总结是该项目能否胜利完工的组织保障。

其中,在目标择定中,一定要有预调查阶段。世界银行在决定项目建设贷款业务时便规定,除了建设者要提供选定项目有关资料的数据外,还要提供本国的主要经济资料,如生产情况、市场情况、外贸情况、国民收入、平均消费等。在进行城市项目调查时，要掌握最低限度建设标准：①该项目的目标，如架桥后每小时通行能力要达到10万人次；②若干备选方案，如连接江河两岸的交通，可以架桥，也可以建隧道和开辟轮渡线等；③取得项目有关数据的方法；④投资效益的粗略估计数。只有这一系列较科学认真的预先调查研究，才能使主管部门根据有关资料和数据，对各个项目的目标和备选方案投资支出的效益进行明确的估计和分析。

在项目总结阶段，其管理内容必须是由项目实施者和上级主管或验收部门双方共同进行。首先要由项目的执行者提交一个"项目完成报告"，报告中应反映：在物资、财务、管理方面存在的问题、原因及其采取的措施；同项目准备与审定时估计的费用和进度发生的偏差及其原因；对项目重大修改及其原因；项目有关人员的业绩；贷款中的不正常情况；双方在培训项目工作人员方面的教训；对违约事件的对策；项目经营情况与原定财务计划的偏差；项目评估时的预测与实施发生重大出入的方面及其原因；项目对社会、政治和环境的影响；促使项目效益最优化的措施；项目前景的展望。然后由执行董事指定有关部门对项目进行一次比较全面的总结评价。最后提出"审核报告"；并直送执行董事会主席。与此同时，上级业务主管部门也应对项目进行总结，编写"项目完成报告"。报告中应说明：项目是否达到预计效益；在项目选定和准备时预计到的不利条件是否已消除；从本项目的整个实施过程中，应吸收哪些经验教训等。

2. 城市项目管理的现行程序

项目管理周期是偏重于一般建设周期的管理流程，在现实的城市建设中，当前城市项目管理的具体程序主要有九个方面：

(1)编制城市项目建设书。拟定和规划城市项目时，首先由主管部门根据国民经济和社会发展的长远规划、部门和行业发展规划以及地区和城市发展规划的要求，提出和编制项目建议书。

(2)进行可行性研究和方案论证。对列入前期工作计划的项目，按隶属关系由项目负责人、中央、地方的主管部门、单位采取招标、委托或指定经资格审查发给证书的咨询、设计单位进行可行性研究。

(3)编制设计任务书，作出投资决策。设计任务书是根据审查后的可行性报告，选择最佳投资方案进行编制的，它是项目决策的依据，也是编制设计的主要依据之一。

(4)编制设计，确定投资的大概预算。建设单位或主管部门在得到批准下达的设计任务书后，就可通过招标或委托有关设计单位编制设计文件。项目设计是从技术上和经济上对投资项目进行全面规划和具体设想的文件，它是组织施工和设备订货的主要依据。

(5)项目建设准备和设备订货。城市项目的设计文件经批准后，就具备了投资项目从预备阶段转入正式计划的现实条件，这时，建设单位就要做好建设准备。

(6)编制当年实施计划，列入年度正式项目计划。城市项目有了批准的初步设计总概算，并列入预备项目计划后，建设单位应根据项目建设年限编报当年实施计划，并呈报建设准备情况，经综合平衡后列入年度正式项目计划。

(7)组织施工。在施工准备工作基本就绪后，建设单位和施工企业共同提出申请开工报告，城建和环保等部门根据建设单位的建设准备和进度安排以及施工企业的施工计划，经认真审查并予以批准后，就可破土动工。

(8)生产设备。城市供水、供煤、供电等建设项目在施工的同时，建设单位应根据项目的生产技术特点，适时组成专门班子，有计划、有步骤地做好各项生产准备工作，为竣工投产创造良好的条件。

(9)竣工验收和项目交付使用。项目的竣工验收可根据项目的类型和竣工情况分步进行。大中型城市建设项目从第一个单项工程竣工直到全部项目的竣工，往往需要较长的时期。因此，在单项工程竣工后应立即组织初步验收，发现问题及时纠正。

第二节　城市社会管理

城市的社会管理主要是指对城市居民的生活管理。城市中的人按一定的社会关系和生产关系，在共同的环境里生活、生产。为了使城市居民生存在一个有序的、良好的社会环境里，必须对城市进行有效的组织，作整体、动态、综合、最佳效果的全面控制和管理。其管理内容包括：人口管理、社区管理、文化管理等方面。城市社会管理是城市管理的重要组成部分。城市社会的发展既是发展城市经济的目的，也是促使城市进一步发展的条件。经济与社会本来是互相依存、互相制约的有机整体。由于我们长期存在忽视社会发展和管理的倾向，因而加强城市社会管理，使城市社会的发展和进步有一个新的面貌，是当前一项重要任务。

一、城市人口管理

城市人口是城市各种社会、经济活动的主体，也是城市形成和发展的基本条件。城市人口与城市建设、经济等各方面都有着相互联系、相互作用的关系。城市人口的变动和发展的趋势，将对城市发展产生一系列根本性影响。因此，为了实现城市健康良性的协调发展，在城市社会管理中，加强对城市人口的管理就显得尤为重要了。

(一)影响城市人口的因素

1. 人口数量

城市人口泛指居住在城市范围内从事生产经营活动和其他工作的非农业人口，包括拥有城市户籍的常住人口，以及来自其他城市和农村的暂住的流动人口。城市人口的规模问题是城市管理中的一个基本问题。一个城市究竟能容纳多少人口，主要受城市自身经济和社会发展状况的制约。要更好地发挥城市功能，提高城市的经济、生态和社会效益，城市人口必须适度，必须充分考虑城市经济和社会发展状况及城市基础设施的承受能力。控制城市人口数量，提高城市人口素质，把流动人口纳入有序状态，是城市政府人口管理的基本要求。

2. 人口构成

城市人口构成是指人口在不同阶层、文化水平、宗教信仰、收入水平等方面的分布。一个城市的人口构成包括多方面的特征。如性别、年龄、种族、残疾人员构成以及与此相关的其他方面，如婚姻状况、家庭组成、职业类型、阶层划分、教育、消费水平等，这些组成是在人们成长、生活环境的不同而形成的。它反映了城市的现有水平、文化背景、受教育程度和权力结构及与之相连的互动形势、组织形式和社会问题。

3. 人口素质

城市人口的数量和构成形成了城市的基础，决定了城市的存在和规模。但对于城市的发展来说，人口的素质则更具有促进意义。一个城市的居民如果具有强健的体质，良好的道德风尚，较高的思想文化水平，城市就有了永久的生命力。

(二)城市人口的运动趋势

1. 城市人口总量呈增长的趋势

随着我国城市化步伐的加快，城市人口的总量呈逐年增长趋势，一些城市的人口、用地规模近年来急剧增长，给城市管理工作带来了很大压力和挑战。

2. 城市人口老龄化趋势日益显著

由于经济持续快速发展，人民生活水平日益提高，我国人均寿命不断增长。据统计，2000 年我国已有 1.3 亿老年人，约占人口总数的 10%，且绝大部分离退休职工又主要集中在城市,城市人口老龄化表现尤为明显。[①]

3. 城市人口受教育水平不断提升,人口科技文化素质显著增强

由于各类的大中专院校集中于城市,加上初、高中阶段教育的普及,城市人口的文化素质不断上升。近年来,我国内地一些城市正在开展"建设学习型城市"和"文明城市"的活动,就是一种不断促进城市人口素质提高的重要举措。

4. 城市人口就业结构发生了显著变化

随着改革开放的深入,市场经济体制逐步确立,人们的择业观念发生改变,特别是个体私营经济蓬勃发展,城市招商引资力度加大,城市人口择业的结构也由原来的单一性,即主要就业由国有、集体所有制单位向非公有制等性质的单位转化,就业结构呈现多元化趋势。特别是近年来,城市第三产业及服务业的发展,吸纳了不少城市人口的就业。

(三)城市人口管理的内容

城市管理要以人口问题为出发点,从宏观调控的角度对人口、就业等统筹规划,控制人口数量,提高人口素质,改善就业结构等问题成为城市人口管理的核心。

1. 城市常住及流动人口管理

(1)城市常住人口管理　城市常住人口是指拥有城市户籍的城市人口。我国各城市的公安局、公安分局均设有户口管理部门,城市公安局或公安分局的派出所是城市常住人口户政管理的基层单位,也是户口登记的专门机关。派出所管辖区及户口管辖区,辖区内所有常住人口的户政管理工作由辖区派出所统一负责。户口登记以户为单位,户口分为集体和家庭两种。户口管辖区内机关、团体、学校、企业、事业单位内部和公共宿舍的居民户口由各单位指定专人协助派出所办理户口登记,分散居住的居民户口则由派出所直接办理户口登记。

(2)城市流动人口管理　城市流动人口是指非城市常住户口而暂住或暂时逗留于城市的人口。城市流动人口的增加,是市场经济发展的必然趋势,也是国家现代化进程中必然出现的现象。城市流动人口扩大了城市的辐射力和吸引力,推动了城市经济社会的发展。但是另一方面,城市流动人口的增加,也给城市管理带来了一些不容忽视的问题。首先,城市流动人口的增加加重了城市基础设施的负担,加剧了城市基础设施与城市经济社会发展不相适应的矛盾;其次,城市流动人口的

---

① 2000 年第五次全国人口普查主要数据公报(第 2 号). www. stats. gov. cn

增加加剧了城市社会治安管理的难度。

由于城市流动人口对城市经济社会的双重影响，所以对城市流动人口管理既不能以单纯限制为指导思想，又不能采取放任自流的办法，而应该综合管理，堵疏结合。近年来，我国各地公安机关为了加强对所在城市流动人口的管理，维护社会治安，采取了定期和不定期地组织开展区域性整治行动。通过一系列的整治活动，提高了广大市民及外来人员的守法意识，提高了对城市流动人口及治安管理的覆盖面。

2.城市人口素质的提升

(1)加强人口优生的管理。优生、优育是一项提高未来人口质量的战略措施。加强未出生人口的优生是提高未来人口智能和体质的一个根本保证。在加强人口的优生管理上，城市民政部门和卫生部门是所涉及的两个重要管理机构。城市卫生部门应定期负责对孕妇进行产前检查和进行必要的指导、咨询。民政部门应该积极配合卫生部门的工作，对不符合结婚条件的结婚申请人员，有权不予登记结婚。

(2)高度重视和大力发展教育、科学技术事业。其中重点在于对幼年人的优育管理。城市卫生部门应配有从事幼儿保育工作的专家，重视对儿童进行智力、体格检测，并向家长提供保育的咨询。城市教育部门，尤其是幼儿园和中小学应重视教育质量，提高教师的社会地位和经济地位，保证幼儿及儿童时期的教育质量。同时应该靠从小到老，从个人、家庭到社会各方面来抓，贯穿在整个生活和生产活动中，用正反两方面的经验来教育人民。

3.城市人口的就业管理

目前我国劳动力的市场竞争就业机制尚未完全形成，城乡之间、地区之间以及部门之间就业政策不协调、不配套而导致了市场分割现象严重。城市人口就业管理必须要使得劳动力资源能够有效地开发利用。首先，要积极调整就业政策，培育城乡一体的劳动力市场。其次，要建立统一、规范的劳动力市场，完善就业服务体系。最后，要实现职工劳动报酬和福利的工资化、货币化，改进政府对企业工资管理的调控手段，促进劳动力市场价格机制的形成。

二、城市社区管理

(一)城市社区存在的问题

城市是人类的创造物。城市集中了大量的物质财富，也集中了大量的人口，城市是物质生产和交换的基地，同时也是社会政治和文化中心。但是，城市社区作为人类

文明发展的巨大创造力的表现,也不是完美无缺的。城市社区存在大量社会问题:

1. 城市社区的犯罪问题

犯罪是越轨行为的特殊类型。一般认为,犯罪率随着城市社区规模的变大而上升,也就是说,犯罪率的高低,与城市社区规模的大小有关。同时,城市社区的犯罪行为有一定的区位模式。如果把一个大都市划分为几个小社区,暴力犯罪已经集中在城市中少数几个比较贫穷的社区里。同时,犯罪类型也与犯罪者的社会地位有关,近年来出现的利用电脑进行犯罪的多是白领阶层。另外,青少年犯罪也是当前世界各国都比较普遍存在的问题。

2. 城市交通问题

我国城市人口密度大,众多的人口存在依赖公共交通,这样就造成了公共交通的拥挤。车多路少,路网稀,道路面积小也是我国城市社区的通病,长期以来,我国在认识上重生产建设而轻城市建设,基础设施投资少。“路上车挤车,车上人挤人”的城市交通引起了许多不良后果。

3. 城市社区住宅问题

工业革命之后,世界城市化速度迅速加快,农村人口大量涌向城市,从而也产生了城市中社会阶层分割居住,在大城市中出现了贫民窟。都市社会里大量的贫民窟阴暗、潮湿、拥挤,极大地影响了人类的身心健康。目前我国城市面临严重的住宅问题,主要表现在城市住房紧张和破旧房屋数量多。这个问题的形成,既有历史遗留下来的原因,也有住宅建设和经营管理方面的原因。

4. 城市社区环境问题

城市社区的环境问题主要体现在水污染、空气污染、噪声污染和固体废弃物污染四个方面。

(二)城市社区管理的主要内容

针对城市社区存在的问题,要建设适合人类生存和发展的城市社区,必须依赖于加强城市社区管理。城市社区管理是指在社区范围内,以街道为主导,社区职能部门、社区单位和社区居民共同参与的区域性、全方位的自我服务和自我管理。主要包括以下方面:

1. 城市社区文化管理

社区文化特指一定区域内聚居人群的精神生活现象,表现为社区居民文娱体育、社会教育等健康身心、娱乐身心的文教体育活动。城市社区文化管理主要包括社区文化事业单位和文化经营单位的文化管理，社区单位内部文化活动的协调管理，社区文教部门和学校对社会教育的管理和社区文化、公安部门对社区内负责文化活动的监控。城市社区文化管理首先由社区党组织把握社区文化发展方向以及文化活动思想行为取向，对社区内各类有组织的文化教育活动进行指导，对文化进行监控，再由社区居委会对社区文化活动进行组织实施。

2. 城市社区卫生管理

社区卫生管理是指社区卫生机构及相关部门向社区居民提供促进健康、预防疾病、医疗康复服务、健康教育，保护改善居民健康等综合性卫生保健活动。

3. 城市社区治安管理

社区治安管理指社区党组织和自治组织依靠社区群众、协同公安、司法机关，对涉及社区社会秩序和人民群众生命财产安全问题依法进行管理的公务活动。其主要内容包括社会秩序管理、户口管理、民用危险物品管理、特种行业（旅馆业、印铸刻字业、旧货业等）管理、交通道路管理、消防管理、水上治安管理和单位安全管理。

4. 城市社区环境管理

社区环境管理的主要内容包括：净化环境，建设卫生社区；绿化环境，建设绿色社区；美化环境，建设美好社区。社区环境管理首先要搞好社区环境规划，同时建立社区环境管理机制，并加强执法和服务队伍建设。

5. 城市社区社会保障管理

我国社会保障包括社会保险、社会福利与社会救助。社会保险包括养老保险、医疗保险、工伤保险、失业保险、生育保险共 5 项；社会救助即为最低生活保障；社会福利主要指利用福利服务设施对全体居民提供低偿或无偿的福利服务。社区服务于社区建设主要同社会福利的方向与社会保障相关，并为社会保险与社会救助项目提供制度实施所必需的组织与人力资源。

三、城市文化管理

城市既是政治中心、经济中心，同时也是文化中心。城市文化是城市人类群体在社会实践中所创造的物质财富和精神财富的总和。城市文化包含着城市活动中的一切事物和城市人的行为方式、心智状态等。城市文化具有多维度、多元化的复杂结构。从纵向来看,城市文化包含政治文化、经济文化、机关文化、军营文化、民族文化、宗教文化、家庭文化、生态文化、景观文化、饮食文化、服饰文化、交往文化、闲暇文化、语言文化、艺术文化、体育文化以及各种具有阶层、职业特点的亚文化成分。从横向看,城市文化又可以按照物化或外化的程度,区分为技术性文化、行为性文化、制度性文化、心智文化等多层面。

城市文化管理水平的高低,反映了城市文明程度的高低和市民素质的高低。因此,加强对城市文化的管理,对于全面提升城市居民的文化素质和各项事业的文化含量,在综合提高城市文化品位的过程中推动城市现代化步伐具有重要的意义。

城市文化管理主要包括城市文化设施管理和城市文化产业管理。

(一)城市文化设施的管理

城市社会的变迁本身是一个文化的大题目。它的外在表现形式是城市建设和人文景观。“城市是一本打开的书”,城市的规划、布局、生态环境、市政设施、建筑文化等所构成的人文景观,是城市的面貌和仪容,从中展示了城市的历史和现状。

各级建设和文化部门必须充分认识到加强公共文化建设的重要性,把城市文化设施的建设和管理作为整个城市建设与管理的一个重要部分纳入整个城市建设管理中。

1. 对城市文化设施进行规划

文化设施是开展群众文化活动,传播先进文化的重要阵地。各级建设行政主管部门要加强与文化部门配合,将计划建设的文化馆、图书馆、文化站等纳入城市建设规划中。

2. 对城市文化设施进行设计

文化建筑是城市主要的公共建筑,因此,对于文化设施的建筑设计要考虑到文化品位、地方特色、历史、文化传统和时代特征。文化建筑要成为精品,要成为城市空间和人民群众生活的亮点。同时,要进一步加强和完善文化设施建设的规范,建立健全基层文化设施建设的法规。

(二)城市文化产业的管理

文化产业指通过工业化、信息化、商品化所进行的精神产品和文化服务的生产、再生产、交换和传播。文化产业包括:①文化自身形态进行的生产和服务部分,包括文化生产机构和文化服务单位。②文化产业链,即以文化形态为重要资源和手段进行的、有递进关系和横向构造的文化生产和服务部门的组合;包括印刷、广告、销售等相关行业和企业。③文化产业延伸行业，包括科技产业、文娱产业、媒介产业、体育产业。

城市文化产业管理主要包括以下方面：

1. 城市文化产业定位

城市管理者要对城市文化产业的多样性和相关性有充分的认识。许多城市管理者仅仅把文化产业定位在博物馆建设和旅游文化上面，淹没了文化产业的多样性。即使是在旅游文化的开发上也没形成系统，往往只是开发一个孤零零的旅游地，其他的配套设施跟不上。

2. 建立完善的城市文化产业体制

建立文化产业管理部门，对有限的文化资源进行整合，同时建立市场化的运作机制。我国在计划经济时期实行的是由国家统包统管为主的文化管理体制，文化产业的主管部门很多，中宣部、文化部、广电部、新闻出版署等，但管理的角度和范围又不一样，各自为政的现象严重；另外在运作机制上，市场化运行机制尚需进一步完善。

3. 营造文化产业运作的法治氛围

在文化产业领域进行法制建设，制定新闻法、出版法等重要的文化产业法规，实现文化产业的市场化有效运作。

第三节　城市基础设施经营与管理

城市基础设施是城市赖以生存和发展的重要基础条件，是城市经济不可缺少的一个组成部分。在国民经济发展和城市建设现代化的进程中，随着城市规模的不断扩大，城市各项功能的不断演变和不断强化以及城市居民对生活质量和环境质量要求的不断提高，作为城市社会经济活动的载体的城市基础设施建设的作用正日益受到人们的重视。

一、城市基础设施的含义和基本内容

(一)城市基础设施的含义

城市基础设施中“基础设施”一词，英文“infrastructure”词义为“基础”、“下部

(底层)结构”、“永久性基地(设施)”。因此有的学者将它翻译为基础结构,有的将它译为基础设施。[①] 城市基础设施,则是为了满足城市物质生产和居民生活需要,向城市居民和各单位提供基本服务的公共物质设施以及相关的产业和部门,是整个国民经济系统的基础设施在城市地域内的延伸。1985年7月,城乡建设环境保护部在北京召开的城市基础设施讨论会上下了定义:“城市基础设施是既为物质生产,又为人民生活提供一般条件的公共设施,是城市赖以生存和发展的基础”。

城市基础设施无论是作为直接投入生产的中间物品,还是作为供居民消费的最终物品,都是企业选址和居民迁移的重要吸引因素,是城市价值的重要体现之一。同时,城市基础设施是地方公共物品的主要组成部分,而公共物品的集体消费性很容易产生“免费搭车”现象,因此市场很难或者不可能有效提供城市基础设施。由于规模经济的存在,基础设施又具有自然垄断性。城市基础设施的这些特征决定了其建设和运营需要政府的介入,以弥补市场供给的不足和运营的低效率。由此可见,城市基础设施的建设需要由城市政府来进行经营和管理。

(二)城市基础设施的基本内容和主要类型

城市基础设施一般包括六个方面的内容:

(1)城市能源系统　包括城市电力生产与输变电设施,煤制气、天然气、液化石油气的生产、供应设施,城市热能生产与集中供热设施等。

(2)水源给排水系统　包括水资源的开发、利用设施,自来水的生产、供应设施,雨水排放、处理设施等。

(3)交通运输系统　包括城市对内交通运输的道路、桥梁、公共交通场站设施,城市对外交通的航空、水运、公路、铁路等设施。

(4)邮电通讯系统　包括邮政、电讯、电话等设施。

(5)城市生态环境保护系统　包括环境卫生和垃圾清运处理、环境监测保护、园林绿化等设施。

(6)城市防灾系统　包括防火、防洪、防地震、防地面下沉、防风雪以及人防战略等设施。

城市基础设施大体上可分为三种类型:

(1)市场化类型　如高速公路等具有竞争性质的行业,应在政府统一规划和规范管理的前提下,通过市场机制配置社会资源,逐步形成投资、经营、回报的良性循环。

---

① 肖云.城市基础设施投资与管理.复旦大学出版社,2004:1.

(2)半市场化类型　如市区内跨江大桥、国道隧道、公共交通、自来水、煤气、污水处理等大部分市政设施,一般以政府投资为主,但同时要逐步引入和扩大市场竞争机制,吸引有实力的国内企业和外商参与投资,甚至可以探索吸引集体、个人投资,通过产品价格和服务价格改革给予市场补偿,使投资者在一定期限内得到投资收益。

(3)政府投入类型　如一般城市道路、园林、绿化、消防等,从根本上说是公益性项目,其建设资金主要是政府征收各种城建税费和投入部分经营性项目收益来解决。

二、城市基础设施建设规划

政府是城市基础设施合理规划、综合建设的协调者。城市基础设施具有产业的综合性、管理的协调性、建设的统一性与超前性。城市基础设施涉及两大产业的几十个行业,是一个综合性极强的大系统。基础设施的建设必须协调一致,互相配套,才能减少资金浪费,提高投资效益。因此,为消除基础设施建设的盲目性,提高设施投资效率和效益,有必要为基础设施建设发展制定中长期计划,从而引导投资方向。

在信息时代,政府是社会公共信息的主要提供者和拥有者,拥有民间无法比拟的信息资源。同时,政府也是各种公共资源的管理者,可以为基础设施建设提供必要的资源。因此,只有政府能够并且应当制定基础设施建设发展的中长期规划。政府在制定建设规划时,可以依据设施需求的增长趋势和分布状况及工商业网点和生活居住区的分布情况确定各区域的设施需求,根据需求确定和调整设施建设计划。并根据城市经济社会发展规划,合理确定进入公用基础设施产业的企业数量。

同时,规划建设应本着适度超前的原则。因为在城市发展过程中,城市经济发展和城市基础设施建设是互动的关系,基础设施是经济增长的先决条件,反之,经济快速发展必然导致基础设施的迅速发展,现代化的城市基础设施必须和现代化的城市经济取得协调发展。但协调发展不等于同步发展,根据城市基础设施的特性和在城市经济中的作用,城市基础设施建设应当适度超前发展。只有城市拥有了现代化的基础设施,城市的功能才能得到充分发挥,城市的各项经济活动才能更好地开展,才能吸引更多的行业进入城市。另外,城市基础设施的建设规模一般较大,建设周期长,因此只有适度超前建设,才能与城市主体设施同时形成完整的能力,才能与城市发展相适应。

三、城市基础设施经营管理的模式

在城市管理中，基础设施的管理是极为重要的组成部分，其管理状态的好坏直接关系到整个城市的运行质量。采取何种基础设施管理模式同城市管理体制的设置有着直接的关系。随着城市管理体制的变化，基础设施管理模式也会相应发生变化。所谓管理模式就是在一定体制条件下的管理形式的框架。中外城市基础设施管理模式主要有以下几种：

1. 政府全包全管模式

实行该模式的体制基本是计划经济。在这个模式下，由于政府的财力、精力有限，加上基础设施产品和服务的生产、供给都实行了垄断，因此基础设施的资源配置往往失当，造成供给严重不足，营运效率低下，只能满足人们最低的需求，并且形成基础设施建设长期欠账的问题。

2. 政府公共管理模式

该模式的体制基础是较完全的市场经济和社会主导型城市管理制度。在这个模式条件下，政府的职能十分明确，即只有供给和管理涉及公共利益的具有非竞争性和非排他性的基础设施产品和服务，以保证城市的平稳运行。

这个模式的特点是：①政府的职能明确，权力边界清楚，政府能集中精力管理该管的事；②财政支出范围清楚，管理经费、财政补贴经费每年列入预算，有保障；③管理效率较高，综合成本相对较低；④管理以法律和经济手段为主，约束力较强，管理行为规范，具有长效性。

3. 政府分级管理模式

这一般是特大城市或大城市采用的模式，其体制基础就是城市分级分权管理。这种管理模式的采用，一方面有利于减轻市级政府的管理负担，使其有更多的时间和精力来考虑、规划城市基础设施建设与管理的大事情；另一方面也有利于调动下级（区、县）政府的积极性，从而扩大管理的覆盖面。

然而实行这种管理模式时必须处理好下列问题：①划分好上下级政府间的管理职能、管理范围，即具体的事权财权，以便与管理衔接和不留管理空白。②协调好条块之间的关系，即明确凡是涉及城市整体利益和长远利益的基础设施的管理由条实行；而具体的较贴近居民日常生活的基础设施的管理，如环卫、绿化管理等，则由块负责，在块的管理方面以综合执法为主。③有效的监督和协调机制，减少管理中的摩擦。如果以上问题处理不当，那么管理效果将事倍功半。

4. 政府调控管理、市场多元化运作相结合模式

该模式的体制基础是较完善的基础设施管理市场和较强的政府调控能力。香港特区政府主要实行这种模式。它的特点在于城市基础设施产品和服务的供给是多元化的，但有时在政府调控范围之内的。多元化供给的形式包括公办公营式、公办商营式、专利经营式和私商经营式。政府调控管理重点是政府财力的投放对象管理，基础设施专营权的拍卖、招标管理等。在这种模式下，政府通过基础设施管理市场，以有限的财力调动更多社会资源或资金用于城市基础设施的建设与管理，但实现这一目标的基本条件就是必须制定好相关的法律、市场规则与合同条款。

四、城市基础设施投资管理

城市基础设施的外部性和基础性，决定了城市基础设施主要由城市政府来供给。但政府的直接投资和管理会带来许多问题，这突出表现在两方面：第一，政府财政资金的有限性，限制了基础设施建设的供给能力；第二，由于政府为基础设施直接提供了一个自然垄断市场，垄断企业缺乏提高效率和降低成本的动力。

（一）城市基础设施建设的资金筹集管理

充足的资金是城市基础设施建设的可靠保证，城市基础设施建设的资金主要可以从以下五个方面筹集：

1. 税收收入

税收收入是城市基础设施建设资金来源之一。城市维护建设税是目前我国工商唯一特定目的的税种，是以法律程序确定下来的城建资金来源，是政府财政投入城市建设的一种形式。1985 年开征以来，已成为城市基础设施建设不可缺少的一项稳定资金来源。

2. 土地收益

城市土地级差地租的产生，除了与土地区位有关外，还与对土地的投入，即基础设施的建设有密切的关系。土地出让金、转让金及土地使用税费既是对以前投资的回收，也是今后进行土地再开发和建设城市基础设施的资金来源。国家作为土地所有者理应获取对土地的投入所产生的超额利润，即对土地使用收取地租或地价，然后再用于对土地的追加投资和城市基础设施的建设投资，从而还于社会，促进城市社会经济发展，形成良性循环。

3. 发行城市建设债券

发行城市建设债券,一方面可吸纳社会资金,缓解城建资金不足的矛盾,将潜在的消费资金转化为发展资金;另一方面可加强城市居民对城市政府的监督,使其更多地关注城市建设的社会效益和经济效益。

4. 发行股票

城市基础设施建设企业可以将原有资产进行重组,把非经营性资产剥离,以优良资产为主,设立股份有限公司,争取股票上市发行,募集社会资金用于城市基础设施建设。

5. 采用 BOT(建设、经营、转让)、BTO(建设、转让、经营)、BOO(建设、经营、享有)等项目融资方式

这几种融资方式是指政府在城市建设资金不足的情况下,将城市基础设施建设的开发经营权在一定期限内转让给投资方,由投资方进行建设和经营管理,到期后由政府全盘收回的资金筹措或项目建设方式。

(二)城市基础设施投资方式

城市政府对基础设施的供给应根据各类基础设施的特点,在科技不断进步的支持下,不断地将自然垄断的产业变为竞争性产业,努力缩小直接投资和管理的范围,把城市政府的职能由直接供给转变为组织城市基础设施的建设。在基础设施提供的方式上,除了政府直接提供之外,还可以通过公办商营式、专利经营式、私人经营式等多种方式来达到激励私人部门间接提供公共物品的目的。[①] 下面根据投资主体的不同可将投资方式分为以下几种:

1. 政府直接投资

这是政府的传统投资方式,其优点在于:①政府直接投资可以不从投资项目本身的利益着眼,不计较投资是否可以通过收费获取收益,而是注重社会效益。②政府直接投资可以不受私人资本的数量限制,一般通过征税来筹措资金。③消费不受限制,其潜在效用可以得到充分实现。这种方式也显示出一定的缺点,特别是政府投资机构缺乏投资竞争压力和投资破产风险机制,激励动力不足。表现在:其一,投资成本高、效益差,亏损较为严重。其二,政府直接投资生产的品种单一、供

① 汪永成,马敬仁.香港政府的公共物品供给模式及其对内地城市政府的启示.城市发展研究,1999(3).41-42.

给质量低，常常供不应求，消费者处于无选择余地的被动地位。其三，政府投资使用中缺乏维修保养，损耗较为严重。

据世界银行对一些有资助项目国家的调查，政府直接投资的公共物品普遍存在投资主体的目标模糊不清、缺乏自主权和责任制、财务困难及劳资问题等。所以，为提高公共物品投资效率，克服政府直接投资缺陷，可以由政府委托投资公司，使其代理政府作为法人实体来负责实施公共项目，根据法规和委托协议对投资公司和项目法人就项目实施情况及结果予以监督。

2. 政府投资，拥有全部资本，由法人团体按商业经营方式经营

采取由政府投资，交法人团体按商业化原则经营的方式，既可以保留政府投资的某些优势，又可以使政府从繁杂的生产活动中解脱出来。政府确定明确的目标后，将具体计划的实施交给某些法人团体，这些法人团体的自主权较大，责任较为明确，成本效益透明度高，因而这种方式较政府直接投资效率高。这里，处理好所有者与经营者的关系，将是采用这种方式的关键。在运营中应注意：①经营者的自主权应有一定限度，且应容易被收回；②要防止所有者与社会公众利益被侵蚀的情况发生。

3. 政府管制下的私人投资

对于单位投资额不大的基础设施，如公共汽车、电车、缆车、渡轮、电力、电讯等，可以由政府授予企业特许投资权，然后对其价格、数量、利润等方面进行一定的管制，规定企业所提供的服务的价格增加幅度——规定上限或下限；通过特许方式限制一些行业的经营者数目；通过规定利润标准，控制企业的盈利水平。这样可以在政府的管制或引导下形成具有竞争性的投资准市场，投资者自担投资风险，具有了提高投资效率的内在动力和竞争的外在压力，政府在一定程度上减轻了财政负担，消费者的选择范围也扩大了。

4. 政府与私人共同投资

对于具有明显的外部性而投资盈利较低或风险较大的基础设施，可以采用市场化程度较高的投资方式——政府与私人共同投资，政府起着引导私人投资的作用。比如，可以采取投资参股、无偿赠款、提供优惠借款、提供借款担保、无偿或低价提供土地和减免税收等方式。这类设施的收费，可以完全由市场供求关系和竞争情况调节。日本在 1987 年由地方政府和私人团体共同投资的公共企业中，社会福利和卫生公共企业 184 家，运输和道路投资企业 126 家、文化教育企业 157 家、环境保护企业 32 家。

5. 在政府允许的条件和范围内，完全由私人投资

这种投资方式仅限于不存在直接收费困难而且具有竞争性的基础设施，类似于私人设施。对这类设施的投资，政府不予直接投资和经济资助，收费标准由市场供求关系和竞争情况调节，私人投资完全受市场调节。比如采用 BOT(build-operate-transfer)方式发展公路、电站及地铁等。

五、城市基础设施价格管理

确定合理的价格水平，对管理城市基础设施的部门来说，是极其复杂和困难的工作。总的来说，城市基础设施价格，应该根据社会边际成本定价准则，使城市基础设施经营在总体上保持一定的“收益”水平；通过价格调整存量结构以减轻基础设施运营压力，实现“以城养城”。

同时基础设施价格体制必须符合市场经济要求的价格体制和合理的利润率水平，使市政公用事业的价格能够充分体现市场的供求关系，实现资源的优化配置。在充分考虑资源与需求的基础上，针对公用行业不同类型产品的实际情况，分别建立起有利于城市基础设施发展、有利于适应能源结构调整和环境保护的要求、有利于减轻政府负担并实现企业良性循环的科学规范的公用行业价格体系，从根本上提高城市基础设施建设和市政公用行业运营管理的经济效益和运行效益，实现社会效益、环境效益和经济效益的统一。

对于纯经营性的公用基础设施项目，政府可以根据其运行成本测算，提交价格表上报政府主管部门审批，公众作为使用人参与价格评议，采用听证会的形式通过政府作为监控人执行审定批准。价格可随外部条件变化而按照上述程序调整。

对于准经营性的公用基础设施来说，政府可根据相关商品或者服务的社会平均成本、市场供求状况、国民经济与社会发展要求、社会承受能力及直接成本价等，进行适当的补贴或政策优惠，再对外进行招投标，执行与纯经营项目类似的程序，从企业报价、政府核价到公众议价后再定价。

城市基础设施定价应遵循以下原则：

1. 城市基础设施按“成本加微利”的原则定价

为避免企业市场垄断，维护社会的公平，城市基础设施提供的城市公用事业价格一般按“成本加微利”的原则确定。在我国城市基础设施供给不足是一种常态，为缓解供求矛盾、保障社会整体福利最大化，应该按照有偿使用的原则，提高自来

水费、天然气费、公共交通费、供热费等。这些费用长期低于成本，国家财政给予巨额暗补。若将这些设施不同程度地加价，使生产经营企业能够基本上做到收支平衡以致略有盈利，则既能减轻财政负担，又能促使其增长速度适度超过加工工业增长速度。

2. 基础设施价格体现公共福利性特点

基础设施价格与城市居民生活密切相关，保持合理的基础设施价格对保障居民生活的“必需性”具有重要意义。为避免通过乱提价来刺激企业投资经营，应以土地低价批租甚至无偿提供土地，限制进入企业数量和减免税收等方式刺激企业投资，降低企业成本，做到既提高企业利润率，又不会造成物价上涨过快。

3. 依靠其他价格形式实现基础设施生产企业“自我积累，自我发展”的经营原则

对超额享受基础设施的人，根据其价值、服务质量等因素的差别来制定浮动价格，拉开价格差别。如可以制定水的使用标准，对用户实行计划用水，每月限定用水指标，对超额使用部分实行高价。

4. 实行浮动价格，加大浮动幅度

在不同阶段，基础设施价格高低应有所差别。例如，城市高速公路的使用要体现公共性和企业利益的两重属性。在春运期间，乘客构成和运输货物量就与平时有很大不同，其需求弹性很小，如果把过往车辆的收费定得过高，就会违背社会福利原则。相反，对其他节假日和旅游季节，制定相对较高的价格就比较合理。

第四节　城市环境管理

传统意义上的城市发展，在显示出对经济发展和社会进步巨大推动作用的同时，也不断暴露出一系列由它引发的严重的生态环境问题，因此加强城市环境管理已经成为现代化城市管理的重要内容。

一、城市环境的分类和特征

城市是一个复杂的巨系统，它包括城市经济系统、城市社会系统和城市生态环境系统三个方面。从广泛的语义上来说，城市环境包括的范围很广，包括城市的经济环境、人文社会环境、生态环境等。但在一般的概念意义上讲，城市环境通常是

指城市生态环境。按照通常的环境要素，我们可以把城市环境分为以下四个主要方面：

(1)城市大气环境　大气环境主要是由氮、氧、氢、二氧化碳等气体组成的。其中，氮占大气总体积的78.09%，氧占20.95%，氢占0.93%，二氧化碳占0.03%。

(2)城市水环境　城市水环境指的是江、河、湖、海、地下水等贮水体，并包括水中的悬浮物、溶解物质、底泥以及水生生物在内的生态系统。

(3)城市土壤环境　土壤是自然界中的复杂系统。它与大气、水体、生物等自然因素相互作用，形成人类赖以生存的自然资源和物质基础，是人类得以生存和发展的基本条件。而城市的存在和发展，极大地改变了土壤环境。

(4)城市生物环境　种类繁多的生物群落是自然生态系统的主体，生物环境是自然环境的主要部分。

作为整体的城市复合系统具有下列两个方面的特征：

(1)城市中的人及其经济社会活动使得城市环境系统发生了巨大的变化。城市集中了大量人口，集中化的经济社会活动导致了大量人工合成自然难以降解的物质，建设了大量的人工技术物质(道路、桥梁以及其他建筑设施)，能源消耗、交通量和信息量也大为增加。这就造成了地形的变迁。人工地面改变了自然的土壤结构与性能，减少了绿地，增加了不透水的人工地面，影响了水循环，原有生态系统的调节机能和物质流、能量流、信息流都发生了很大变化。

(2)城市中的环境系统是不独立的、需要与外部有输出输入关系的生态系统。现代城市必须与系统外进行广泛的联系才能生存。现代城市以周围农村为腹地。同时城市也向周围农村扩散与辐射，城市与农村互为市场，互相开放。城市要依靠周围农村输入大量的物质和能量，如农副产品、矿物产品、化石燃料以及劳动力等；城市向周围农村在输出人才、货币、信息和产品的同时也在输出城市的工业污染和生活污染。自然资源的光、热、水、大气以及各种动植物的运动和转化也在城乡之间不停地运动和转换。

二、城市环境问题及其产生原因

随着城市化的迅速发展，人口也在迅速地向城市聚集。在传统发展观的影响下，城市在高速发展经济的同时却忽视了环境的保护与改善，致使城市环境系统超负荷运作，城市环境质量严重恶化。当前主要的城市环境问题表现在下列四个方面：

1.城市大气污染

大气污染主要是由煤、石油、天然气等可燃矿物燃烧造成的。由于城市的工业和人口集中，使局部空气中污染物浓度提高；由于城市气温高于市郊，在城市上空构成大气的局部环流，不易扩散、稀释，就使城市大气污染更为突出。

我国城市能源消耗以煤炭为主，城市大气污染物主要来源于煤炭的燃烧。燃烧排放的污染物占全部大气污染的85%，其中烟尘占城市大气污染总排放量的80%左右，而二氧化硫又占城市烟尘污染排放量的90%左右。由于城市的经济状况和地理位置不同，中国北方城市大气环境的主要问题是空气降尘，南方城市大气环境的主要问题是酸雨。降尘浓度高的城市主要分布在新疆、青海、甘肃、山西、内蒙古、陕西、宁夏、河北等地；二氧化硫污染严重的城市主要分布在山西、河北、贵州以及甘肃、陕西、四川、湖南、广西、内蒙古等地区，南方酸雨控制区内90%以上的城市出现了酸雨。此外，广州、北京、上海等特大城市二氧化氮相对较高。

2. 城市水污染

水体污染，指排入水体的污染物超过了水体自净能力而使水质恶化的现象。在城市中，比较常见而严重的水体污染主要有两种：第一种是重金属污染，即使含量很少，也能产生毒性效应；第二种是水体富营养化，导致藻类等水生物大量繁殖，使水中鱼类无法生存。

当前我国城市地面水污染普遍严重，并呈恶化趋势。其主要原因是城市工业和生活用水直接排入水体造成的。当前城市水体的主要污染物有石油类、挥发酚、氨氮、化学耗氧量、生化需氧量和总汞等。全国大部分城市和地区地下水水质总体较好，局部受到一定程度的点状或面状污染，部分指标超标，主要污染指标是矿化度、总硬度、硝酸盐、亚硝酸盐、氨氮、铁、锰、氯化物、硫酸物、氟化物、pH等。北方城市地下水污染重于南方城市。

3. 城市固体废物排放

城市固体废物主要是工业废渣和生活垃圾。随着我国人口增长和经济发展，工业固废和生活垃圾还将日益增多，这些固体废弃物的堆放、处理不仅要占用大量城市和农村用地，加剧已经非常紧张的人口与居住、绿地、城市空间的矛盾，同时固体废弃物的处置还会给地下水、地表水、空气带来严重的二次污染。

4. 城市噪声污染

城市噪声主要来源于城市交通和区域噪声。凡是不需要的、使人厌烦并对人类生活和工作有妨碍的声音，都是噪声。噪声达到45分贝可影响人的睡眠，达到65分贝对工作、学习均有影响，175分贝的噪声可以致人死亡。城市噪声，可分为交通噪声、工厂噪声和生活噪声。国外已把城市噪声列为城市第三大“公害”。

2001年对273个城市进行了道路交通噪声监测,其中9.5%的城市污染严重,16.5%的城市属中度污染,48%的城市属轻度污染,25.3%的城市道路交通声环境质量较好。2001年监测区域环境噪声的176个城市中6.3%的城市污染严重,49.4%的城市属中度污染,33%的城市属轻度污染,11.3%的城市区域声环境质量较好。

三、城市环境管理的产生与发展

城市环境管理是运用经济、法律、技术、行政、教育等手段限制人类损害环境质量的行为、协调城市经济发展和环境系统的关系的活动。从20世纪70年代开始,城市环境管理得到世界各国的普遍重视。1973年国际城市管理协会为美国几座环保城市环境调查,并将城市环境问题进行排队,20世纪70年代中期美国人贝利等人汇编出版了《城市环境管理》。苏联在20世纪70年代也设立了城市建设研究所和城市环境保护研究室。1974年日本制定了国土利用计划法和全国的国土利用规划,并把城市环境规划纳入到城市建设规划之中。

自从20世纪80年代特别是1992年在里约热内卢确立可持续发展战略以来,人们对城市环境管理提出了一系列新的看法。从系统的角度看,所谓城市环境管理就是通过调整城市环境中的物质流和能量流,使城市生态环境得以良好运行。因此,基于可持续发展的城市环境管理也逐渐有单纯的环境污染控制转向综合的城市生态环境管理。

我国的城市管理是从20世纪70年代的环境质量评价、城市污染源调查开始的,到1979年成都环境保护会议提出"以管促治,管治结合"的方针,使城市环境管理走上综合防治的轨道。自20世纪80年代以来,我国学者对城市生态系统进行了多方面的研究,城市环境管理也逐渐由单向对环境污染控制转向城市生态系统管理。1985年在洛阳召开的"全国城市环境保护工作会议",1988年9月国务院环境委员会作出了"关于城市环境综合整治定量定核的决定",标志着我国城市环境管理已由定性管理转向定量管理。1989年召开了第三次全国环境保护会议,为使环境管理上个新台阶,全力推行环保目标责任制,城市环境管理综合整治定量考核,排放污染物许可证制,污染物集中控制和限期治理等五项新制度。这些制度在城市环境管理工作的实践中已被证明是行之有效的。1994年3月,国务院批准了《中国21世纪议程——中国21世纪人口、环境与发展白皮书》,它将环境问题与人口、资源、发展等问题统筹考虑,把可持续发展贯穿到了城市环境管理中。

在国家环境保护"十五"规划中,制定了环境保护的目标:在保持我国经济持续健康发展的同时,力争环境污染的状况有所减轻,生态环境恶化的趋势得到遏制,重点城市和地区的环境质量得到改善。具体内容包括:50%地级以上城市空气质量达到国家二级标准;70%地级以上城市地表水环境质量按功能区划达标;80%地级以上城市道路交通和区域环境噪声达到国家标准;全国城市污水集中处理率45%;全国城市居民燃气普及率达到85%;全国城市垃圾处理率达到65%,尽快提高垃圾无害化处理水平;全国城市建成区绿化覆盖率达到35%。

四、城市环境管理的主要内容及措施

城市环境保护一直是环境保护工作的重点,政府采取了一系列的政策、措施来治理污染,改善城市环境质量。但是,由于城市基础设施建设落后、城市人口增长迅速、工业化水平不断提高等综合因素的作用,城市环境保护面临极大的压力,改善城市环境质量的任务十分艰巨。

(一)城市环境管理的主要内容

城市环境管理必须要以改善城市环境质量、保护人民群众健康为目标,结合城镇化发展战略,强化城市环境的综合治理,重点解决水污染和大气污染,使大多数城市的环境质量有比较明显的改善。具体内容:

1. 合理规划,完善城市功能

遵循生态规律,从城市环境容量和资源保证能力出发,制定和实施城市总体规划,合理确定城市规模和发展方向,调整城市产业结构和空间布局,逐步解决城市功能区混杂问题,加快城市环境基础设施建设,改善城市生态环境。

2. 治理城市水污染

所有城市都要制定改善水质的计划,重点保护城市饮用水源。20万人口以上城市要建立水源地水质旬报制度,环保重点城市要实施生活饮用水源水环境质量报告制度。采用截污、治污、清淤、保证城市河湖用水、加快水体交换、维护城市湿地等措施,使城市地表水按功能达标。综合运用价格、行政、科技和工程措施,推行城市节水、污水处理及其资源化,创建节水型城市。严格控制地下水开采量,严禁超采地下水。所有城市都要建设生活污水处理设施。

3. 治理城市大气污染

提高城市清洁能源比例,改善能源结构,大中城市要建设高污染燃料禁燃区,在人口稠密的市区逐步取消直接燃用原煤。进行城市供热、供气能力建设。禁止在城市的近郊区内新建燃煤电厂和其他严重污染大气环境的企业。大力发展公共交通，鼓励开发和使用清洁燃料车辆，逐步提高并严格执行机动车污染物排放标准。大中城市以及城市群地区要综合控制城市大气污染物的相互影响。按照生态要求进行绿化、美化、硬化，加强建筑施工及道路运输环境管理，有效控制城市扬尘。同时，建立城市空气质量日报和重点城市空气质量预报制度。

4. 治理城市垃圾污染

积极建设城市生活垃圾处理及综合利用、危险废物安全处置等城市环保基础设施。建立垃圾分类收集、储运和处理系统，在优先进行垃圾、固体废物的减量化和资源化的基础上，推行垃圾无害化与危险废弃物集中安全处置。建立废旧电池回收处理体系。20万人口以上的城市医疗废物必须全部实现安全处置，鼓励医疗废物集中处置。

5. 治理城市噪声污染

加强对建筑施工、工业生产和社会生活噪声的监督管理。限制机动车、火车市区鸣笛，对造成敏感建筑物声环境超标的交通重负荷路段，采取降噪措施，控制交通噪声污染。

(二)城市环境管理的措施

城市环境管理发展的基本思路是：以促进人和自然的协调与和谐为方向，以创造良好的人居环境为中心，立足当前、注重长远，全面改善城市生态环境质量、提升城市可持续发展综合能力。具体对策措施，归纳起来，有以下几条：

1. 城市建设与管理应当实行三个转变

我国现有的城市管理体制为两级管理，即市与市辖区政府都设有环保机构，并实行条块结合，以块为主的管理体制。市级环保部门作为城市环境保护工作的主管机构，担负宏观管理和微观管理双重任务，区级环保部门则侧重于微观管理。两级机构环保部门之间的关系靠市级环保部门协调。现有管理体制在城市环境保护中虽然发挥了一定的作用，但随着市场经济的发展，其弊端已逐步暴露出来。

城市建设与管理必须适应社会经济、生态环境和城市化发展的要求，因此城市管理应实行三个转变：一要适应市场经济体制改革的要求，对现行的城市建设与管理体制进行改革，使城市经营、建设与管理市场化、法治化、产业化；二要适应城市化加速发展的形势，强调区域的观点、全局的观点，走区域共同发展与城市化相结合的道路；三要适应可持续发展战略的要求，走社会经济与生态环境“双赢”的道路。

2. 培育循环型经济，建立循环型社会

发展知识型经济和循环型经济，是21世纪人类社会的两大趋势。知识型经济强调以智力资源替代物质资源，“软化”经济活动；循环型经济强调物质资源闭环流动充分利用，“绿化”经济活动。培育循环经济应当从企业、产业和社会3个层面和生产、生活两大领域入手。企业层面要求企业以生态经济效益为准则，组织本企业生产层次上物料和能源的循环利用，达到污染产生量最小化；产业层面要求企业与企业之间形成物质和能源的共生关系，相互利用各自的废弃物，实质是运用循环经济思想组织企业之间的规划布局和生产协作，建设生态工业园区是具体措施之一；社会层面要求在更广阔的社会范围内或在消费过程中和消费过程后组织物质和能源的循环。这3个层面与生产、生活两大领域是相互交叉的，只有这样才能在整个社会范围内形成“自然资源—产品—再生资源”的循环经济环路，逐步建立循环型社会。

3. 构建以环境伦理和道德为基础的生态文化体系

可持续发展就像一场革命，对社会的各个层面都要产生冲击。可持续发展的思想应该贯穿到经济学、社会学、伦理学乃至人们的思想观念、消费观念、生活方式等各个方面，建立以环境伦理和道德为核心的生态文化体系，改变人们的价值观念、思维模式、行为准则，这既符合时代的要求，也将对城市可持续发展产生积极的推动作用。构建生态文化体系是一个长期的过程，要通过有规模、有力度的宣传教育活动，经过几代人的努力。采取多种生动活泼形式，依靠各种社会力量协同配合，在人民群众中，进行不同程度的生态学知识、环境保护知识和有关法规的教育，使环境保护工作成为广大群众的自觉行动。

4. 改善城市环境，促进可持续发展

从根本上讲，城市环境保护为了保障城市的可持续发展，具体措施包括：

(1)科学合理地利用资源。城市资源，包括土地、环境、交通、文化四大类，这是城市发展的“门槛”，城市的发展必须立足于资源的保证。如何科学合理利用这些资源，既能反映城市领导者的能力和决策水平，也是反映一个城市能否可持续发展的基本条件。因此，制定科学规划，合理利用资源，是城市领导者谋划城市发展战略时必须考虑的问题。

(2)既要减少污染，又要增加环境容量。减少污染要求加强城市污染综合治理。按照社会投入、企业化运行、政府监管的方式，促进城市污染综合治理设施建设。所有城镇都要建设污水集中处理设施，并逐步实现雨水与污水分流。落实污水处理收费政策，建立城市污水处理良性循环机制。所有城镇都要建设垃圾无害化处理设施，改革垃圾收集和处理方式，建立健全垃圾收费政策，促进垃圾和固体废物的减量化、无害化和资源化。

增加环境容量要求加强城市生态建设和保护。要把生态建设放到更加突出的位置，走城市建设与生态建设相统一、城市发展与生态环境容量相协调的城市化道路。一要加强城市间及城市周边地区生态建设；二要加强城市绿地建设，各类城市都要因地制宜，合理划定城区范围内的绿化空间，建设公园绿地、环城绿化带、社区居住区绿地、企业绿地和风景林地，围绕城市干线和城市水系等建设绿色走廊，形成点、线、面结合，乔、灌、草互补的绿地系统。

本章思考题

1. 政府在城市产业结构管理中应发挥哪些作用？
2. 简述城市项目管理的程序。
3. 如何提高城市人口素质？
4. 比较城市基础设施经营管理的四种模式优缺点。
5. 我国城市环境管理体制中存在哪些问题？

第六章　城镇政府公共关系管理与地区形象建设

第一节　政府公共关系管理及其特殊性和社会效应

一、政府公共关系管理的含义和特点

（一）政府公共关系管理的含义

政府公共关系管理，是指政府作为行为主体开展的公共关系活动，即政府通过发挥传播沟通、行为规范等职能与社会公众建立良好关系，为树立政府良好形象而积极、主动开展的一系列活动。

所谓政府，指国家权力的执行机构，即国家行政机关。例如，在我国，政府包括了中央人民政府即国务院和地方各级人民政府，如省、自治区、直辖市人民政府及地、市县（旗）、乡等政府机关和相应的中国共产党委员会。

（二）政府公共关系管理的特点

在政治民主化的社会条件下，政府公共关系是各级政府机关与民众建立良好关系，实施社会管理的必要手段，与其他行业的公共关系管理比较起来，有以下一些特殊性。

1. 公益性

公益性指社会公共利益性。政府公共关系工作的目的与其他社会组织有明显不同，主要表现在对公共利益的体现和关注方面，政府公共关系活动时也更加博大、全面。其他社会组织的公关活动也要考虑公益性，但社会公共利益不是他们直接追求的目标，而是他们实现各自目标必须考虑的前提、不可冒犯的原则。也可以说，工商企业等社会组织开展公关活动所讲的公益性在含义上主要是指公众利益性，是从整个社会所有人的利益出发确立起来的。可见，政府公共关系管理的公益

性在程度上和范围上是其他任何组织都无法相比也没有必要攀比的，其他社会组织追求的主要是部分的、一定范围的社会公共利益性。

2.政府行为的权威性

政府公共关系管理作为政府的一种管理行为，与其他社会组织的公关活动比较起来，具有权威性。这种权威性是建立在公益性的基础上，表现为能够在社会生活中发挥巨大作用，产生广泛深远的影响。特别是政府公关活动在政府权力的直接影响下，会受到各种媒介和社会各方面的极大关注，这是任何其他社会组织都无法抗衡的。

3.民众参与性

政府公共关系管理在美国资产阶级民主革命诞生之时就是一种调动民众力量的手段，民众参与性是它追求的结果。离开了民众参与性，政府公共关系管理也就失去了应有的价值。它的公益性决定了它最终应该是全民参与的活动。我国政府近年来推出的各种大型社会活动，例如，救助失学儿童的希望工程，保护母亲河的绿化工程等，没有广大民众的参与，是不可能取得巨大成就的。

4.政策导向性

政府作为社会管理者，它的一举一动都会成为社会上其他组织研究的内容。政府的公共关系活动作为政府精心设计的一种与社会建立联系、展示政府形象的手段，往往是政府推行政策、方针的具体方法，也是政府政策方针的最好注解。所以，政府的公关行为往往具有政策导向性，对全社会具有示范作用和指导作用。

5.公众对象更加复杂化

政府公共关系管理的公众是具体社会中的全体成员，所以与其他社会组织的公众对象比较起来，显得更加复杂多样。当然政府公共关系管理的具体活动项目一般也是有相应的针对目标的，有时也不一定涉及具体社会中的全体成员。不过，总的来说，政府公共关系工作必须面向特定社会的全体成员，时刻关注社会各阶层的态度及变化趋向，尽量满足社会各阶层人民的要求、愿望，忽视其中任何一部分，都会导致政府公共关系失衡，进而危及政府与社会民众及各种团体的良好关系。政府公共关系管理中公众对象的这种更加复杂化，使政府公关工作显得愈加重要而又富有更大挑战性。

6.传播的垄断性

政府直接掌握着大量处于绝对优越地位的大众传播媒介，这是任何社会组织都无法与之相比的。因此,政府的组织传播比其他社会组织更严密、更迅速。由于垄断着最广泛的传播资源,使得政府在公共关系管理活动展开过程中,能始终保持主动,并有意识、有计划、有目的地引导着公众的注意力与注意视线,从而体现出其他社会组织的公共关系活动所无法比拟的驾驭能力与调控能力。

二、政府公共关系管理的作用

(一)了解民意,完善政府行为

政府设立了公共关系管理职能部门后,在采集信息、监测环境、预测趋势方面就有了具体的专门工作机构。公关部门通过监控大众传播媒介或开展专门的民意调查,可以全面、深入地了解民意,掌握民情,从而使决策更加符合民众利益,政府的其他管理行为也才能够依据民众意愿不断得到修正和完善。

我国政府中也有许多专门采集信息、监测环境的机构,如信访办、情报中心、各种研究机构等。这些机构是专门为领导决策服务的,被称为领导的“耳朵”和“眼睛”,这些机构的工作当然也有助于决策者掌握民情、民意,增加决策的正确性。但是,随着社会政治民主化的不断发展,政府越来越需要一种专门的职能部门,它不是只被动地为决策者服务,而是更开放、更直接地参与社会管理,即它的职能不仅是管理信息、研究信息,为决策者提供信息,而且要在处理信息的过程中发现“问题”,并制定出解决问题的方案,进而会同有关部门或独立地去解决问题。这样,政府的管理效率将被大大提高。

(二)引导舆论,制造舆论,发挥舆论监督功能

政府公共关系管理有着得天独厚的条件,就是各种新闻媒介都把政府视为首要关注的对象,而且在有些国家,新闻媒介机构是政府直接控制和管理的要害部门。这种便利条件使政府在引导舆论、制造舆论方面有着其他社会组织都无法攀比的优势。因此,政府公共关系工作应该首先利用好这种有利条件,积极引导舆论,也可调动各种媒介力量不断制造舆论,充分发挥舆论监督功能,从而实现对社会的影响作用。

这方面,各国政府都有大量成功的范例。比如,20 世纪初美国政府为了打击垄断集团操纵市场、控制国家经济的不正当行为及官商勾结等腐败行为,曾调动新闻媒介的力量掀起了专门针对垄断财团的“揭丑运动”,通过引导社会舆论、制造社会舆论,形成强大的舆论环境,为政府政策的实施铺平了道路。我国改革开放以来,政府公共关系管理又有新发展,在引导舆论、制造舆论、发挥舆论监督作用方面

也取得了许多成功经验，有了许多新进展。比如，中央电视台开设了一些直接参与社会改革活动和反腐败斗争的节目，如“焦点访谈”、“新闻调查”、“实话实说”等；还比如，20世纪70年代末那场被称为思想解放运动的“真理标准大讨论”，也是在报刊的积极参与下，最后酝酿成了强大的社会舆论力量，最终促成了改革开放这场伟大的社会革新运动。

（三）促进社会的民主化建设和精神文明建设

政府公共关系工作通过利用大众媒介对广大民众开展传播沟通活动，或组织专门的公关活动对社会施加影响，这些都是促进社会的民主化建设和精神文明建设。比如，通过发挥大众媒介的舆论监督作用，使各级政府在决策和行政管理、行使权力的过程中，必须掌握民情，充分考虑民意，努力做到维护广大民众的利益，公开、公正、廉洁、高效。这样，整个社会的民主化、法制化建设将得到不断促进。

另外，政府还可以专门组织一些文化、教育、科技、医疗卫生、环境保护等方面的社会公益活动，以促进整个社会的精神文明建设。比如，我国政府有关部门近年来组建了“心连心”艺术团，下工厂、走乡村，到全国各地慰问演出，不仅把党和政府的温暖送到了基层，也推动了当地的精神文明建设。还比如，“百城万店无假货”活动、“村村通”工程、“地区形象建设”工程、“社区文明建设”活动，已经在社会上产生了良好的影响，推动着全社会的文明进步。

（四）增强政府与民众的联系，树立政府的良好形象

政府公共关系工作利用大众媒介也好，开展专门的公共关系活动也好，都会增强政府和民众的联系，帮助政府在民众中树立起良好的形象。

政府有意识地利用大众媒介对广大民众开展传播沟通活动，并积极推动传播媒介发挥舆论监督作用，这将使政府和民众之间保持畅通的信息交流，使政府更好地了解民意、掌握民情，从而在行政执法中尊重民意，维护民众利益，当然也便于政府疏导民意；对于民众来说，这种畅通的信息交流也使他们及时了解政府的决策，自觉调整自身行为，或及时反馈他们的意见。只有在这种信息的双向交流中，政府与民众之间才可能建立起良好的、相互信任的关系；这样，政府才能真正成为人民的政府，人民也才会真心实意地拥戴政府。

其他大量专项政府公关活动，在政治民主化的社会背景下，将使政府形象锦上添花。政府的专项公关活动一般是针对具体问题进行的，比如，教育扶贫工作、科技扶贫工作、下岗职工再就业工程、安居工程等，政府通过对具体问题的解决，并有意识地对其进行舆论“炒作”，其结果将使政府在民众中的声望大大得到提升。

第二节　政府公共关系管理的功能、原则和内容分类及相应对策

一、政府公共关系管理的具体功能

现代社会的发展表明，政府在社会活动中的作用有逐渐增强的趋势，一个强有力的政府机构可以对社会运行和对外交往进行管理和协调。但专业性强、机构庞杂的政府容易独立于社会公众之上，从而产生官僚主义和政府与公众的互不信任，并导致政府工作效率的下降或政府决策的失误。

广泛地开展政府公共关系活动则能有效地解决政府工作专业化、复杂化与社会沟通之间的矛盾，使得政府与公众之间建立相互了解和信任的关系，保证政府职能的实现。政府公共关系管理的具体功能包括以下四个方面：

（一）信息交流的功能

现代政府是通过信息的搜集、分析、传播和反馈这一过程来对政府工作进行组织领导的，因而建立政府与公众之间畅通的信息交流渠道，是政府代表社会行使合法性行政权力的前提，而政府公共关管理则能够保证政府与公众之间的信息沟通。

政府公共关系活动一方面能使政府得到公众意见，另一方面让公众了解政府工作，利用政府公共关系活动的开展可以为两者之间建立双向（有反馈）、多点和适时的信息交流体系。所谓双向，是指政府能及时、全面地了解公众的意见和对政府的反应，而公众则能明白政府的工作和意图。所谓多点，是指政府在多层次、多范围内与社会、公众建立信息沟通的渠道，而不是依靠某一个固定的信息渠道，只有这样，两者的信息沟通才会全面、真实、有效。政府公共关系活动的全面性为建立多点接触提供了便利。所谓适时，是指对信息的搜集和反馈要及时，为政府决策提供参考与帮助，对社会发展进行预测和展望，这是对政府公共关系活动一个较高层次的要求。

（二）决策咨询的功能

政府能否进行正确决策取决于政府在决策前能否得到足够多的正确信息，这些信息包括社会公众的情绪、意见和想法。只有充分考虑了公众的意见与建议才能做出符合公众利益的决策，使政府受到广大公众的拥护。

政府公关人员针对政府行使管理职能中遇到的具体情况和问题，根据社会公众舆论的反馈和分析，向决策者提供改正意见和措施，这就是政府公共关系管理中的决策咨询职能。在决策前，政府公关人员应收集和提供全面的信息，特别是反映公众意向的信息；在决策后的实施过程中，又应迅速地收集公众的反馈信息，特别是一些具体的修改意见和方案，以体现决策的完整性、科学性。

当然政府并不能做到每一个决策都得到全体公众的一致支持，特别是当政府代表公众的长远利益而进行决策甚至可能得不到多数人的理解和支持，但为了政府决策的执行能取得理想的效果，就需要通过政府的公关工作在制定政策和推广政策前及时地向公众进行宣传、解释，以消除公众的误解，平息公众潜在的不满，为政策的顺利实施疏通道路。在推行政策时，政府公共关系管理也可以帮助政府进行信息反馈和沟通，及时了解公众反映，修正和补充政策措施。

（三）沟通协调的功能

实现政府与公众之间的沟通协调，既体现信息交流的现实化，也体现决策咨询的具体化，它是政府公共关系管理的又一重要职能。

政府机构的专业化容易淡化政府与公众之间的直接联系，并造成政府工作人员中的官僚主义和政府工作中的低效率。解决这一问题的最有效的办法是加强政府与公众之间的沟通、协调，一方面，提高政府工作的透明度，使公众了解和理解政府决策行为的基本程序、基本过程；另一方面，及时掌握公众的各种具体想法和意见，使政府决策尽可能地反映与代表最大多数公众的根本利益，从而使政府决策得到公众的真心拥护。

因此，政府公共关系管理就是要通过政府与公众的频繁交流，让公众了解政府的工作和决策过程，及时对政府工作提出建议和意见，可以充分发挥和实现公众对政府的制约作用。

政府公共关系活动的展开还能够改变政府工作人员的工作态度，使其树立公众意识和长远意识，提高政府工作的办事效率。

（四）形象评估的功能

良好的政府形象是政府有效地完成其职能的保障，也是政府追求政权稳定的前提条件。而政府公共关系工作的核心是塑造政府新形象，这是贯穿于信息交流、决策咨询、沟通协调等公关职能中一条主线。

在社会公众对政府拥有较强制约能力的现代社会中，政府在依靠其政绩来树立形象、取得支持的过程中，政府公共关系管理在其中发挥着重要作用。政府形象的评估就是对政府形象进行调查分析，检测评估政府的自我期望形象和社会实际形象，并找出两者之间的差距及原因，为选择和设计更佳的形象提供依据。

政府公共关系管理可以通过与公众建立广泛联系，重视和听取公众的意见，宣传解释政府的设想和决策，使公众感受到政府是为公众工作的，以提高公众对政府工作的关心和拥护，为树立良好的政府形象奠定基础。

二、政府公共关系管理的基本原则

各级政府机构公共关系管理工作的根本出发点是明确政府机关为人民服务的原则。《中共中央关于经济体制改革的决定》指出："要坚定不移地按照为人民服务和精简、统一、效能的原则，改变机关作风，提高工作人员的素质。要改变那种长期形成的领导机关不是为基层和企业服务，而是让基层和企业围着领导机关转的局面，扫除机构重叠、人浮于事、职责不明、互相扯皮的官僚主义积弊，使各级领导机关把自己的全部工作切实转移到为发展生产服务，为基层和企业服务，为国家的繁荣富强和人民的富裕幸福服务的轨道上来。"

为人民服务原则的实施还要通过具体的公共关系工作来保证。政府机构所面对的最重要公众，就是广大的人民群众。运用公共关系管理的双向信息交流功能，可以使政府机构随时了解公众的生活状况、思想感情和意见要求，并把政府的有关决策信息告知公众，使政府的行动取得公众最广泛的谅解和支持。

政府的各个职能部门还面临着自己的特殊公众，以及国际社会上的各种势力和舆论。在这里，同样是通过双向信息交流，保持与上述各种公众之间的沟通和了解，使政府的决策行动得到国内外公众的理解和支持，为国家政策的推行创造良好的气氛和环境。

三、政府公共关系管理的内容分类

政府公共关系管理的具体内容会因为不同的划分标准，而有不同的侧重点，呈现出较复杂的状况，概括起来，包括两种状况：

（一）根据政府公共关系活动的主体划分

1.政府主体

政府的性质决定了整个政府机构和全体政府工作人员都是政府公共关系活动与管理的主体，都必须参加政府的公共关系活动，在与公众接触和为公众服务时，每个政府职能部门和工作人员都要树立公关意识，并利用与社会的交流开展政府公关活动。只有这种长期的、广泛的、同政府工作紧密联系的公关活动才是最有效的公关活动与行为。

2. 政府公关部门

政府公关部门作为一个专业机构是政府公共关系活动的固定渠道，由于其已形成一定的公关经验和社会注意力，因此，它在开展政府公关活动时有一定的优势。

目前各级政府中直接以公关部命名的部门还不多，但几乎所有的政府机构都有专门负责集中与公众进行联系的部门，如美国政府中的公众咨询委员会、关系协调部以及新闻处等，这些部门的日常工作基本是以政府公关活动为主。在我国，政府机构中的信访、接待、群工和协作等部门，以及最近许多政府成立的新闻处和中央各部门的新闻发言人都是专门从事政府公共关系活动的部门。

3. 政府首脑

政府领导人作为政府机构的核心，其言行一般被认为代表了整个政府机构而受到全社会的重视，同时政府首脑由于其特殊的才能而在社会公众中具有的号召力和感染力，往往使他(她)成为社会新闻和舆论的中心和注意的焦点。

利用政府首脑的这些特点，通过政府首脑来开展政府公关活动是政府公关中最常用和最有效的方法。在我国，政府领导人下基层，直接与群众见面，询问群众疾苦就是利用政府首脑进行的公关活动。如在酷暑季节，领导人亲自到生产第一线慰问生产工人所起到的公关效果会比政府发布慰问告示更有效。在国外，更加强调利用政府首脑的个性化行为来进行政府公关，如美国总统罗斯福利用其独特的炉边谈话，宣传和推行“新政”，进行经济和社会改革，取得了极大的成功。在政府的对外交往中，政府首脑的公关作用显得更加重要。新中国成立后的许多外交成就同周恩来总理的个人影响是密不可分的。

(二)根据政府公共关系活动的目的划分

1. 常规性公关

常规性公关，是指政府为达到长期的、基本的公关目标而开展的公关活动。在开展常规性公关时，政府一般通过健全公关组织与制度，培养公众意识，制定长期规划等手段来保证常规性公关活动的开展。

常规性公关的另一个内容是收集和整理公众的信息和对政府工作的反映，建立政府工作的预警系统，使政府能经常对公众的情绪、想法和动向有较清楚地了解，并能及时采取措施，利用常规性公关活动来减少危机产生的可能性。

2. 针对性公关

针对性公关是政府为一明确的目的在一定时期和范围内组织开展的公关活动。如政府为推行某项经济政策，争取某项行动，而社会公众可能会对此不理解，甚至加以反对时，为了有利于这些政策和行动的执行，最终达到政策设想时的目的，政府可以利用针对性公关，经过精心组织的公关活动，使公众理解政府的决策，支持政府的措施和行动。

20 世纪 80 年代初，我国在建设上海宝山钢铁厂的问题上存在许多不同的意见，许多人从环保、运输、外汇等角度反对工程的建设。国家有关部门利用针对性公关，通过在人大会议上咨询代表、利用新闻媒介宣传项目建设的必要性等方式有针对性地解决公众关心的问题，促成了项目的建设。

政府在做出决策决定前，利用政府公关了解公众对此项决策的态度并及时调整政策，这也是针对性公关的一个重要内容。我国政府在有些政策出台前能比较充分地听取公众的意见，从而在公布和推行新政策上减少了阻力。

3. 应急性公关

政府总是处于不断变化的国内国际环境与背景的中心，这需要对各种突发事件做出适当的反应，特别是对一些有可能损害政府形象的事件要用应急性公关进行及时处理。

应急性公关强调快速、周密和集中，需要政府具有较强的公关意识和完善的公关组织和经验，从而可以在危机突发的情况下迅速制定出周密的公关计划，并调动各种工具开展公关活动。

20 世纪 80 年代中后期，我国有关方面经过长期的科学分析与调查，决定在深圳大亚湾修建一座核电站。但由于不久前在苏联曾发生过切尔诺贝利核电站的核泄漏事故，因此一时间，我国在大亚湾修建核电站之事便成为香港各界公众的热门话题。香港各报对此广泛报道，最后形成了反对在大亚湾修建核电站的社会舆论。香港公众为此成立了反核的专门机构，并发起香港各界 100 万人的签名活动。反核的专门机构派出了请愿团赴京请愿。这股不利舆论汇成了汹涌的波涛。这时，有人主张“别管他”，理由是我们在自己的领土上修建核电站，任何人无权干涉内政。但是，有关部门认为产生这种不利舆论的根本原因是由于我们对大亚湾核电站的修建缺乏宣传，致使香港公众不了解有关情况而产生误解，处理此事应采取全面的公关宣传，以“软处理”的方式化解这种不利舆论。于是，有关当局采取了如下对策：

第一，立即组建核电站公关处，由一位高级工程师任处长，增强公关宣传的针对性、有效性和科学性。

第二，通过新华社、中新社等新闻媒介如实报道苏联切尔诺贝利核电站的核泄漏事故调查及救援工作开展的情况，并及时详尽报道了调查结果——由于操作人员操作不慎造成事故，并非技术问题。

第三，由权威的核科学家和核电专家在香港举办关于核电站知识的讲座。在宣传中，他们针对香港公众担心的问题，给予了耐心的解释和说明：我国目前采用的安全标准是在国际上积累了几十年经验基础上结合我国国情制定的，具有很高的安全保障系数。在压水堆的设计上，我们也采用了国际上最成熟的技术，设立了3道屏障：一是安全壳，二是压力壳，三是包壳，从而使反应堆达到最佳的安全性能，万无一失。世界核电史上的两次最大事故（三里岛事故、切尔诺贝利事故）均是由于操作人员操作不慎造成的，而非压水堆本身的技术问题。高标准、严要求是我们在核电建设中始终坚持的原则。另外，大亚湾核电站距香港50千米，完全符合国际规定的选址要求。在美国、中国台湾的一些核电站的设立，距居住区都在50千米以内，没有造成任何危害。苏联切尔诺贝利核事故的清理范围也在50千米以内。因此，50千米的距离不算近，港人不必担心，所有这些针对性的公关宣传缓解了公众的核恐怖心理，成功地引导了公众舆论。

第四，组织香港人士参观大亚湾核电站的基地及设施，增加了工程决策、设计、施工、管理及技术等方面的透明度。

第五，中央有关领导会见请愿团，向香港公众做认真的说明和解释工作，沟通信息和情感，让香港公众感到我国政府对此是襟怀坦白的，从而增强了香港公众对我们的信任感。

第六，有关当局和香港一家有影响、有信誉的公司合作，在日本的广岛举办和平利用原子能的展览会，宣传核知识。

通过以上一系列公关活动的开展，一场反对修建大亚湾核电站的轩然大波终于平息了。

第三节　政府公共关系管理与地区形象建设的基本思路

政府公共关系管理与企业及其他社会组织的公共关系管理在产生的效益与形成的效应上是有不同侧重点的，政府公共关系管理主要侧重于形成正面的社会效应与产生良好的社会整体经济效益。在现实生活中,具体的政府部门是有明确权限的,其公共关系的管理目标也是十分具体的。在这里只从一般意义上探讨具体的政府部门在公共关系管理和地区形象建设上的一些基本思路。

一、树立公关意识,是政府公共关系管理工作取得社会效应的前提条件

政府公共关系意识是一种现代的政府管理意识,他所涉及的内容十分广泛,主要包括政府形象意识、真诚服务意识、密切联系群众意识、宣传沟通意识、进取创新意识、勤政创绩意识、信息意识、合作意识、公仆意识、整体意识、优化意识,等等。随着我国政治、经济的发展,政府公关已成为各级人民政府行使职能、开展各项工作的重要手段,成为政务处理过程中的重要环节,成为政府工作取得成功的条件之一,成为公众了解政府工作状况,决定如何支持、配合政府工作的渠道之一,更是政府及政府领导工作人员把权力性影响能力和非权力性影响能力有机结合、充分发挥领导效能的措施之一。政府公关的作用如此重大,那么,要使政府公关真正成为政府快捷有效地履行各种职责的有效手段,首要任务是强化政府组织和工作人员的公关意识。政府组织及工作人员应站在时代的高度,牢牢树立公关意识,并把这种公关意识转变成自己的自觉行动,把这种公关意识作为现代行政管理的一种思想、一种行政管理的艺术、一种在能动地作用于政府行政管理的实践中着力释放政府行政管理效能的有效手段。

二、充分利用大众媒介,加强与社会各界的传播沟通

政府公共关系工作在利用大众传播媒介方面有得天独厚的优势,应充分利用这种优势,及时把政府的各项政策、举措公之于众,以指导和协调社会各界的活动。政府的宣传工作是政府管理社会的一种手段,应受到高度重视。首先,要成立专门的新闻发布机构,代表政府向各种新闻媒介发布有关政策的重大消息。其次,政府应加强对宣传工作的领导,把宣传工作纳入政府的工作计划中,使宣传工作与政府的其他各项工作密切配合,发挥出制造舆论、凝聚力量、鼓舞士气的作用。

大众传播媒介作为一种独立的社会事业机构,采集信息、发布消息、发挥舆论监督作用是它的固有职能。政府公共关系工作在利用大众媒介对社会施加影响的同时,也要充分尊重和重视媒介发布的各种信息,把媒介视为与社会沟通的重要渠道,主动接受媒介监督。这一点在工作上也要形成机制,要有专门的机构和专业人员监控大众媒介,通过分析研究大众媒介发布的各种信息,了解民意,掌握民情,进

而调整和完善政府的行为。

在现代信息社会中，新闻媒介（包括报纸、杂志、广播、电视和电脑网络）有着巨大的影响力，是引导和影响民意及造成社会舆论的主要力量。因此，一个组织要想造成有利于自身的社会舆论，确立和维护自身在广大公众中的良好形象，就必须加强与新闻媒介的联系，与新闻媒介建立融洽的合作关系，尊重并最大限度地运用新闻媒介。因此，健全传播机制，是政府公共关系管理的社会效应的必要途径。报纸、杂志、广播、电视等大众传播媒介是党、政府和人民的喉舌，其根本的宗旨是反映公众的呼声和要求，忠实地向公众提供各种服务；其基本功能是传播信息和表达舆论，负有影响社会公众生活的重大责任。公众传播媒介是沟通政府和社会公众的桥梁，是实现政府公关工作的重要信息舆论报道的载体，其作用与地位是十分重要的。

健全传播机制，形成政府公共关系管理工作外部效应的基本方法有：

(1)注重新闻传播的真实性。不要认为新闻媒介是国家、党和政府的喉舌，就可以随心所欲地滥用。新闻媒介当然要主动积极地当好政府的喉舌和工具，但它又有相对独立性，首先它要求传播的信息要真实。因此，一方面，政府要使新闻媒介及其工作人员遵守党的宣传纪律和职业道德，保证新闻传播信息的真实性；另一方面，也要力戒弄虚作假。为其提供真实信息，指导他们的工作，并和新闻媒介单位一起维护新闻的权威性、真实性，以便正确引导公众，从而树立起政府的良好形象。

(2)注重社会效益。新闻传播媒介是各级政府的喉舌，真实、有效地传播公众的意见、要求及政府的施政纲领、方针大计；双向为社会经济发展提供有用信息，成为沟通公众与政府的桥梁，这是传播媒介的首要职能。政府只有利用好传播媒介并发挥好它的职能，才能使政府服务于民、取信于民的公仆形象深入人心，服务质量才能真正地提高。

三、建立高效完备的信息监控系统，对全社会实施信息管理

政府公共关系工作不仅要借助大众媒介了解社会，通过研究大众媒介信息监控社会环境变化，还应该依靠政府自身的组织系统，建立起一个完备、高效的信息流通网络，通过对全社会各方面信息的综合管理，来实现对整个社会的管理。这一点是由政府管理的决策性、指导性、全局性决定的。具体的政府管理部门只有尽量全面地掌握相关信息，才能确保决策的正确性、科学性，从而对社会发挥出良好的指导作用和管理作用。决策咨询服务也是政府公关工作的基本职能，这不仅是指给领导者提供决策咨询，也包括政府公关部门在占有信息的基础上，预测趋势，发

布公报、消息等,以指导整个社会的运转。

对话和沟通是政府公共关系管理工作取得外部效应的具体表现。协商对话、双向沟通是政府公关的重要形式和原则,也是政府公共关系管理工作取得成效的具体体现。在今天,政府及其部门的社会影响力和作用面正在迅速扩大,加强政府与公众间的有效沟通就显得更为迫切。政府的决策乃至重大措施的预期效果,有待于与社会公众之间的沟通。协商对话、双向沟通使人民群众当家做主的理念得到充分的体现,人民群众的意见和要求得以快捷有序地传递给决策机关。协商对话、双向沟通也是政府的各种方针、政策、计划、方案等信息及时有效地传达给人民群众的重要途径,从而获得他们的理解、支持和配合。只有当我们的政府真正将人民的利益放在首位、真正成为人民的公仆时,才有可能树立一个"全心全意为人民服务"的形象,才能使公仆与公民真正站到平等的地位。

四、不断推出各种社会活动,疏导民意,争取民心,对社会实施教育引导工程

政府公共关系不仅有管理信息、服务决策这样很具体的事务工作,还应该根据社会的实际需要,有计划地精心策划一系列社会活动,包括信息研讨、文化娱乐、商务贸易、纪念庆典等。这方面各国政府和各地方政府都有许多成功的事例。

比如,1999 年在上海举行的《财富》全球论坛,中国政府和上海政府成功地将这次信息研讨活动转化成国企创新改革、带动中国经济发展的推动力量。一时间,1999 年《财富》年会成了中国知识界和企业界的热门话题,更多知名国企在改革发展中把跻身世界 500 强企业作为奋斗目标。1999 年昆明世界园艺博览会也是一个成功的政府公关活动,以旅游活动和文化娱乐活动为契机,推动了地方环保事业和市政建设的发展,特别是带动了地方经济的发展,启动了中国西部开发的序幕。

同样在 1999 年,北京及全国各大城市举办的庆祝中华人民共和国成立 50 周年庆典活动也产生了极好的政府公关效应,特别是北京的庆典活动和大型展览活动,盛况空前,世人瞩目,产生了极好的宣传效果和教育引导作用。

另外,像"心连心"艺术团到全国各地的慰问演出,中央政府和各地方政府大力倡导并积极推动的各种公益活动、送温暖活动等,在疏导民意、争取民心、教育引导民众方面都发挥了极好的公关作用。

五、帮助政府领导人树立良好形象

政府领导人是政府形象的重要体现因素,也是政府与社会联结的直接纽带。

政府领导人的形象在一般社会大众心目中，就是政府形象的代表。所以，政府公共关系工作要首先帮助政府领导人树立良好的社会形象。至于具体的政府领导人应该树立什么样的形象，这要根据具体的政府级别、类型来确定。一般来说，基层领导人应该树立诚恳、朴素、务实，与人民血肉相连的公仆形象；国家重要领导人应该树立起政治家的风范，人民领袖的风采；一般高级干部应该是专家型的公务员。

总之，政府领导人的良好形象要通过勤政创绩、取信于民来实现。人民至上，一切为人民利益，这是中国各级政府各类公务员必须坚持的原则；让政绩来说话，让事实来说话，这是政府公关的基石。社会主义中国的各级政府的工作宗旨是"为人民服务"，政府公关目标的实现决不能离开"为人民服务"。为此，我们的各级政府要实现自己的公关目标，需要不遗余力地为人民办实事、办好事，发展社会公益事业和福利事业。一个政府形象的好坏与否，一个政府官员有没有良好的社会形象，在很大程度上取决于它能否为公众解决一些与其生活密切相关的实际问题。毛泽东同志说："'实事'就是客观存在着的一切事务，'是'就是客观事物的内部联系，即规律性，'求'就是我们去研究。我们要从国内外、省内外、县内外、区内外的实际情况出发，从其中引出其固有的而不是臆造的规律性，即找出周围事变的内部联系，作为我们行动的向导。"实事求是是我们的党的思想路线，是中国革命和建设实践的科学概括和总结，是我国各级政府坚持为人民服务的宗旨，行使国家管理的基本要求。一切从实际出发，实事求是，集中体现人民群众的根本意志和利益，各级政府要顺乎民心，代表民意，通过沟通信息、树立形象、扩大声誉的公关实务，来正确解决政府与社会各界之间的纵横关系，充满活力地为民办实事，才能取信于民。

六、推动地区形象建设，为社会的物质文明和精神文明做贡献

所谓地区形象，是指一个地区的内部与外部公众对该地区的内在综合实力、外显活力和未来发展前景的综合评价与总体印象，它包括政治、经济、资源、科技、教育、文化诸方面，涉及发展规模、发展水平、发展质量及发展模式等内容。地区形象建设是一项系统工程，需要各方面的专门人才协同精心设计，然后由政府组织实施。

地区形象建设要求突出地区特色，这需要在设计阶段就找准地区在政治、经济、科技、自然条件等方面的优势，然后把这些优势转化为重点发展的战略目标，由政府精心组织实施。政府公关工作的任务是：首先，帮助政府规划好地区形象建设方案；其次，要通过大量宣传活动把地区优势推广开来，使这种优势成为地区发展的对外竞争因素和对内凝聚力量；最后，地区形象建设作为一项系统工程，在实施

中政府公关部门要发挥监督、指导作用。这是因为政府公关部门对地区形象建设工程了解最全面,对其宗旨理解最深刻。当这项系统工程由许多职能部门分工协作时,公关部门要主动承担起协调、监督和指导任务。

地区形象建设也是有精神内核的,这个精神系统的核心是政府形象。所以,地区形象建设要首先从政府的形象建设抓起,在机构设置、管理水平等方面进行现代化改造,使机构合理、运作高效;同时,也要狠抓公务员素质建设,真正建立起一支廉洁、勤政、爱民、全心全意为人民服务的公务员队伍。另外,地区形象中的精神内核还包括了地方风俗文化和历史文化及今人创造的精神文明成果。

总之,地区形象建设实际上是一个地方的物质文明建设和精神文明建设的综合表现。这两个方面的综合成就越高,一个地方的知名度和美誉度也就越高。

本章思考题

1. 结合案例说明政府公共关系管理工作的重要性。
2. 政府公共关系管理中如何体现出主体的作用?
3. 为什么政府公共关系主要凭政绩来体现?
4. 区域形象如何成为目前的一个显性问题?
5. 结合案例说明地区形象建设及管理的现实重要性。

第七章　城市新形态与城市管理

第一节　大都市区管理

一、大都市区的含义及形成机制

大都市区是一个大的城市人口核心，以及与其有着密切社会经济联系的、具有一体化倾向的邻接地域的组合，它是国际上进行城市统计和研究的基本地域单元。它的形成和演化是城市行为者、居民、企业、政府追求规模经济行为在地域空间上的体现。① 大都市区的形成正是体现了城市化发展中城市因追求规模经济而集聚发展，因规模不经济而向外扩散再集聚的不断演化的结果。城乡相互作用是大都市区形成和发展的直接动力。从整个区域空间尺度来看，大都市区的形成是城市发展到一定阶段的产物，也就是区域城市化阶段所形成的城市地域。

20世纪90年代以后我国进入快速城市化阶段，城市化发展的不同阶段将产生不同的城市地域空间。我国学术界已经形成了一系列有关大都市区的研究成果，这为我们预见未来城市的发展，科学管理提供了理论支持，同时，西方国家的城市化发展较早，城市化水平较高，也已经出现了大都市这种类型城市，并积累了一定的管理经验，形成了一定的管理模式，对我国提高城市管理水平，改革城市管理模式具有可资借鉴之处。

二、西方国家大都市区治理模式借鉴

由于不同的国家和地区在政治、经济、社会、文化和历史传统各方面存在差异，国外大都市的城市管理模式也各有特点。但概括而言，可以归结为以下三个模式：②

---

① 黄勇等.大都市区：长三角城市化发展的必然选择.中国城市化，2003-4-15.

② 黄丽著.国外大都市区治理模式.东南大学出版社，2003：19、20.

1. 合力制衡的北美大都市区治理模式

该模式主要通过一种机制，协调下列两组关系：政府的权力制衡关系，使联邦政府、州与地方政府间的权力保持互相牵制和平衡，既提高政府管理公共事务的效率，又保证了大都市区域经济在全球化下的综合发展和全局平衡。共同的发展联盟关系，以换取利益各方彼此认同的游戏规则，求得各自权利扩张的空间，从而达到大都市区最优的行政系统运作效率。显而易见，在北美治理模式下的区域规划中，公众、私营企业和政府之间的权利是弹性的，彼此之间是一种“契约式”的民主关系，比如公众既是纳税人（房地产税是地方政府最大的财源），也是选民。公众不但参与权利分配，甚至还居于决策较为重要的地位，在这种契约式的政治构思中，各方利益只不过是通过法定程序、各自谋求最大满足的砝码，这正是“公共选择”理论在北美实践的结果。

2. 主张城际联盟的欧洲模式

欧洲社会、经济和文化的全球化对城市化进程产生了强烈的影响，城市之间的竞争主宰了城市的兴衰和大都市区的各项发展，彼此之间的联系和交往变得日益密切。由于便捷的通信技术，大都市区中心与边缘城市之间传统毗邻优势的逐渐减弱，劳动力和社会经济活动在城市之间的流动加速，从而减缓了城市社会的两极分化。这样，整个欧洲以大都市为中心，包括中小城市在内较为均衡的城际网络的逐渐形成，成为欧洲大都市区治理的主要特征。城际联盟战略以欧洲区域共同市场为先导，利用欧盟统一的区域政策，发挥区域基础设施网络化的优势，促使城市积极结盟与合作，推进国家与社会、政府与公众相互关系的转变，进而达到整合欧洲大都市区、提高整体实力、形成综合竞争优势的目标。另外，不论是基于市场还是社区的伙伴关系，欧洲大都市区治理实践的关键之处还在于：找到一种能将政府与社会、政府与市场相结合，将各种影响因素转换为相互促进的动力机制，并使这种机制能够最大限度地满足基层民众的需求，保护历史文化遗产，从而最终促进大都市的持续发展。

3. 逐步分权的亚洲模式

摒弃官僚层级制度、寻求市场和社会力量成为当今许多亚洲国家大都市区治理的主要改革动向。在大都市区治理中，如何在地方政府、私营企业、公众社会和非政府组织，甚至国际机构的纷纷介入下，在一些关系到国计民生的重大决策方面既保持中央政府的治理能力，又发挥各方力量的主动性、平衡各自利益是亚洲国家长期探索和实践的主要趋向。亚洲传统文化强调天人合一、以德为本、兼爱交利等,适当地引导和运用公众参与和市场的力量有助于政治的透明性和行政的有效化;注重群体和谐发展、强调国家从宏观角度干预经济是亚洲传统价值观的产物。由于历史和文化传统的不同,在公众参与方面,亚洲大都市区政府的经验是运用各种传媒帮助公众理解政府的各种决策意图,以让公众信任、支持和协助政府各项举措的进行。因此,亚洲的公众参与更加强调公众的集体利益而非公众的个人自由;公众参与主要用于敦促政府去不断创新以满足公众的需求或监督政府的决策是否维护了公共利益,而不是以各自为己的极端自由主义为出发点。

这三种大都市的城市管理模式是不同国家和地区结合各自的具体情况而作出的选择,是从整体而言。实际上,在具体的政策和措施上,各国各有高招,都体现出各自管理运动的宗旨和最终目标,比如,从里根政府的"民间参与城市更新",到撒切尔政府的"放宽规划管制"和"推动半官方组织体系"及其"自由化"倾向,甚至大阪大都市政府的"产—官—学—民一体化"和东京大都市政府的"联外制内"政策等,均或多或少地追求着决策主体的多元化、政治的透明化、公众和非政府组织的最大参与化。也就是说,通过合理的权利建构机制,保持城市管理各种权力结构的平衡,可以改善和提高政府管理的绩效;而市场运作机制的参与,则可以促进资源的合理配置,缓解城市政府建设资金的困窘;社区、团体和非政府组织等社会力量的参与,可以更好地监督和满足社会各种利益群体的需要,从而达到建立一个公开、公平、高效的城市管理机制。

三、西方大都市区治理经验对中国的启示

与中国不同,西方城市管理的模式是典型的"小政府,大社会",大量的社会中介组织承担了城市政府的一些传统的管理职能,使政府不必为烦琐的具体城市管理问题忙于应付和奔波,消除政府的后顾之忧,从而可以集中精力做好城市管理的指导工作,为城市建设和城市管理提供整体规划和政策导向的宏观调控。

20 世纪 80 年代以前,经过多年努力,西方国家已经建立起以政府为主导,企业、非政府组织、市民等多元参与的城市治理模式,形成了政府管理机制、市场运行机制和社会机制三方在城市管理中的整合,城市管理模式多为典型的福利型管理。80 年代以后,由于全球化进程的加剧,全球性事务日益增多,世界各国的城市管理受到冲击,面临着新的竞争和考验。在商界、社会团体和公共机构各方利益集团的压力下,随着各国经济的迅猛发展,人民生活水平的日益改善和福利开支的不断提升,一方面,西方城市财政日益陷入入不敷出的艰难境地;另一方面,市民自治和参与意识愈来愈扩展,要求改善都市管理,提升生活品质的呼声持续高涨,变革城市政府尤其是大都市政府管理模式和方法的要求日益迫切。政府重新调整政府、市

场和社会三方关系，积极探求“新社会观”，即政府与市场的结合、正式组织和非正式组织的结合、集权与分权的结合。

这种新的治理，尤其体现在各国大都市管理上。各国大都市政府的行政管理体制相继采取了新的应答部署。一方面，迫切推进“积极公民”和“它是我的城市”等新举措；另一方面，各国都市政府也由先前的大都市政府转变为大都市管理，以在更大、更广泛的领域里统理城市事务。多伦多、伦敦、大阪、东京、曼谷等大都市都对自己的都市政府组织进行了全新的改组和尝试：重组都市政府，从原有的多层到两层，甚至单层；并力主政府和非政府组织、社会、公众之间的积极合作。可以这样概括为，大都市管理运动的兴起，是大都市为了适应一种全新的区域资源协作和共享的需求，注重行政化、非行政化（非政府组织和公众作用）和市场化等当今行政动作方式的有机结合。①

城市和政府可以说是人类文明的双胞胎。传统的城市管理似乎历来是政府的职能。但是现代的城市管理理论已经认识到不能认为政府是唯一能够履行公共事务职能的组织。而且政府如何来取得良好的管理也是需要认真加以研究的。因为事实证明政府本身就是一个公共物品，它的管理也需要成本。政府所依赖的科层体制运作是一个难以适时作出反应的组织。而且政府面对的是全市人民的共同需求和对弱势群体的帮助，难以顾全个别人群的特殊需求。在市场经济的条件下，在日益复杂多元的社会要求下，政府会遇到效率不高和有所“不能”的问题，单一的行政化管理已不能满足需要，私营部门介入城市管理，特别是在提供公共服务方面发挥作用已成为各国均采用的方法。政府通过行政许可、委托代理、协议承包、免税优惠等方法使一些公共服务项目通过市场来实现。但是，市场也有它的局限性。有些公共项目是无法靠私人部门的市场去实现的，比如基础教育、医疗卫生、社会保障等。这就需要动员社会力量来参与，充分利用民间的资源来帮助政府满足公众的需要。民间资源的利用不但是指金钱和物质，更重要的是讲参与精神和志愿服务，这是民众的良知，不是金钱和市场所能取代的。社会力量参与城市管理也包括不同社区和社团的自治自理，即通过民众自己组织起来解决自己的需求。这种政府和民间的结合是一种社会式的管理过程。经营式管理和社会式管理的介入同时也促使行政式管理的改进。行政管理必须变得更开放、更透明，行政必须置于有效的监督之下。政府必须提供准确信息、依法办事、提高效率，等等。这样便能形成一种完备良好的管理。②

---

① 尹继佐主编.城市管理与市民素质.上海社会科学出版社，2002:66.

② 尹继佐主编.城市管理与市民素质.上海社会科学出版社，2002:15、16.

第二节　生态城市管理

城市的发展已经经历了农业城市、工业城市两个阶段,正在向一种新型的城市或称之为后工业城市过渡。当我们痛恨着今日城市的拥挤、污浊的空气时,当我们享受着高科技的便利、奢华时,常常禁不住要问:未来的城市如何?

目前,人们对城市持有不同的看法。基于不同的视角和对不同的城市问题的认识和反思,以及地域、经济、文化、政治条件的不同,世界城市发展正呈现出多种模式、多种层次和多种水平。为了满足人类日益增长的生活需求,各个城市都在追求和设计更加美好的未来城市。

未来城市不仅仅是消除了当前城市问题的城市,还应该是能够长远的、可持续发展的城市。未来城市的这一发展理念是基于工业城市时代城市给人类带来的巨大损害而逐渐形成的。

一、城市生态的恶化

在工业城市时代,由于大工业的产生和发展,促进了社会经济和人们生活水平的提高及整个社会的进步,但它同时也产生了严重的问题,城市人口过度集中、交通拥挤、各种环境污染日益严重等。

其中,工业城市发展的一个突出问题是城市生态环境恶化,经济发展和环境之间的矛盾日益尖锐化。早在工业化早期恩格斯就曾给我们发出这样的警告:"不要过分陶醉于我们对自然界的胜利,对于每一次这样的胜利,自然界都报复了我们。"①

城市生态的恶化,不仅是城市居民生活环境的恶化,还进一步危及整个人类生态系统。因而,其所产生的后果已经引起人们的广泛关注。

首先,严重影响了城市居民的生活。在我国,由于工业废水和生活污水处理率不高,致使90%以上的城市水域严重污染,近50%的重点城镇水源不符合饮用水标准。中国600多座城约有2/3的城市缺水,每年缺水60多亿米^3,其原因主要是城市淡水资源受到污染。② 如素有人间天堂的苏州,关于其水资源,民间却流行着这样的谚语:"60年代,淘米洗菜;70年代,水质变坏;80年代,鱼虾绝代;90年代,

---

① 马克思恩格斯选集.人民出版社,1965:517.

② 傅国伟、郭京菲.面向可持续发展的水资源管理问题的探讨.城市环境与城市生态,1997(1):6-9.

不能洗马桶盖。”

第二，严重损害和威胁着人类健康。由于聚集效应，城市人口密度高，工业高度聚集，工厂的烟囱和各种排放物造成城市环境污染，还有汽车尾气和居民烧饭取暖等也加剧了空气污染。环境中的这些有毒、有害的各种污染物直接损害着人体健康，甚至引发疾病，夺去生命。历史上令人震惊的环境公害事件大多数是由于城市环境污染导致的。如伦敦的雾天，过去每年可达七八十天，平均5天中就有一个“雾日”。所谓“雾”，其实就是粉尘排放到空气中以粉尘为核心凝聚的结果。这些又浓又浊的雾气，使全伦敦患黏膜炎、哮喘、肺结核的人比全世界其他地区患这些病的总人数还多。1952年12月4日，伦敦浓雾弥漫，整座城市笼罩在一片灰暗之中。大雾一直持续到12月10日才散去。结果，几天时间内，伦敦就有4 700多人死于呼吸道疾病，雾散后还有8 000多人死于非命。其他如噪声污染使人烦躁不安、听觉失灵，还可能导致高血压、心脏病、记忆力衰退等多种疾病的发病率上升。

第三，自然资源的破坏和浪费严重。由于城市水资源污染，有些城市过分开采地下水使得地表下沉；由于城市化不断扩展，人类可用耕地日渐减少，土地破坏性开发使植被遭到严重破坏，有些地方物种濒临灭绝，鸟兽绝迹。

最后，直接经济损失惊人。仅大气污染造成的直接经济损失，美国每年达200亿美元，德国为25亿马克，法国为300亿法郎。据欧共体国家调查，环境污染造成的经济损失通常占国民生产总值的3%～5%，美国的情况与此类似，1990年美国一年的污染损失约2 150亿美元，正好相当于同年美国各级政府的财政总收入。就我国而言，20世纪80年代每年因污染造成的损失为800亿元，约相当于我国1987年国民生产总值的7.7%。其中大气污染损失为70亿元，水污染损失为380亿元，固体废弃物污染损失为80亿元。①

城市生态的恶化，使人们不断反思，认识到城市发展与生态之间存在着诸多矛盾，主要有：

(1)城市工业迅速发展与工业资源短缺及被污染之间的矛盾；

(2)城市经济增长、居民生活水平提高、城市规模不断扩大与能源、水资源、土地资源等短缺的矛盾；

(3)城市规划缺乏科学性与各种城市污染和居住环境的矛盾；

(4)城市经济的快速增长与城市基础设施落后的矛盾；

(5)城市建筑空间与城市绿化之间的矛盾；

(6)城市社会的快速发展与城市居民素质落后之间的矛盾等。

---

① 谢文惠等.城市经济学.清华大学出版社，1990：353.

城市生态问题归根到底是经济问题，是人类社会可持续发展的问题。其解决也必须通过城市内部经济发展和其他因素相协调而完成。在后工业城市时期，生产力水平很高，仍不可避免会出现城市问题。因此，未来城市的发展目标是可持续发展的生态城市。

二、生态城市含义及特点

所谓生态城市，联合国发起的“人与生物圈(MAB)”计划研究过程中提出的定义是：基于地球是人类“母亲”的观念，运用人类智慧对自然生态和社会经济进行分析，创造一种能充分融合技术和自然并使其达到最优化的人类活动环境(城市)，以诱发人类的创造精神，不断提高人类的物质与精神文明及生活质量，它是社会和谐、经济高效、生态良性循环的人类居住形式，是自然、城市与人融合为一个有机整体所形成的互惠共生结构。也就是说，生态城市应该是一个经济发展、社会进步和生态良性循环且三者保持高度和谐，技术的应用与自然的和谐达到充分融合，城乡整体环境清洁、优美、舒适，可以最大限度地发挥人的创造力和能动性，积极提高城市文明程度的稳定、协调和可持续发展的高度人工化的复合环境系统。在这样的城市中，经济、生态、社会三者协调发展，实现最大的综合效益，最终达到人与自然的和谐。这也是人类真正的归宿，城市的归宿。

与传统城市相比较，未来生态城市主要有以下几大特点：

一是和谐性。生态城市的和谐性，不仅反映在人与自然的关系，自然与人共生、人回归自然、城市融于自然，更重要的是在人与人、人与文化的关系上。也就是要实现多维生态空间系统的和谐性：物理空间包括绿色空间(植被)、蓝色空间(水体)、白色空间(建筑)、灰色空间(道路与构筑物)，代谢空间包括水、热、气、电、食物、废弃物等，交流空间包括信息、交通、社交等，文化空间则是指文化氛围、社区安全和精神生活等，服务空间则有娱乐、教育、医疗、饮食等。其中，各空间的关系相互作用，保持相对稳定的平衡状态。

二是高效益。生态城市的多维生态空间系统之间不仅处于动态的平衡状态之中，而且各系统之间对资源的利用效率达到最优状态，以最小的物理交流量换取最大的自然和人文生态流量，以最小的生态代价实现最大的经济效益，以最小的物理空间容纳最多的生态功能；不同空间的物质、能量互相利用，废弃物变废为宝，循环再生，从而实现物尽其用、地尽其利、人尽其才、各施其能、各得其所，使自然、社会与人类都获得最大收益。

三是可持续发展。生态城市虽然由多维生态空间系统组成，但其发展是按照“取之于自然，又返回自然”的原则为指导，各系统之间的资源可以合理配置，使自然、社会与经济的发展三者之间始终达到最大效益。因此，这种发展不仅仅是满足当代人的需要，还能保证城市持续、健康的发展，为城市向更高文明发展保留余力和良好的条件。

四是高度文明。生态城市是一个复杂的高度人工的复合系统，而不仅是单一的城市自然生态环境。它不但实现了自然生态系统的稳定和平衡，而且人类的一切活动也遵行生态学原理，实现了人文生态系统各方面的协调发展，形成了按生态学原理构建成的人类社会经济发展所需要的人文基础和文化环境，达到社会的高度文明和全面和谐统一。

五是高素质人口。人是生态城市的创造者也是享用者。只有高素质人口才能建设和保障生态城市的正常运转。居住在生态城市的成年人应具有良好的道德水准，法制观念强，受教育程度较高，自觉参与城市管理。与高素质人口相适应的，城市本身则具有发达的教育体系，优良的社会风气，井然有序的社会秩序，城市物质、精神生活丰富多彩，拥有良好的医疗卫生条件和祥和的社区环境。

六是信息化。电子计算机的诞生使人类逐渐进入信息社会。信息技术的发展带来了遍布全球的信息化浪潮。而城市是信息的中心，“信息爆炸”已成为现代城市的突出特征，信息竞争则是国家经济发展和国际竞争的关键，而信息化城市则是国家实现信息化战略的重要保障。信息技术的发展大大改变了人们的生活方式、工作方式和交往方式，使人类的居住空间发生变化，出现新的人文生态空间，如信息交流空间、新的产业空间。城市的结构也相应地发生变化。从现在已经建立起来的“电子政府”、“电子商务”等可以看出，城市信息正在形成一个网络系统，通过网络技术的不断发展，整个城市的资源不断得到新的分配和组合，这为城市生态系统各个要素之间的稳定和平衡带来新的挑战，同时则提供高水平的信息管理手段。“电子政府”、“电子城市”已成为未来信息化城市建设和管理的又一轮竞争。

生态城市的这些特点决定它应以城市生态学和环境经济学为理论指导，以可持续发展为主题，以生态平衡为核心，以城市高水平管理为手段，建立起政府主导、市场推进、执法监督、公众参与的新机制，建设起经济、社会、生态三者高度和谐的城市文明，全面实现可持续发展，满足人类自身的生存和发展。

三、循环经济与生态城市建设

循环经济的思想萌芽诞生于 20 世纪 60 年代的美国。“循环经济”这一术语在中国出现于 90 年代中期，对它的界定也是多样，社会上通常采用国家发改委对循环经济的定义即循环经济是一种以资源的高效利用和循环利用为核心，以“减量化、再利用、资源化”为原则，以低消耗、低排放、高效率为基本特征，符合可持续发展理念的经济增长模式，是对“大量生产、大量消费、大量废弃”的传统增长模式的根本变革。

循环经济发端于生态经济。从美国经济学家肯尼思·鲍尔丁在1966年发表《一门科学——生态经济学》，开创性地提出生态经济的概念和生态经济协调发展的理论后，人们越来越认识到，在生态经济系统中，增长型的经济系统对自然资源需求的无止境性，与稳定型的生态系统对资源供给的局限性之间就必然构成一个贯穿始终的矛盾。围绕这个矛盾来推动现代文明的进程，就必然要走更加理性的强调生态系统与经济系统相互适应、相互促进、相互协调的生态经济发展道路。

循环经济实际上是把清洁生产和废弃物的综合利用融为一体的经济，也称为资源闭环利用型经济。对生态城市建设意义重大。第一，循环经济实现了从源头预防环境问题，改变工业化过程中由“资源—产品—污染排放”生产方式为“资源—产品—再生资源”从而尽可能地降低经济活动对自然环境的影响。第二，改变传统的环境治理的模式，不再重蹈先污染后治理的老路，激励技术革新。

四、低碳经济与生态城市建设

低碳经济逐步成为全球意识形态和国际主流价值观，以其独特的优势和巨大的市场已经成为世界经济发展的热点。最先由英国这个第一次工业革命的先驱提出的，英国本土的资源并不丰富，按照2003年的消费模式，预计2020年英国80%的能源都必须进口。所以英国充分意识到了能源安全和气候变化的威胁，在2003年的英国能源白皮书《我们能源的未来：创建低碳经济》中最先提出“低碳经济”。

低碳经济是指在可持续发展理念指导下，通过技术创新、制度创新、产业转型、新能源开发等多种手段，尽可能地减少煤炭石油等高碳能源消耗，减少温室气体排放，达到经济社会发展与生态环境保护双赢的一种经济发展形态。

低碳经济提出的大背景是全球气候变暖对人类生存和发展的严峻挑战。随着人类对各种生物能、风能、太阳能、水能、化石能、核能的开发利用，人类社会从原始社会走向现代工业社会，我们在享受到现代化进程的丰硕成果的同时也正在经历着现代化发展给我们的生态环境所造成的恶劣后果，如废气污染、光化学烟雾、水污染和酸雨。大气中二氧化碳浓度升高带来的全球气候变化，已被确认为人类破坏自然环境、不健康的生产生活方式和常规能源的利用所带来的严重后果。

低碳经济本质上是以减少温室气体排放为目标，构筑低能耗、低污染为基础的经济发展体系，包括低碳能源系统、低碳技术和低碳产业体系。

低碳经济与生态城市建设内容上异曲同工。生态城市是指社会和谐、经济高效、生态良性循环的人类居住形式，而低碳经济是通过“低碳”手段来减少城市发展对自然生态环境的负面影响，又创造“人与自然”和谐共生的关系，低碳经济是人类实现理想生存模式的一种途径。

生态城市充分体现人与自然和谐共生的自然规律，保护自然，维持生态平衡，创建和谐家园，需要我们改变传统的经济增长方式，实现清洁生产和资源循环的利用，探求新的社会管理的模式，创建和谐社会，达到自然生态和人文生态的和谐统一。

第三节 数字城市

纵观世界，信息和通信技术的应用正迅速改变着社会的经济基础和社会基础。高科技的快速发展，使人们生活在一个完全不同于以往的时代，自动取款、电子邮件、电子认证、网络服务，一机在手，不出家门便可知晓天下事，与世界各个地方的朋友、公司联系。高科技已越来越有效地将全球联结为一体，各国城市正迎来一个国际化、信息化的崭新阶段。现代城市中到处充满着信息，无人能够游离于信息化之外。信息技术可以确保市民有一个更高的生活水平，可以更清晰有效地进行公共事务管理，提供更多有用的服务，也促使了城市概念的变化，我们熟悉的物质城市正在形成一个充满数字化特征的时代性——数字城市。

一、什么是数字城市

“数字城市”概念源起于“数字地球”，“数字地球”是美国副总统戈尔于1998年1月在加利福尼亚科学中心开幕典礼上发表的题为“数字地球：认识二十一世纪我们所居住的星球”演说时，提出的一个与地理信息系统(GIS)、网络技术、虚拟现实技术等高新技术密切相关的概念。在戈尔的文章内，“数字地球”是一个“对地球的三维多分辨率表示、它能够放入大量的地理数据”。中国学者特别是地学界的专家认识到“数字地球”战略将是推动我国信息化建设和社会经济、资源环境可持续发展的重要武器，并于1999年11月29日至12月2日在北京召开了首届国际“数字地球”大会。从这之后，与“数字地球”相关相似的概念层出不穷。“数字中国”、“数字省”、“数字城市”、“数字化行业”、“数字化社区”等名词充斥报端和杂志，成了当前最热门的话题之一。2000年5月13日，中国近百名市长与百名IT精英企业聚首“二十一世纪数字城市论坛”，共商推动中国城市数字化进程大计。由此，无论是戈尔的“数字地球”还是“数字城市”都是关于不同层次空间、全方位的GIS与虚拟现实技术、网络技术相结合的产物。由于人类生活和生产的信息有80%与空间位置有关,城市又是地球表面人口、经济、技术、基础设施、信息最密集的地区,“数字城市”必将是“数字地球”网络系统中最为重要的一部分和最繁荣的信息中心,是建设数字地球的关键和难点。显然,面对如此一个浩大的工程,任何一个政府组织、企业或学术机构,都是无法独立完成的,它需要成千上万的个人、公司、研究机构和政府组织的共同努力。

“数字城市”是以计算机技术、多媒体技术和大规模存储技术为基础,以宽带网络为纽带,运用3S技术(遥感技术RS、全球定位技术GPS、地理信息系统技术GIS)、遥测、虚拟仿真技术等对城市进行多分辨率、多尺度、多时空和多种类的三维描述。通俗地讲,在计算机技术支持下,将现实的城市空间及空间中的自然要素和人文要素的时间、空间信息用数字化的手段在电脑虚拟空间中再现,借助这样一个虚拟空间来为人类的生产、生活服务。

“数字城市”是伴随高新信息技术发展而形成的新的城市形态。“数字城市”与“园林城市”、“生态城市”、“山水城市”一样,是对信息时代城市发展方向的一种描述,是指数字技术、信息技术、网络技术要渗透到城市生活的各个方面。其本质是对物质城市及其相关现象(经济社会特征)统一的数字化重现和认识,是用数字化的手段来处理、分析和管理整个城市,促进城市的人流、物流、资金流、信息流、交通流的通畅与协调。

二、数字城市的关键技术及建设内容

(一)数字城市的关键技术

1. 地理信息系统

所谓地理信息系统(geographic information system,GIS),比较狭义的定义是指在计算机软件和硬件的支持下运用系统工程和信息科学的理论,科学管理和综合分析具有空间内涵的地理数据,以提供对规划、管理、决策和研究等有用的信息技术系统。由于近年来GIS的广泛应用,一切与空间信息相关的信息系统都可以被称为地理信息系统。数字城市的核心就是海量城市空间数据与三维城市地理信息系统、时序城市地理信息系统的融合。数字城市的突出特点是能够应用数字化的信息掌握城市地域结构在时间与空间域内的变化过程。

2. 遥感技术

遥感是以航空摄影技术为基础,在20世纪60年代初发展起来的一门新兴技术。开始为航空遥感,自1972年美国发射了第一颗陆地卫星后,这就标志着航天遥感时代的开始。经过几十年的迅速发展,目前遥感技术已广泛应用于资源环境、水文、气象、地质、地理等领域,成为一门实用且先进的空间探测技术。

遥感是利用传感器从空中探测地面的物体性质,它根据不同物体对波谱产生不同响应的原理,识别地面上各类地物,具有遥远感知事物的作用。该技术是利用地面上空的飞机、飞船、卫星等飞行物上的遥感器收集地面数据资料,并从中获取信息,经记录、传送、分析和判读来识别地物。

3. 全球定位系统

全球定位系统(global positioning system,GPS)是美国从20世纪70年代开始研制,历时20年,耗资200亿美元,于1994年全面建成,具有在海、陆、空进行全方位实时三维导航与定位能力的新一代卫星导航与定位系统,我国测绘等部门经过近10年的使用,GPS以全天候、高精度、自动化、高效益等显著特点,赢得广大测绘工作者的信赖,并成功应用于大地测量、工程测量、航空摄影测量、运载工具导航和管制、地壳运动监测、工程变形监测、资源勘察、地球动力学等多种学科,给测绘领域带来一场深刻的技术革命。

4. 数字摄影测量技术

数字摄影测量是基于摄影测量的基本原理并运用计算机技术、数字图像处理、计算机视觉、模式识别等多学科的理论与方法,从影像中提取所摄对象,用数字方式表达的几何与物理信息的一门学科。近年来,数字摄影测量技术在软、硬件方面的迅速发展,使得航空摄影图像中自动获取数字高程模型(DEM)并制作数字正射影像已经成为现实。国际上许多数字摄影测量系统,如Leica/Helava公司的DPW、Zeiss公司的PHODIS、Intergraph公司的ImageStation以及武汉适普软件公司开发的VirtuoZo NT等有关数字正射影像自动生成和DEM自动提取的技术已经成熟,这为地形环境虚拟现实研究提供了直观、真实且现实性较强的基础数据。

5. 三维景观虚拟现实技术

三维景观虚拟现实技术是指利用地表信息重建三维地表景观,并实现实时动态显示的技术,其基础数据为数字遥感影像和数字地面高程模型。将数字地面高程模型作为几何数据,地表影像作为纹理数据,通过数据预处理、参数设置、纹理映射、投影变换和视口变换等就可以构造出地形表面的三维景观模拟图。

6. 专家系统和决策支持系统

专家系统(expert system)是人工智能应用研究最活跃和最广泛的课题之一。

专家系统是一个智能计算机程序系统，其内部含有大量某领域专家水平的知识与经验，能够模拟人类专家所做决定的过程，解决特定领域中的复杂实际问题。决策支持系统(decision support system)则是围绕决策行动主体进行的支持管理人员非程序性决策的一种信息系统，是一个以计算机为基础的人机交互信息处理系统，它能够结合利用各种数据、信息知识，特别是模型技术，辅助各级决策者解决半结构化或非结构化决策问题。专家系统和决策支持系统都可用于数字城市的决策过程。

7. 数据库技术和网络技术

元数据、图像数据库、多媒体数据库、超媒体数据库和面向对象数据库技术便于地理信息系统海量图像数据的解释、分析、识别和检索。网络技术特别是宽带网络技术促使互联网络地理信息系统应运而生。

(二)数字城市的建设内容

数字城市建设的首要目标是建立统一的数据和技术指标标准体系，解决“数字城市”的关键技术，通过示范研究实现“数字城市”①，完成现实城市空间和要素到网络虚拟空间的重现，以此更好地服务于城市规划、建设、管理的实践。

1. 数字城市空间基础设施研究

(1)空间数据协调、管理与分布体系和机构以及空间数据交换网络体系；
(2)空间数据交换标准；
(3)三维城市模型的数据获取与更新方法；
(4)海量城市数据四库(DEM、DOM、DLG、DRG)一体化管理；
(5)以人口普查、社会经济统计数据为代表的非空间数据的采集；
(6)门牌号码的地理编码技术研究。

2. 多种 GIS 系统集成模型研究

(1)基础地理信息系统；
(2)规划信息系统；
(3)管线信息系统；
(4)社区管理信息系统；
(5)110 报警信息系统。

① 顾朝林、段学军. 论“数字城市”关键技术及其实现. 城市规划，2002(1)：16-20.

3. 3D-GIS 研究

(1)三维城市模型中地形和建筑物动态显示和操作技术；
(2)三维城市模型的空间分析和查询；
(3)空间数据索引机制的建立；
(4)三维的图形和属性编辑；
(5)建立三维可视的 GIS 系统。

4. 城市仿真与虚拟现实技术研究

(1)城市景观的仿真技术；
(2)城市地下管网的断面剖示技术；
(3)大面积建筑群体的高效三维建模技术；
(4)城市、街道、社区的三维动画设计；
(5)城市灾害事故和突发事件的动态模拟；
(6)城市时空变化的 3S 动态模拟技术；
(7)虚拟城市规划技术(包括规划方案的景观、日照、周围环境等分析技术)。

5. 数字城市支持下的数字社区研究

(1)虚拟小区规划；
(2)社区空间信息管理(电子地图、三维分布图、商业网点分布图、设施设备分布图、地下管线分布图、三维户型结构图、地籍信息、房产权属信息、规划信息等)；
(3)社区物业管理；
(4)网上服务管理；
(5)社区电子商务；
(6)网上行业管理。

三、"数字城市"与城市管理变革

城市信息化正成为城市新一轮发展的机遇。

一方面，数字化技术给城市政府管理科学化和现代化提供强有力的技术支持。其中，以信息化为特征的数字城市将成为未来城市管理不可或缺的重要手段。

"数字城市"在城市管理中的主要优势包括：动态、快速、高精度、规范地得到和存贮城市规划、建设与管理的成果信息(包括空间的和属性的)；快速、高精度地进行城市管理信息的查询检索和统计，方便用户获取各类精确信息；有效进行城市信息的空间分析，支持城市管理工作的深化；快速、高精度的更新城市定位信息，保证城市管理工作中信息的现实性。与此同时,“数字城市”建设对于提高政府决策的科学性、前瞻性和民主化,提高城市规划、建设与管理工作的规范化和效率,进而促进城市的可持续发展具有重大的现实意义。①

另一方面,它通过促进经济转型和社会结构的演化,对城市管理的方式、权力结构、管理理念产生巨大的影响和变革,开启了城市管理的第三次革命。由于数字化城市是以计算机为基础的网络信息系统,它所构筑的虚拟空间使政府的结构和职能不得不发生相应的变化。

1.“数字城市”将重铸城市政府的权能

(1)使政府功能发生“位移”。一方面,“数字城市”使城市政府具有更强的信息获得与控制能力,使政府职能不断向新的领域扩展,可以更集权、更有效地实现对社会的控制。由于“数字城市”的重要特征就是信息资源的共享,与传统的城市职能不同,“数字城市”使得促进社会公平成为城市政府的重要职能,公共服务则成为城市政府的核心职能。另一方面,它又导致城市政府的部分功能流失。因为“数字城市”在更广泛意义上实现了信息资源的共享,使政府可以摆脱琐务,从而可以专司运行规则的设置及运转监控职责,实现“小政府、大社会”的价值追求。同时,它还使城市政府将社会性、公益性、自我服务性的事务也从政府职能中剥离出来,交给第三部门(民意团体或社会中介组织等)承担,将本属市场的生产、分配、交换的经济职能归还市场。

(2)使城市政府管理民主化趋势取得突破性进展。伴随网络的广泛普及和发展,传统的官僚集权观念将成为明日黄花,风光不再。这是因为现代信息技术的发展,打破了知识和信息被传统官僚机构所垄断的局面,带来知识和信息的社会化,使作为财富和知识主体的社会、市场、公众的权力得到不断强化。它还为市民参与城市管理提供了方便。顺畅通达的电子访问使人们可以跳出科层制等级观念的束缚,通过网络实现市民与政府之间的平等自由的交流。同时,通过网络,也大大方便和提高了市民参政、议政的能力。②

2.“数字城市”也将重塑城市政府管理模式

“数字城市”在促进城市政府管理的现代化、民主化、科学化和公开、效率的同时,也对城市政府管理理念、治理结构、行政程序、工作流程、政府制度提出新的要求和挑战,迫使政府改变管理模式,适应社会要求和发展。

---

① 尤建新主编.现代城市管理学.科学出版社,2003:208.

② 尤建新主编.现代城市管理学.科学出版社,2003:221-225.

未来的城市政府管理模式究竟如何，约翰·奈斯比特的预言是，电脑将粉碎金字塔："我们过去创造等级制、金字塔式的管理制度，现在由电脑来记录，我们可以把机构改组成水平式。"但是，"数字城市"时代，信息之大，变化之快，水平式管理模式也许仍难适应社会需要。无可置疑的是，水平式管理模式应是未来城市政府管理模式的一种或重要部分，但不可能是唯一的一种。未来的城市政府管理模式应是各个城市、各个地区和国家在不断优化管理模式基础上的多元模式。

总之，管理城市就是管理发展，也就是提升城市竞争力，实现城市的可持续发展。城市的日益现代化和全球化对城市管理提出了越来越高的要求：高瞻远瞩，正确的理论指引；功能定位准确，保持魅力和特色；优化模式，保持活力；法制健全，科学有效，手段现代。

第四节　智慧城市

智慧城市是继数字城市之后又一个信息化发展背景下城市发展新形态的描述。新一代信息技术以物联网技术、云计算技术、下一代通信网络、三网融合、高性能集成电路为代表的高端技术软件的发展和应用进一步影响着人类社会的发展进程，也改变了人类对客观居住环境信息获取、处理和应用的能力。新一代信息技术不但使智能建筑、智能交通、智能家居等成为"数字城市"系统具体应用建设领域，也开启了城市智能化发展和智能化管理新模式。

一、智慧城市的内涵

1."智慧城市"的起源

国际上对"智慧城市"建设的实践远比其理论探究要早得多。早在 2007 年 10 月的《欧盟智慧城市报告》中就对智慧城市定义和欧洲智慧城市运营模式进行说明，指出智慧城市建设要重视知识创造与应用及社会性基础的建设。并同时进行了 70 个智慧城市发展程度排名。而 2008 年 1 月，美国国际商用机器公司(IBM)在美国权威智库外交关系理事会会议上的演讲报告：《A Smarter Planet：The Next Leadership Agenda》(智慧的地球：下一代领导人议程)提出来的"智慧地球"概念，却是真正引领了全球智慧城市建设热潮。"智慧地球"的核心是一种更智慧的方法通过利用新一代信息技术平台来改变政府、企业和公民相互交互的方式，以便提高交互的明确性、效率、灵活度。2009 年 2 月，IBM 商业价值研究院发布《智慧地球赢在中国》白皮书,建议中国优先建设六大领域:智慧电力、智慧医疗、智慧城市、智慧交通、智慧供应链、智慧银行,引领中国经济发展。自此以物联网技术为核心的"智慧地球"、"智慧城市"在中国引起广泛关注。目前在中国"智慧城市"建设实践也呈现较大差异性,有的城市侧重发展现代信息通信技术,集聚高技术产业。有的侧重信息网络互联互通、促进三网融合,但是利用信息技术改变交互方式的理念是相同的。

2."智慧城市"的内涵

在2007年10月的《欧盟智慧城市报告》中"智慧城市"指的是智慧的经济、智慧的公民、智慧的治理、智慧的移动、智慧的环境、智慧的生活。智慧城市是利用网络设施提高政府、企业效率并为社会、文化及城市发展带来益处,为城市居民提供优质服务,推进城市高新技术产业和创新产业发展,注重学习型社区培养和环境的可持续发展。[①]

上海社会科学院信息研究所编著的《智慧城市辞典》中这样定义"智慧城市",指以数字化、网络化和智能化的信息技术设施为基础,以社会、环境、管理为核心要素,以泛在、绿色、惠民为主要特征的现代城市可持续发展理念和实践。智慧城市的外在特征是泛在,即智能技术支持下的无所不在、无时不在的人与物、物与物、人与人的网络数字联系;智慧城市的内在特征是绿色,即构建资源节约型,环境友好型的城市可持续发展形态;其最本质特征是惠民,即以人为本,将提高市民素养和参与式管理融入其中,提升城市宜居水平和品质。

"智慧城市"是在物联网、云计算为核心的新一代信息技术支持下的城市发展新方向,通俗地讲就是要把传感器装备到我们生活中的各种物体当中,并且连接起来,形成物联网,通过超级计算机和云计算将"物联网"整合起来,实现网上数字城市与现实城市空间的整合,在此基础上,人类可以以更加精细和动态的方式管理生产和生活,从而达到"智慧"状态。

智慧城市对数字城市功能的拓展、延伸和升华,是数字城市的未来,是数字城市与物联网技术的融合,不仅超出了数字城市的技术范围,更是将技术融入城市化中,在城市化中注重社会、环境、市民素养、生活品质。所以"智慧城市"中智慧的要素是通过物联网更透彻的感知;通过新一代通信技术更全面的互联互通;最后是供给更深入的智能化服务。智慧城市的建设不仅意味着信息技术硬件的完善,更要求公众信息素养、环保意识、城市创新能力、人才吸引能力等软件的提升。

---

① 巫细波等.智慧城市理念和未来城市发展.城市发展研究,2010(11):56-60.

二、"智慧城市"核心技术介绍

智慧城市建设不是推倒数字城市建设的重新来过，数字城市技术仍然是智慧城市实现的基础，数字城市技术应用的水平决定了智慧城市智能化水平，所以智慧城市核心技术之一是数字城市技术，其内容在"数字城市"内容介绍了，此处介绍其他核心技术。

1. 物联网

物联网是通过射频识别(RFID)、红外感应器、全球定位系统、激光扫描器等信息传感设备，按约定的协议，把任何物品与互联网连接起来，进行信息交换和通讯，以实现智能化识别、定位、跟踪、监控和管理的一种网络。

无处不在的智能传感器，对物理城市实现全面综合的感知和对城市运行的核心系统实施感测，实时智能获取物理城市的各种信息。通过物联网将无所不在的智能传感器链接起来，通过互联网对感知到的数据进行智能传输和储存。通过物联网与互联网的完全链接和融合，将多元异构的数据(系统差异、数据差异、网络差异、软件差异)整合为一致性的数据，以便更好地监测城市核心系统的运行情况和辅助及时、高效的管理决策。

2. 云计算

云计算的定义有很多，现在主流的观点可以认为云计算是分布式处理(distributed computing)、并行处理(parallel computing)和网格计算(grid computing)的发展，或者说是这些计算机科学概念的商业实现。是指基于互联网的超级计算机模式——即把存储于个人电脑、移动电话和其他设备上的大量信息和处理器资源集中在一起、协同工作。在极大规模上可扩展的信息技术能力向外部客户作为服务来提供的一种计算方式。

云计算具有超大规模、虚拟化、高可靠性、通用性、高可扩展性、按需服务、极其廉价的特点。

云计算的兴起和宽带互联网的发展紧密相关：百兆乃至千兆的高速稳定的互联网为及时、大容量、无间断传输文件和应用提供了硬件基础；同时，个人和机构基于经济考虑，会采用使用信息技术设施、服务集中交付和使用各种外包模式。云计算服务商将大量的计算资源统一管理和调度形成计算处理资源池向用户提供。实际上云计算构成了计算能力的智慧化。我们可以不必追求高处理能力的电脑配置，却能拥有无限制的存储空间和运算能力，全方位降低成本，同时改变了个人知识管理方面的难题。

“云”计算成为智慧城市的“大脑”。北京邮电大学校长方滨兴院士：“智慧城市离不开‘云’计算的支持，终端的计算和存储能力十分有限，云计算平台可以成为智慧城市的‘大脑’，实现对海量数据的存储与计算。”所谓“云”，其实指的是后端（服务器端），平时我们很少能够看到的那一端，正因为平时难得看到，所以有一种虚无缥缈的感觉，也许就是因为这个原因，才被称为“云”吧。我们平时能够看到的是自己用的PC机和手机等，也就是所谓的“客户端”。通过云计算技术，网络服务提供者可以在数秒之内，处理数以千万计甚至亿计的信息，达到和“超级计算机”同样强大的网络服务。

三、“智慧城市”建设案例

1. 智慧环境——哥本哈根

哥本哈根是世界第一个零二氧化碳排放的城市，在交通、能源、建筑和公民节能意识方面提供智慧化服务和产品，实现环境可持续发展。哥本哈根素有“自行车之城”称号，在绿色交通方面成绩斐然，为促使市民使用二氧化碳排放量最少的轨道交通，该市通过统筹规划，力保市民在家门口1千米之内就能使用到轨道交通。对1千米路内的交通，推广使用一种智能型自行车。这种自行车的车轮装有可以存储能量的电池，并在车把手上安装了射频识别技术（RFID）或是全球定位系统（GPS），可汇聚成“自行车流”，通过信号系统保障出行畅通。与此同时，市政府大力完善沿途配套设施建设，在全欧洲最拥挤的诺尔伯格大道上建造2条环保自行车高速公路缓解拥堵，建立服务站点、提供简便修理工具等，为自行车出行提供便利。在能源供应上，利用生物能源和风力、地热发电，合并不同地区和渠道的电网，建设智慧电网。在节能建筑上，通过“热量路线图”让市民和商业经营者获取建筑物热量的信息，建设节能知识网络，让市民获得节能知识。

2. 智慧政府——新加坡

新加坡政府长期以来重视信息技术发展及其产生的社会效益。于2006年推出《智慧国2015计划》和“整合政府2010”五年规划。《智慧国2015计划》旨在新加坡成为一个由信息通信所驱动的智慧国家与全球都市，描绘了信息通信将如何改变人们生活、工作、学习与交流的方式。其核心目标是通过应用信息通信技术提高主要经济领域的竞争力，建设能够良好互联互通的社会。“整合政府2010”规划对政府进行重新组织和整合，确定了“增加电子服务的范围和内容、增加国民意见的参与比重、提高政府的行政能力以及增强国家的竞争优势”四项战略目标。新加坡政府门户网站公开了50多个政府部门的5 000多个数据集。建立起一个“以市民为中心”,市民、企业、政府合作的电子政府体系,让市民和企业能随时随地参与到各项政府机构事务中。在交通管理领域,新加坡推出了电子道路收费系统(electric road pricing)等多个智能交通系统。在教育方面,实施教育优势项目计划,为所有学生提供接入课本、课程和学习项目的个性化信息通信设备,并促进学习应用工具和内容的开发,实现“没有墙壁的课程”的梦想。

3.智慧管理——韩国

韩国力推政府行政服务智能化,正以网络为基础,打造绿色、数字化、无缝移动连接的生态、智慧型城市。2003年,韩国政府推出“U-Korea”发展战略,希望把韩国建设成智能社会。“U”是英文单词“Ubiquitous”(无所不在)的简写。这个发展战略以无线传感器为基础,把韩国所有的资源数字化、网络化、可视化、智能化,从而促进韩国的经济发展和社会变革。这个国家级宏观战略具体通过建设“U-City”来实现。

在建设“U-City”的基础上,2011年6月,首尔发布“智慧首尔2015”计划,向世界展示了该市建设智慧城市的雄心。例如,首尔提出,发放证明书、缴纳税金等现在由政府机关和网站负责的行政服务,从2012年按阶段向使用手机的方式扩展。到2014年,市民使用智能手机、平板电脑实现81项首尔市行政服务。

韩国松岛也被很多人看成是全球智慧城市的模板。这座崭新的智慧城市位于首尔以西约65千米远的一处人工岛屿上,占地6平方千米,全市住户将达6.5万人,在该市就业的人数将达30万人。该项目从2000年开始兴建,共投资350亿美元(约合人民币2 142亿元)。由于松岛的信息系统紧密相连,因此评论人士也把它称为“盒子里的城市”。在松岛,电梯只在有人乘坐时才会启动。在各家各户,远程成像设备像洗碗机一样普遍。

4.智慧经济——杭州“一号工程”①

与许多城市一样,杭州近年来也遇到了“成长的烦恼”:面临发展空间狭小、自然资源短缺、经济转型艰难、社会矛盾凸显、环境压力加大、综合成本上升、竞争优势弱化,以及发展思路纠结与焦虑等挑战。如何以一种新的发展思维和模式,破解杭州发展面临的挑战,抢占未来发展制高点?

---

① 信息经济:杭州“一号工程”。人民网(http://cpc.people.com.cn/n/2015/0213/c162854-26560871.html),2015年2月13日.

2014 年 7 月，中共杭州市委召开十一届七次全会，作出了发展信息经济的战略部署，审议通过了《关于加快发展信息经济的若干意见》，提出要“全面实施创新驱动发展战略，加快发展信息经济，全面推进美丽中国先行区建设，全力推动杭州高起点上的新发展。”大力发展信息经济、推动智慧应用，被杭州定义为“一号工程”。

坐在家里，用鼠标点点，就能控制葡萄大棚的卷膜，还能定时给农作物浇水。用上物联网，杭州的智慧农业实现了智能化监测和远程控制。快递员把快件寄放在“E 邮站”的柜子里，收件人凭验证码就可以领取。在杭州的众多小区里，800 多个智能“E 邮站”投入使用，化解包裹投递的“最后 100 米”问题。

还有公共信用信息平台、“旅游护照”、“智慧医疗”手机 APP 等，一大批基于互联网的智慧应用项目，未来将覆盖杭州城乡，最终形成一个庞大的、全民共享的民生服务体系。从三墩、海创园到转塘、滨江，从富阳、建德到桐庐、淳安，六大中心、一带多点、众星拱月，“一号工程”的版图轮廓变得清晰。

目前，杭州排出了第一批 300 多个信息经济发展项目，制定信息经济“六大中心”和智慧应用三年行动计划。2014 年前三季度，杭州信息产业增加值 1 100 亿元，增长 17.6%，高于 GDP 增幅 9.6 个百分点，占全市 GDP 的 17.18%，成为经济增长新引擎。数字在某种程度上，印证了“一号工程”在这座城市无以比拟的产业地位。当然，在杭州决策层看来，这更是一种世界发展趋势，必须主动顺应、紧紧抓住。世界互联网大会和阿里巴巴“双十一”，是杭州的城市管理者思考的两个具体实例。

“中国为什么要办世界互联网大会？”“为什么短短几年，就形成了‘双十一’的网购热潮？”省委常委、杭州市委书记龚正认为，以互联网为载体的信息经济已经做到了线上与线下、实体与虚拟、生产与生活“一网打尽”，必将进一步改变企业的生产方式和人们的生活和消费方式。“必须让创新成为驱动发展新引擎。”中央经济工作会议为 2015 年的宏观经济走向定下基调。杭州的战略选择就是主动适应经济发展的新常态，与中央和省委的精神高度契合。

“一号工程”，必将成为助推杭州未来的有力引擎。“六大中心”要在全国领跑。

如果你是个钟情杭州山水的外地游客，大可不必大包小包地背回一大堆的杭州特产、旅游纪念品，只要在“杭州特色馆”里动动手指就能买齐所有想要的。2014 年 12 月 29 日，功能强大的“淘宝 · 特色中国”杭州馆正式上线，500 多家杭州网店进驻，800 余件杭州农特优产品、中华老字号、手工艺品以及旅游商品入馆售卖。

“淘宝 · 特色中国”杭州馆由杭州市政府与淘宝网联手打造，旨在促进杭州企业利用电子商务手段开拓市场，这是杭州全力建设国际电子商务中心、推进“电商换市”战略的重要载体之一。在整个中国电子商务强势崛起的过程中，杭州一次又一次快跑，电子商务的全球辐射力和影响力不断得到提升。

国际电子商务中心与全国云计算和大数据产业中心、物联网产业中心、互联网金融创新中心、智慧物流中心、数字内容产业中心“六大中心”建设，是“一号工程”的主攻方向。

2015 年 1 月刚刚召开的杭州市“一号工程”工作领导小组第四次全体会议，对《杭州市建设“六大中心”3 年行动计划(2015—2017 年)》的编制情况进行了研究部署，进一步瞄准信息经济和智慧应用，精准发力：

(1)国际电子商务中心：以跨境电子商务综合试验区和“电商换市”工程为核心载体，做大做强电子商务平台经济，全面拓展电子商务服务和应用领域，成为国际领先的电子商务平台运营总部，不断增强杭州电子商务的国际内涵和全球影响力。预期到 2017 年，网络零售要从 2013 年的 1 524.12 亿元增长至 3 000 亿元。

(2)全国云计算和大数据产业中心：到 2017 年，拥有中小型云计算和大数据企业 200 家，带动信息技术业新增营业收入 1 000 亿元。云计算和大数据应用水平位居国内前列，成为全国主要的云计算规划设计、云平台提供、运维与服务的输出地，形成在大数据技术研发和应用方面全国领先、具有突出能力、产业推进效果显著的运营服务和协同创新体系。

(3)全国物联网产业中心：未来 3 年内，将培育规模超百亿元的龙头企业 3 家以上，发展“专、精、特、新”重点企业 200 家以上，孵化创新创业企业 500 家以上，全市物联网产业主营收入力争达到 1 000 亿元。以智慧城市和两化融合为载体，重点推进一批工厂物联网等示范应用项目，并为民生工程、城市管理等智慧城市建设领域提供物联网技术支撑。

(4)互联网金融创新中心：规划和建设一批具有全国影响力的互联网金融集聚区或产业园、孵化器、专业楼宇，培育和发展一批具有全国竞争力的互联网金融企业，力争在互联网金融产业细分领域处于国内领先水平，形成一定的集聚效应和辐射功能。力争到 2017 年，互联网金融业增加值达 200 亿元以上。

(5)全国智慧物流中心：以“智慧物流公路港”和“智慧物流信息港”为着力点，推进智慧物流体系构建和综合实力跃升，为杭州率先成为全国领先的智慧经济创新城市提供有力支撑。到 2017 年，全国性物流节点城市和一级物流园区布局城市建设取得重要成果，智慧物流业增加值突破 100 亿元，占全市物流业增加值比重达到 20%左右。

(6)全国数字内容产业中心：坚持基础建设、产业发展、应用服务“三位一体”，以数字娱乐、数字传媒和数字出版为主攻方向，积极培育数字游戏业、数字动漫业、数字影视业、互动娱乐业、数字电视业、数字报业、新媒体广告业、移动通信媒体业、数字阅读业及数字印刷业等10个细分行业。到2017年，全市数字内容产业增加值超过1 200亿元。

“智慧城市”是新一代信息技术与城市管理功能有效的融合的形态。智慧城市内容也必将随着两者融合的深度和广度日益丰富。随着城市智能化水平的提高，管理城市的方法和手段也日趋智慧化。智慧化的城市管理手段加上智能化的生产力水平最终会造就出越来越美好的城市生活。

本章思考题

1. 中国进入快速城市化阶段后，城市管理将面临哪些挑战？
2. 什么是生态城市？与传统城市相比较，它有什么特点？
3. 从转变经济增长方式的角度谈谈生态城市如何构建？
4. 谈谈数字城市、智慧城市所映射出来的城市管理的未来趋势是怎样的。

第八章　网络化时代与城市管理

生产力进步和科学技术发展使城市发生新的变化。一方面，城市的基本设施、生产条件、居住环境和管理水平不断得到提升，城市发展趋向于人类理性的发展目标；另一方面，人口的集聚、资源的紧张、城市系统的复杂化和脆弱化使城市发展又陷入了新的危机。与蒸汽技术革命和电力技术革命相比，互联网技术和可再生能源为标志的第三次工业革命对社会的影响更加广泛、深远。传统的工业城市正逐渐为网络城市、比特城市、数字化城市、智慧城市、电子城市、虚拟城市、信息化城市所替代。这种数字城市治理模式可概括为城市政府内部各主体之间，以及城市政府与外部主体之间的多元互动和运作过程，包括政府、市民社会和以企业为代表的经济社会，以及政府与公民 G2C(Government to Civil Society)、政府与企业 G2B (Government to Business)、政府与政府 G2G(Government to Government)之间的互动关系。[①]

第一节　互联网与城市管理环境的嬗变

任何城市都是一个开放的系统，客观存在输入、转换和输出的动态过程。城市环境作为城市居民赖以生存、生活和生产的地域空间，是各种不同因素构成的复合体。网络既作为环境因素之一，其自身的硬件设施和技术水平是衡量城市信息化发展程度的重要标志，同时互联网通过骨干网、城域网、局域网将不同范围的人、物等信息组合在一起，改变了各种因素原来的存在方式，使其功能得到充分显现。这些网络环境的新变化不断地对城市管理提出了新的要求，如网络建设、网络犯罪、网络安全、网络文化、网络教育等。在城市政府内部，由于理论创新和技术创新的交互影响下，政府的管理理念逐渐发生了变化，服务型政府超越了长期以来官僚体制内所崇尚的垂直的、条块分割的权责体系，将强调命令统一、自上而下的沟通方

① 徐晓林，刘勇. 数字治理对城市政府善治的影响研究. 公共管理学报，2006(1).

式,转变为相对独立、相互协作、自下而上的沟通方式。政府与公众之间、政府与企业之间、政府与社会组织之间的横向沟通日趋密切,政府供给公共产品的针对性、有效性和灵活性也不断得到提高。

一、互联网带来了城市“数字鸿沟”

随着互联网的普及,网民的数量快速增长,互联网作为一种信息传递和沟通的媒介,逐渐改变着人们的思维模式。人与人之间的现场交流变成了跨地域、跨时间的便捷互动式沟通,缔造了开放的网络虚拟空间。网络改变了人们的学习、生活、工作方式,但由于文化素质、经济水平和发展环境的差异,居民从网络资源中获取的收益并不相同,城乡居民之间、城市居民内部之间在就业和工作机会等方面出现了新的变化。总体而言,互联网对城市居民的影响主要体现在以下三个方面:

(一)城市群体结构变化

根据中国互联网络信息中心(CNNIC)发布的第39次《中国互联网络发展状况统计报告》显示,截至2016年12月底,我国网民人数已达到7.31亿,互联网普及率为53.2%,超过全球平均水平3.1个百分点。与此同时,我国手机网民保持快速增长,手机网民规模为6.95亿,较上年底增加约7 550万人,网民中使用手机上网的用户上升至95.1%。

从网民结构看,我国网民中城镇人口占72.6%,农村人口占27.4%。城镇居民中的互联网普及率达到69.1%,而农村地区只达到33.1%。总体上,我国城乡网民比例和互联网普及率仍存在着较大差距,而且“数字鸿沟”不仅存在于城乡网民之间,在城市居民内部也有较大差异,如2016年城镇非网民占比为39.9%,且网民的年龄一般集中于10~39岁。以北京市为例,2005年城市各群体(包括流动人口、郊区农民)在收入水平、电脑拥有率、互联网接入、上网时间长度、网络应用方式等方面存在较大差距,大致分为高端、中端、低端三个层次,所占人口比例分别是9%、37.6%、53.4%。其中,高端群体比较广泛地使用互联网,网络接入率约100%,平均每周上网时间超过30小时,网络应用水平高;中端群体的网络接入率约50%,平均每周上网时间为13小时;但低端群体的电脑拥有率低,几乎无法上网。在低端群体中,大部分城郊农民、下岗工人、无业人员、残疾人、家庭妇女、农民工等游离于网络之外,他们获取信息的主要渠道仍然依赖于传统媒体。[①]

---

① 北京市信息化工作办公室.北京市数字鸿沟研究报告(2005).中国发展出版社,2005.

(二)城市居民沟通方式变化

从互联网发展的历程看,随着社会经济水平的提高,城乡居民之间和城市居民之间"数字鸿沟"将会逐渐缩小,但目前我国城镇网民的分布状况对城市管理仍然产生着很大影响:一方面,随着城市网民数量的不断增加,市民与网民的叠合范围也不断扩大,市民可以更多利用网络平台与城市政府各部门之间进行及时、有效的沟通;另一方面,城市人口中,还有相当一部分人排除在网络之外,完全依赖传统的沟通方式,这不仅抑制了公民网络参与的空间,也消减了网络信息化的进程。

网络沟通的特点主要表现为:

1. 广泛性

随着互联网的普及,越来越多的市民能够使用互联网。截至 2016 年 12 月底,我国城镇居民互联网普及率达到 69.1%,并且网民人数在逐年增加,网络已成为市民使用最广泛、频率最高的媒体。

2. 便捷性

由于计算机和网络技术的进步,宽带、数据传输、通信协议等网络环境不断优化,电脑内部配置不断升级,计算机运行和传输速度更加迅速、快捷。同时 Window 视窗技术的发展使计算机的操作变得易于操作和简单,容易为一般市民所使用。

3. 平等性

尽管存在网民与非网民之间的区别以及"数据鸿沟",但网络运用的一大优势在于不同群体可以获得相同的机会。这种机会均等可以消除现实世界中财富、权力、地位的差距,获得网络沟通和话语权的平等。

4. 即时性

与传统的报纸、期刊、广播等媒体相比,网络大大缩减了信息的编译、传递、接受过程,网络信息传递几乎瞬间完成,接近现场交流效果,大大提高了媒体交流效果。2011 年 11 月,在美国西雅图召开的"超级计算 2011"(Super Computing 2011-SC11)会议上,有一个国际研究小组实现了广域网络中双向每秒 186 GB 的传输速度,相当于每天传输 200 万 GB 的信息或 10 万张完整蓝光 DVD 的容量。

5. 开放性

网络媒体的开放性在发布信息的开放性和获取信息的开放性。与传统媒体的

“守门人”制度不同，网络传播可以超越繁琐的审批、监管程序，任何人任何时间都可以自由地发布信息，也可以任意浏览网络上其他信息。

6. 互动性

报纸、期刊、广播、电视等媒体与公众之间的传播方式基本都是单向的传递过程，公众只有选择接受与不接受，却不能选择传播的内容，不能对接收的信息进行及时反馈。而QQ、ICQ、聊天室、微博、BBS等网络工具能够有效地实现网民之间的相互交流。

7. 多样性

网络媒体可以通过字符、图片、音视频等多种多样的方式来传递信息，打破媒体传播的单一形式，有利于提高传递效果。

8. 隐蔽性

网络交流具有匿名性特点，网民可以对某一主题自由地发表自己的观点，也不必担心因言论不当而受到威胁。网络主体可以借助“网络马甲”摆脱强权或外力的干涉而捍卫自己的言论自由权，但另一方面网络匿名性也具有“网上解除抑制效果”，主体可能在监督缺失的情境下做出非理性行为。

（三）城市居民竞争力差异

1999年，美国国家远程通信和信息管理局（NTIA）在《在网络中落伍：定义数字鸿沟》的报告中将“数字鸿沟”（Digital Divide）描述为那些拥有信息工具的人与那些不能拥有信息工具的人之间所存在的差距，即人们基于网络技术使用的差异所形成的群体分层。卡伦·莫斯伯格（Karen Mossberger）将数字鸿沟分为以下四种类型：①获取鸿沟（公民在获得或使用计算机和网络方面存在的不公平）；②技能鸿沟（公民在网络技能和信息素养方面存在的不公平）；③经济机会鸿沟（个人有效使用网络以获得社会提升方面所存在的不公平）；④民主鸿沟（公民利用网络提高政治参与和政治影响方面所存在的差距）。[①]

“数字鸿沟”存在是社会群体的现实条件决定的。有些群体由于区域条件限制或自身经济收入低下，无法接入网络，无法享受必要的网络资源；有些群体由于文化素质低下限制了网络技术的习得和应用；有些群体将网络功能简化为网络游戏、

① Mossberger K，Tolbert C J，Stansbury M. Virtual inequality：Beyond the digital divide. Washington，DC：Georgetown University Press，2003：9.

网上在线交流，无法将网络资源视为个人发展和职业发展的需要。与社会个人的家庭差距、贫富差距类似，“数字鸿沟”和信息差距不仅体现了公众网络参与能力的差异，也最终决定了个人社会竞争力的大小。

二、互联网推动了城乡一体化进程和城市内部整合

城乡一体化是在生产力发展、科技进步和政策创新的推动下，实现中心城市、小城镇和乡村在区域上的协调、互补性发展，避免城乡分割和相互牵制。城乡差异是历史上多种因素发展的结果，这种差异客观造成的城乡地区之间的多层位差，推动了城乡之间的双向流动。一方面，乡村剩余的劳动力、农产品、资源不断输入城市；另一方面，城市的工业品、资金、信息不断输入乡村。在网络时代，人们并不像传统环境下过分依赖于公路、铁路、港口等基本交通设施。尽管不能在短期内改变城乡之间的差异格局，但以互联网为基础的“信息高速公路”使社会不同的单元链接为一体，便捷、广泛的信息流突破了原有的城市壁垒，使城乡交流的密度和广度均发生很大的变化，从而实现资源、信息的空间流动和优化配置。

（一）互联网加速城乡资源和信息的集聚或扩散过程

凭借互联网的技术优势，在局部行业和领域，人们可以改变传统的工作或生活方式，例如，采取电子通勤、网络会议、远程购物和远程教育等方式使人们能够克服交通距离限制和工作现场局限，使生活、工作、购物等场所发生分离，城市中心区与外围乡村趋于模糊化。在这种情形下，网络的作用在于消释和分解道路、港口、位置等自然因素对人、财、物的吸附作用，城市资源将在新的时空条件下实现重组，城市大体由集聚型走向分散性，传统式的城市模式逐步走向消亡。2012 年 3 月，国家发展改革委、工业和信息化部、教育部、科学技术部、中国科学院、中国工程院、国家自然科学基金会共同研究制定了《关于下一代互联网“十二五”发展建设的意见》，提出在“十二五”期间，我国将加快推进经济结构调整和发展方式转变，加快培育和发展战略性新兴产业，推动“三网融合”，为发展下一代互联网提供新的战略机遇。物联网、云计算、移动互联网等新兴交互式的应用，以及产业链各环节之间的融合对加快发展下一代互联网提出了迫切需求。

为此，不少城市已将“互联网＋”纳入城市发展战略。2015 年 4 月，宁波市政府与中国互联网协会签署《战略合作框架协议》，将中国互联网协会行业信息集聚、高端人才荟萃、科技资源丰富的独特优势与宁波市的政策环境、创新环境、产业环境、商业环境优势紧密结合，大力推进电子商务、移动互联网、云计算、大数据、工业互联网和互联网金融等领域的战略合作，打造新的城市发展模式。

(二)互联网对城市内部功能布局产生影响

按照传统的城市布局要求,城市与乡村之间、城市各功能区之间应有明确的划分。随着网络的扩展,城市郊区,甚至农村地区可以与市中心地区一样享受无线通信服务、互联网服务,完全有条件建立新兴的、智能型的电子港和信息服务中心,带动周边产业群的发展。近年来,我国许多城市为拓展城市发展空间,避开城市中心地带激烈的资源竞争和拉动区域的平衡发展,在城市边缘地区建立了科技园、开发区、高教园等新兴经济技术发展区,成为城市经济新的增长点。同时,城市原有的工业区、商业区和居民区趋于模糊化,有些区域在互联网的拉动下逐渐发展成为工业、运输、消费、娱乐、购物等多功能区域。如《上海市委关于制定上海市国民经济和社会发展第十二个五年规划的建议》提出,要加快新一代信息技术产业化和传统产业改造升级。要以关键技术攻关和新兴技术应用为切入点,大力推进物联网、新型显示、网络和通信、集成电路、汽车电子等产业自主发展。加快发展信息服务业,积极推动专业信息服务业和第三方支付、网络视听、互动娱乐、数字出版、电子阅读等互联网服务业发展。推进信息化与工业化深度融合,推动信息技术在战略性新兴产业、传统产业等领域的渗透应用。

(三)互联网有利于提升城市认同感

互联网具有沟通的便捷性、互动性、即时性特点,是目前为止人类创造的最接近现场沟通的新兴媒体。在网络空间,城市和社区的共同体特质映射在形式多样的城市或社区网站。如在“城市中国”网站上的浙江地方门户列表中,就分布有湖州城市在线、江山百姓网、兰溪信息港、嘉兴之窗、金华在线、富阳城市网等城市网站76个。有些地方的社区甚至物业小区也建立了自己的论坛。由于绝大部分城市居民生活在“鸽子笼”式的单元房里,居民平时交流较少,缺少传统农村居民之间的互助、互动和包容的特征,血缘关系、地缘关系更多地为行政区域关系所替代,人与人之间关系处于“散沙”状态,相互之间缺乏信任、缺乏沟通和情感交流。而网络所缔造的公共领域剔除了现实中的时间和空间障碍,人们可以围绕共同关心的话题自由发表观点。

城市社区交谈和交流往往表现为一种地域性文化,各居民成员扮演着文化的宣传者和学习者的双重角色,这种文化是一种自发的、原生的草根式文化,反映了城市不同阶层的心声和价值取向。同时这种思想和文化又是多元性的,与个体的身份、职业和个人的价值观密切相关。网络社区的交流尽管源于居民自发的观点和意思表达,与现境沟通一样,各主体之间也存在相互讨论、争辩和妥协、共融的过程，这种交谈过程渐进形成了相对单一的意见输出。社区成员在这一过程自然获得了教育和熏陶。

互联网对城市居民认同感的提升主要取决于以下几方面因素：

第一，网络意见领袖发挥着重要影响。避免网络论坛陷入无序性和自发性的状态，很大程度上依赖于网络意见领袖的引导作用。网络意见领袖一般有自身的成长机制，他可能是权威的学者或著名的歌星，在社会中已经拥有良好的声望，这种社会声望可以增加自身在网络空间的话语影响力。有些居民虽然开始作为普通的、默默无闻的网民，但积极参与论坛讨论，富有奉献精神和维护群体公共利益的勇气，往往也容易成长为民意领袖。社区民意领袖一旦形成，在讨论、教育、引导方面就发挥着积极效果，有利于对先进文化和社会正能力的宣传，有利于形成社区共同的价值观，增加城市共同体的认同感。

第二，城市居民利益的一致性影响。虚拟的城市社区并不是人们臆想的产物，其产生和发展具有现实利益基础。反而言之，经济利益基础决定了人们的思想和行动。2008 年 1 月 2 日，《中国青年报》报道了北京地铁 5 号线因居民网上推动而增设天通苑站的经过。天通苑是北京市一个 30 多万人口的新兴大型社区。2005 年 7 月，一个名为“Newland”网友在“家住天通苑”社区网上发了一个帖子——《地铁 5 号线的车站位置——能因天通苑而变吗?》，此帖吸引了阮亚占等网友的注意，他们自发成立了一个“加站推动小组”，并自行制定了《行动指南》，用通俗易懂的语言向社区网民宣传加站的可能性和益处，呼吁天通苑居民迅速行动起来，向市长办公室、市规划委、市人大、市交通委等部门打电话、寄信、发邮件或直接找政府部门面谈，鼓励居民动用各种社会关系向政府相关部门反映意见。最终，该事件由虚拟到现实，变成一项有组织的社区公益行动。显然，建议增设天通苑站的帖子真正代表了社区 30 万居民的利益，因而能获得强大的民意支持，也最终取得了成功。

第三，城市居民群体特质的相似性影响。群体特质是群体成员在特定环境中形成的与群体行为相关的经常的、稳定的心理特征，体现了群体成员对周围环境及群体状况的一种主观认可，如归属感、认同感、整体感等。群体特质与群体的规模、利益、职业、兴趣、爱好等因素密切相关。如果群体成员数目越多，群体的层次性和多元性越明显，归属感就越低。相对而言，居民对社区的归属感一般强于对城市的归属感。如果群体的利益、职业、兴趣、爱好趋于相同，群体也容易形成相同的特质。网络的讨论，可以增加居民之间的相互了解，促进线下活动的开展。有些网友基于共同的爱好组成自行车协会、篮球协会、足球协会、乒乓球协会、羽毛球协会、游泳协会、旅游协会、摄影协会等，这些自组织的活动有利于增加彼此情感，有利于维护城市和谐。据北京奥组委官方网站宣称，青岛市在成为 2008 年奥运会的协办城市后，非常重视互联网等各种媒体的宣传作用。为树立城市形象，着手准备了奥运环球宣传计划，通过大型赛事、旅游、招商、奥运宣传等四位一体的方式展示了良好的城市风采，与几十个国家建立了友好往来关系。随着青岛市知名度、美誉度的提高，每个居民的心理潜移默化地发生了变化，对城市有了更多的认同感和自豪感，增加了市民的凝聚力。青岛市也因此获得了"全国文明城市"、"中国品牌城市"、"公众最向往城市"、"最具经济活力城市"等23个荣誉称号。

三、互联网改变了城市官民互动方式

互联网的产生和应用对人类社会产生了广泛的影响。网络逐渐异化为中立的"社会公器"，既可以为政府所用，通过计算机和网络编织官民沟通互动的新平台，改进工作效率，成为实现社会管理目标的新方法和新手段；也可以成为公民抵御政府强权，捍卫自身权利的有效武器。哈佛大学皮帕·诺里斯教授认为互联网通过减少对市民参与的阻力，减少财政上障碍，增加政治言论、信息传播和团体互动的机会，以达到消减公共生活中的社会不平等。互联网可以波及像年轻人、孤立群体、少数民族政治团体等这些不谙传统媒体或者很少涉足公共事务的人群，是扩大公众参与的一个重要途径。[①] 它打破了传统媒体对社会话语的垄断权，使公民摆脱了传统科层体制的束缚，开辟了多元社会主体共同参与讨论的公共领域，促进了公民精神的培育和发展。

网络对城市社会管理环境的改变主要体现于以下两个方面：

（一）网络开辟了城市官民沟通的新平台

互联网所创造的"虚拟民主"有利于实现市民思想交流、政治动员和增加社会资本的作用。英国学者安德鲁·查德威克认为"互联网是当地的、国家的、全球的信息和传播技术以相对开放的标准以及较低的进入门槛形成的一对一、一对多、多对多、多对一的网络之网络。"[②]从技术角度分析，互联网是一个去中心化的实体集合，它运用各种软件程序将数目众多的电脑、网线和相关设备链接起来，成为数据处理和远程传输的平台。

新华社前总编辑南振中认为当下中国客观存在两个舆论场：一是"主流媒体舆论场"，它是由党报、国家电视台、国家通讯社等构成，主要忠实地宣传党和政府的方针政策，传播社会主义核心价值观；二是"民间舆论场"，主要依赖于口口相传特

① 诺里斯.新政府沟通：后工业社会的政治沟通.顾建光译.上海交通大学出版社，2005：86-87.

② 安德鲁·查德威克.互联网政治学：国家、公民与新传播技术.华夏出版社，2010：9.

别是互联网交流，通过微博客、BBS、QQ、博客议论时事，针砭社会。互联网成为思想文化信息的集散地和社会舆论的放大器，改写了舆论引导新格局。

互联网之所以开辟了官民沟通的新平台，并不是网络本身所决定的。而实际是民主的本质要求政府对民众保持开放，在某种意义上，网络只是充当了沟通工具作用。有学者认为政府信息公开是信息时代民主政府的重要标志。具体而言，政府信息公开主要在于：①避免信息闭塞，鼓励民众思想交流和启蒙；②改变政府与民众之间的信息不对称，消除行政的不透明状态；③消除信息不透明状况，提升社会民众评估政府服务的质量；④政府信息公开有利于推动代议制民主的有效运作；⑤政府信息公开是法律赋予民众的合法权利；⑥信息自由是民众的一项基本人权；⑦政府信息公开有利于保障公民的经济与社会权益。[①]

政府的公信力源于公众对政府行为的认可，这预示着政府如何将封闭的信息黑箱转变成透明的信息平台，以满足公众的知情权、参与权和监督权。在网络时代，政府的行政法规、行政规章、规范性文件、行政程序，以及决策过程都应通过网络平台向公众开放，同样，公众也可以利用网络及时反馈自身的需求和意见。2013年，万维网的发明者，被誉为“互联网之父”的蒂姆·伯纳斯-李(Tim Berners-Lee)在达沃斯论坛上呼吁政府应更多地开放数据信息，除军事机密等国家机密外，居民医疗等信息都应对居民开放。基于政府信息公开的必要性，不少国家纷纷利用网络优势将政府信息公开作为重要的政府改革策略。2010年3月22日，英国首相戈登·布朗(Gordon Brown)提出了一项“无纸化社会”的改革计划，设想在未来4年内建成无纸化社会，政府将为每名公民开设个人专属网页，居民足不出户就可以通过自己的专属网页办理子女入学、申请护照、注册车牌、申领福利、缴纳税款、预约医生和寻找工作等业务。在未来10年，人才市场、车牌办理处、护照申请处、税务所和住房补贴办公室等公共服务部门将逐步消失，取而代之的是一个“数字门户办公室”。

为保障公民、法人和其他组织依法获取政府信息，提高政府工作的透明度，促进依法行政，充分发挥政府信息对人民群众生产、生活和经济社会活动的服务作用，2007年4月5日，我国发布了《中华人民共和国政府信息公开条例》，规定各级人民政府及县级以上人民政府部门应当建立健全本行政机关的政府信息公开工作制度，并指定机构负责本行政机关政府信息公开的日常工作。要求行政机关对涉及公民、法人或者其他组织切身利益的；需要社会公众广泛知晓或者参与的；反映本行政机关机构设置、职能、办事程序等情况的；其他依照法律、法规和国家有关规定应当主动公开的政府信息应通过政府公报、政府网站、新闻发布会以及报刊、广

① 袁锋，顾铮铮，孙珏.网络社会的政府与政治.北京大学出版社，2006:54-59.

播、电视等便于公众知晓的方式主动公开。

为落实政府信息公开制度，一些城市政府积极利用新媒体改进工作方式。2011年11月28日，“上海发布”微博平台在新浪网、腾讯网、东方网和新民网同时上线。“上海发布”早期推出“早安上海”、“上海新闻”、“午间时光”、“灯下夜读”等栏目，并通过微访谈、微活动、微调查，以及链接“中国上海”门户网站和上海市人民政府新闻办公室官方网站，努力为公众提供即时信息服务。为扩大城市微博影响力，“上海发布”微博平台链接了上海政务微博群。目前经实名认证的上海各级政务机构微博约600个、各级政府官员微博约300个。其中，“上海地铁 shmetro”拥有粉丝超过114万。

（二）网络培育了公民自主参与精神

互联网不仅仅是技术性的工具，它嵌套于特定的社会体制之中，具有一定的政治化功效，由此而产生了对现实政治的影响，诸如电子民主、电子动员、电子竞选、电子政务、网络监督、数字鸿沟与政治落差、网络地缘政治等。[①] 网民与公民范围的日益叠合，使网民的社会影响越来越大。网民与非网民的最大的区别在于互联网工具的获得性。网络对公民的政治影响在于：①扩大获取信息的能力。网络是一个开放的、多元的媒体平台，不同群体都可以发表自己观点、意见和态度，这与处于严格新闻审查管制下的传统媒体不同，有利于为公众提供各种信息的来源；②不同的信息，甚至是自相矛盾的或截然相反的信息，在一定程度上对公众自我鉴别能力、独立思考能力和决策能力提供了锻炼的机会，有利于促进公民社会的发展；③网络环境下，公众自由地参与各种主题的讨论，有益于公众的妥协、宽容、容忍，易于公共精神的培育；④自主地参与政治主题的讨论，自由地发表观点，可以弥补传统代议制的民主参与性不足，提高公众的政治热情和社会归属感。

近些年来，我国不少城市为培育公民自主参与精神、实现决策的民主化与科学化作了积极探索，并取得了一些积极成果。2006年11月1日，温州市决定在全社会开展“迎接党代会共谋新发展”献计献策活动。广大市民围绕今后五年温州发展总战略、经济发展战略、新型城市化推进、机制体制创新、新农村建设、和谐社会建设等20个方面纷纷发表意见。截至2007年1月20日，该专题网站的访问量达到了11万人次，收到电子邮件和网上提交的建议6 000多条。其中，涉及城市交通建设、发展壮大县域经济、加大环保力度、打造包容性城市等20条民间“金点子”被纳入温州市第十次党代会报告。2012年，厦门市为提高政府工作透明度，推进服

① 安德鲁·查德威克.互联网政治学：国家、公民与新传播技术.华夏出版社，2010，前言.

务型政府建设，组织开展了厦门市第五届(2012)政府网站绩效考核活动，主要针对本市49家政府部门、9家区级政府及管委会的网站在政务公开、行政效能、服务水平等方面的表现进行评价。考核采取网络投票、专家评分、综合测评三种方式相结合，其中网络投票是对政府网站的社会满意度进行调查，市民可以通过政府网站进行无记名投票，内容涉及信息公开、网上办事、公众参与、网站性能、维护机制、市政府网站内容保障与协同、用户体验调查等诸多内容。

第二节　网络时代城市管理的机遇与挑战

环境是以人为中心的多种因素相互融合的结果。美国学者曼纽尔·卡斯特(Manuel Castells)认为网络社会的形成是源于20世纪70年代三个相互独立进程的一次偶然巧合。这三个进程包括工业制度的危机和调整及其两种相关生产模式——资本主义和社会主义；发生在20世纪60年代末70年代初的以自由为目标的社会文化运动；以及信息和通信技术的革命。这三个过程交互作用的结果便形成了一个新的技术范式——信息论，以及与之密切相关的一个社会结构——网络社会。[①] 当然，在既定的网络环境下，城市只是一个构成单元，每个城市还受到区位、气候、土地、交通、经济、产业、人口、文化等多重因素影响，即使同一时期同一个国家，各城市也呈现出不同的特点。但总体上，互联网对城市的影响大致划分为两大类：积极的方面和消极的方面。前者包括网络的传播优势、网络对民主的促进、网络对产业发展的刺激等，是城市社会积极利用互联网资源而获得的预期效应；后者体现了现有的观念、制度、体制和管理与网络产生的新环境之间的不兼容，如网络改变了信息的传播方式，政府无法对社会信息进行有效的检测和控制，政府对层出不穷的网络事件疲于应付，政府形象易受冲击等。

一、网络时代城市管理的机遇

我国人口众多，根据《2010年第六次全国人口普查主要数据公报》显示，大陆人口为1 339 724 852人，其中城镇人口665 575 306人，占49.68%，与2000年相比，城镇人口增加207 137 093人，乡村人口减少133 237 289人，城镇人口比重上升13.46个百分点。随着城乡人口比例的变化和城镇化水平的提高，我国城市发展也面临着重重压力。传统“摊大饼”式的外延扩张模式由于造成严重的生态环境的破

① 曼纽尔·卡斯特.网络社会：跨文化的视角.社会科学文献出版社，2009：16.

坏和资源的浪费越来越受到质疑。《国家“十三五”规划纲要》提出要“全面推进重点领域大数据高效采集、有效整合，深化政府数据和社会数据关联分析、融合利用，提高宏观调控、市场监管、社会治理和公共服务精准性和有效性。依托政府数据统一共享交换平台，加快推进跨部门数据资源共享共用。加快建设国家政府数据统一开放平台，推动政府信息系统和公共数据互联开放共享”。在网络时代，城市发展孕育着新的机遇。信息技术在生产、生活、服务领域的广泛应用有利于经济结构调整和产业转型，减少各种物质、资源的投入，战略性支柱产业和新兴产业将成为城市经济发展的重要突破口。网络言论和网络舆情反映了城市不同群体的呼声，将成为政府优化城市环境、改善民生、构建社会公平保障体系的重要依据和外在动力。

(一)网络信息化建设是城市管理决策的重要内容

从技术角度看，互联网已成为影响我国国民经济和社会发展的重大信息基础设施，其发展水平是衡量国家综合实力的重要标志之一。以互联网为代表的信息技术对城市经济发展的影响主要在于：①信息资源是一种特殊的生产要素，是重要的生产要素，其开发程度直接影响社会知识、信息及文化的生产与传播。信息技术发展具有渗透性，它与生物技术、工程技术、纳米技术等专业技术相结合，有利于带动其他新兴产业的发展。②信息技术有利于对传统产业的改造，实现产业流程、智能监控、信息传递的升级和创新，成为产业经济增长的新的动力。③信息技术的快速发展和广泛应用有利于推动经济转型、结构调整和人们生活方式、生产方式的变革，缩短与发达国家的差距，实现社会更新和跨越式前进。④信息技术自身发展既依赖于政府开创的社会环境，又对政府的改革和创新形成倒逼机制，客观推动了官员观念的改变和政府管理体制的变革。

有些城市已将信息产业列为城市经济增长的“绿色引擎”和重要支柱。2009年，广东佛山市政府公布了《佛山市信息化发展“3＋1”规划纲要》，提出建设“U-佛山”(Ubiquitous)目标，即将政府治理、经济发展、社会文化事业等方面纳入信息化网络服务范围，到2012年，实现广(州)佛(山)网络一体化。“3＋1”是指三个目标(信息化带动工业化、信息化提升城市化、信息化加快国际化)和一个环境配套(政策、资金、人才和技术4个方面的保障体系)。实现“数字佛山”的具体目标包括：

(1)加速“一个融合”。深化信息技术的推广和应用，加速信息化与工业化、城市化、国际化的高度融合；

(2)实现“两个跨越”。实现信息技术自主创新的跨越、信息产业发展的跨越；

(3)促进“三个转变”。促进经济发展方式的转变、城市和社会管理方法的转变、网络文化繁荣发展的转变；

(4)提升“四个水平”。提升信息技术和互联网应用水平、信息资源共享水平、公共信息服务水平和网络创新创业发展水平；

(5)构建“五个体系”。构建“数字佛山”基础信息网络体系、城乡信息化协调发展体系、网络协同技术服务体系、电子商务发展支撑体系和信息安全保障体系。

为了迎合新时期信息技术发展的历史机遇以及赢得国际新技术竞争的制高点。2010年10月,国务院颁布了《关于加快培育和发展战略性新兴产业的决定》,将新一代信息技术产业列为重点发展领域,提出“加快建设宽带、泛在、融合、安全的信息网络基础设施,推动新一代移动通信、下一代互联网核心设备和智能终端的研发及产业化,加快推进三网融合,促进物联网、云计算的研发和示范应用。着力发展集成电路、新型显示、高端软件、高端服务器等核心基础产业。提升软件服务、网络增值服务等信息服务能力,加快重要基础设施智能化改造。大力发展数字虚拟等技术,促进文化创意产业发展”。《天津市推进智慧城市建设行动计划(2015—2017年)》提出,支持列入国家智慧城市试点的城区建设,参照智慧城市试点建设要求,启动开展天津市智慧城区试点建设。支持滨海新区、中心城区、中新生态城及各功能区等有条件的地区,在基础设施改造、城区管理等领域深化智慧应用,打造智能化运营管理平台,开展试点示范。推动相关政策向智慧城区倾斜,优先推动新一代移动通信、无线网络覆盖等信息基础设施和智慧化服务模式的率先应用,高效率推进智慧城区的示范试点建设,推广建设经验和创新模式,带动全市智慧城市健康发展。

(二)网络是实现城市科学决策的“助动器”

自20世纪90年代以来,互联网开始在中国获得了迅速的发展,网民的数目日益庞大,其呼声已经成为社会民意的“晴雨表”,并最终对城市政府决策产生重要影响。究其原因主要体现在：

(1)从居民角度看,现实中各种问题,如教育、交通、生育、养老、医疗、住房、就业、安全等,都与居民息息相关,而且随着城市的扩大和功能的复杂化,还滋生了新的“城市病”。面对这些利益密切相关的问题,居民会产生强烈的政策诉求。在民主决策体制不够完善的时候,民众的意见很难通过科层组织传递到决策核心。

(2)从网络媒体的特性来看,缺乏“守门人”的、“个人日报”式的互联网能直接、快捷、广泛地传递信息,最恰当地表达了主体的意愿,且主体使用或获得网络资源的成本较低,政府或某个政治组织无法垄断。这样互联网则成为社会不同群体,尤其是弱势群体,优先选择媒体工具。

(3)从政府决策者来看,政府绝大部分决策都与外部民众相关,客观需要了解和掌握广大民众的心声,并直接作为决策的参考依据。居民、媒体和政府的聚焦点突出了网络在现代城市决策中的角色和定位。

从城市发展趋势看,随着财政分权、央地政府及上下级政府关系的变化,城市日益从传统集权体制中解脱出来,逐渐形成了以地方利益为中心的职能导向。城市从执行上级政策为主的行政性政府向致力于提高地方民众福祉为主的服务型政府转变。为迎合这一趋势,政府的决策模式也应做相应的变化,即从强调命令统一、执行有效、一元式的管理型政府向重视官民协商、集聚民意、多元式的治理型政府转变。在城市政府的变革过程中,服务型政府与治理型政府是内在统一的。服务型政府是按照民众意愿组建的并为之服务的政府,强调公民本位、社会本位。治理型政府是防止政府的目标与民众目标的错位而对政府自身和社会的双重改造,其结果是实现"政府与社团组织的共管共治"。[①] 在网络背景下,城市的治理需要依托于网络工具的优越性,促进政府与社会组织、民众之间的互动与合作,形成合理、有效的城市治理结构。

在民主体制下,城市决策的科学性依赖于政府、公众和社会组织的良性互动,网络技术的发展又为这种互动提供了有效的条件。触点是政策议程启动的依据。如气压差导致气体流动一样,制定政策不是决策者自己空想或随意制造出来的,而是现实问题或偏差出现导致社会群体的利益诉求,进而采取策略影响决策者的结果。这类触发事件存续的时间长度、影响的范围和剧烈的强度直接决定群体或决策者对政策问题的认知和态度。此时,触点或问题经过互联网传播和渲染,使更多的群体能够知晓,并可能演化为网络事件,迫使政府作出回应。从触发机制看,首先利益攸关的部分群体受到触发事件的影响,表现出强烈的政策意愿,或通过自己的网络活动获取更多的群体支持,或直接向政府提出政策议题。同时另一些群体则担忧自身的安全,利用网络工具对政府施加压力,反对政府在这方面的改革。在这种情形下,议题倡议者表现出比较强烈的缩短权力距的欲望,而议题能否从公众议程进入政府议程,最终取决于某项议题的支持力量和反对力量对比变化(图 8-1)。

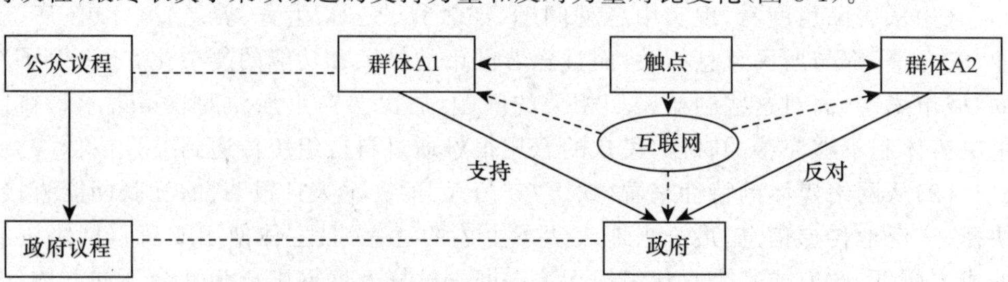

图 8-1　网络背景下不同群体影响政府决策的互动机制

---

① 燕继荣.建设服务型政府的理念和走向.理论参考,2006(6).

在网络条件下，政策过程发生了改变。触点或问题被网络放大之后，问题更加显性化，迫使政府不得不作出政策回应，同时不同利益群体利用网络平台，摇旗呐喊，希望抢占舆论高地，以影响政府的最终决策。以“唐福珍自焚事件”为例，2009 年 11 月 13 日，成都市金牛区天回镇金华村村民唐福珍为抵挡恶性拆迁在自家楼顶天台自焚。随后，《湖南新湘报》《新文化报》《南方都市报》《人民日报》和中央电视台《新闻 1+1》节目进行了广泛报道，同时网民也积极参与讨论，天涯社区、凯迪社区、强国论坛、新浪论坛、中华网论坛等著名网络论坛讨论激烈，截至 2010 年 11 月 8 日 24 时，六大论坛的主帖和跟帖达到 31 184 条（表 8-1），该事件被列为年度 20 件网络热点事件之一。各方讨论的焦点是拆迁户的“暴力抗法”还是政府部门的“暴力拆迁”。2009 年 12 月 3 号，成都市金牛区政府召开情况通报会，认定金牛区城市管理执法局拆除违法建设主体合法，程序合法，但在唐福珍自焚过程中，判断不当、处置不力，区城管执法局局长停职接受调查。

表 8-1 唐福珍自焚事件网贴在六大论坛的分布状况

事件/话题	天涯社区	凯迪社区	强国论坛	新浪论坛	中华网论坛	新浪微博客	合计
唐福珍自焚	11 000	5 562	2 230	1 083	1 658	9 651	31 184

数据来源：2010 年中国互联网舆情分析报告（人民网舆情监测室）.

但网络讨论并未停止，人们也对造成悲剧事件的制度性问题进行了拷问。2009 年 12 月 7 日，姜明安、王锡锌、沈岿、钱明星和陈端洪 5 位北大学者致书全国人大，要求对《城市房屋拆迁条例》作出审查。2009 年 12 月 30 日，《南方报业网》发表文章《唐福珍自焚：拆迁新法，穿越火的曙光》。同时国务院相关部门对修改《城市房屋拆迁管理条例》展开讨论，并着手进行前期立法调研工作。2011 年 1 月 21 日，国务院总理温家宝签署国务院第 590 号令，公布并施行《国有土地上房屋征收与补偿条例》，同时废止《城市房屋拆迁管理条例》。在网络和传统媒体共同影响下，“唐福珍自焚事件”终于从公众议程上升到政策议程，最终推动了政府决策的科学化进程。

（三）网络有利于形成改进城市管理的倒逼机制

随着市场经济体制的建设，城市社会结构正发生着明显的变化，单位人与社会人之间、农民与市民之间，传统的藩篱逐渐消失，城市居民结构的复杂性、流动性特征明显。就业、医疗、养老、计划生育、维权、社区服务、环境保护、社会治安等各类问题对城市管理系统形成越来越大的压力。如果外在压力处于城市管理系统的应力范围之内,政府部门可以利用自己的资源优势进行适应性改革,从而保证了城市系统的良性运转。如果外在压力超越了城市管理系统的承压范围,就可能造成社会管理失序和混乱。网络的出现可以使这些现实问题以虚拟的形成得到呈现,网民的关注、讨论和意见反映了公众对社会问题的偏向,有利于成为决策机构吸纳民意、采取决策的依据。

2005 年 6 月中旬,深圳某信息网透露深圳福田区计划修建 20 座公共厕所,每个单价为 300 万元。此消息立即招致大批网民的质疑:300 万元的资金可以在贫困地区修建一所希望学校了,这个钱花得值不值?深圳福田区城管局对此迅速作出回应,认为所建公厕具有垃圾处理、公厕、杀毒的综合功能,是采用国际先进的生物纳米环保技术及环保压缩设备工艺,实行室内密闭化作业,能较好地解决噪声、污水滴漏、垃圾腐臭、手推车排队候装等问题,各项指标达均能达到国际先进水平。政府部门也最终同意修改规划,除市区繁华地段修建少数高档厕所外,其余地方尽量压缩资金的投入。

网络舆论压力也有利于推动城市执法程序的合法化。"孙中界事件"就是其中一例。2009 年 10 月 14 日傍晚,来自河南柘城的 18 岁司机孙中界在送完工友后到附近的航头镇接人。在途中,一名青年男子突然从路边冲过来拦车。在搭坐一段路程后,该男子从口袋里掏出 10 元钱扔在车上,然后伸过手来抢拔车钥匙。此后孙中界被浦东新区城市管理行政执法局认定为"非法营运"并罚款 1 万元。由于无法接受扣车罚款的现实,孙中界挥刀砍伤了自己的小手指。《东方早报》等上海媒体对此做出了报道。其实,一个月前发生的类似事件已经引起媒体的关注。上海市闵行区交通行政执法大队曾通过钓鱼执法的形式认定张晖为非法营运。9 月 11 日,张晖以"善良的被骗"为名在网上发帖,引发了社会的强烈反响,网上的报道和转载的网页达到 27 万之多。张晖的帖文被韩寒的博客所转载,点击量短期内竟达到 48 万人次,跟帖评论 4 000 多条。"孙中界事件"发生后,"钓鱼执法事件"的网络评论急剧上升。仅天涯论坛一个名为《上海又钓鱼执法,18 岁司机愤而自杀断指以示清白!》的帖子点击量达到 46.6 万,评论达 5 269 个。《上海"钓鱼执法"与道德危机》的帖子点击量为 38.6 万,评论达 2 817 个。强大的舆论压力使浦东新区政府不得不承认"在执法过程中使用不正当取证手段,依法终止执法程序"。上海市也成立了由分管副市长为组长的专项工作组,负责开展全市交通行政执法行为大检查,整顿交通营运市场秩序,并出台了《上海市人民政府关于进一步规范和加强行政执法工作的意见》和《上海市行政执法人员执法行为规范》,严格禁止"钓鱼执法"行为。

二、网络时代城市管理的挑战

（一）网络时代政府失灵及合法性危机

政府失灵或政府失效是指政府在纠正和弥补市场失灵过程中，由于自身认识和能力的局限性及外部因素的制约而导致社会资源配置的低效或产生新的问题。在城市管理中，政府失灵主要表现在以下几个方面：

1. 城市管理的决策失误

地域的扩大、人口的增加和社会的多元化使城市系统趋于复杂化，这容易使政府陷入决策的困境。有些时候，政府的管理范围过大，将市场可以调节的事项揽入其中，增加了政府的财政负担。有些时候，将本该由政府管理的事项排除在政府管理之外，延误了决策时机，造成不良后果。有些时候，由于信息不对称、问题过于复杂或决策者素质欠缺，尽管决策方向正确，也不能达到预期的城市管理目标；或者达到目标，但政策执行成本过大，造成了严重的社会负效应。

2. 城市公共产品输出的低效性

政府失灵还表现在政府在提供公共产品和公共服务时趋向于浪费和低效。其原因在于产权不清晰、委托代理失效、垄断控制等。政府作为代表公众的代理人，支付公共产品的成本来源于纳税人的支出，监督信息的缺乏导致政府蜕变成自我利益取向的“经济人”。

3. 城市政府机构的膨胀

公共选择学派将“经济人”假设从市场领域扩展到公共领域，认为政府也具有追逐利益最大化的内在冲动，可以进入官僚效用函数的几个因变量包括薪水、津贴、公共声誉、权力、任免权、当局的产出、易于更迭等。政府官员为获得利益最大化者，希望不断地扩大机构规模。

4. 城市管理的寻租现象

在我国社会转型期的城市化过程中，政府是推动城市发展的重要杠杆。无论是土地的审批、投资政策的制定、税金的收取，还是环境的治理，政府都扮演着重要角色。政府对城市建设的多领域介入就容易导致资源配置的非市场化和公平失衡，寻租便成为资源配置的隐含手段。

政府控制资源并对市场经济活动的干预促生了政府失灵现象，而信息的垄断、封闭和不对称是造成政府失灵的外在原因。在网络化社会中,便捷、开放的信息沟通使政府容易受到公众的监督,从而一定程度上遏制腐败和寻租现象。然而网络传播和网络监督在另一方面又扩大和渲染了政府的负面效应,从来带来政府的合法性危机。

2009 年上海“钓鱼执法”事件发生后,社会影响巨大。一方面,城市执法部门伙同社会不法组织,形成庞大的利益链,牟取暴利,据统计上海某区两年内共查处黑车罚款达到 5 000 多万元。另一方面,像上海私家车主张晖因搭载自称胃痛要去医院的路人而被交通行政执法部门高额罚款的事件时有发生,严重损害了政府公正执法形象,对社会道德底线和政府公信力提出了挑战。然而,在 10 月 20 日浦东新区城市管理行政执法局的调查结论却认为孙中界涉嫌非法营运事实清楚,证据确凿,适用法律正确,取证手段恰当,不存在所谓的“倒钩”执法问题。尽管这一结论此后被浦东新区区委、区政府所否定,但城市执法部门的偏离事实、简单草率行为,又进一步地误导了公众和舆论,损害了政府公正的形象。在传统媒体环境下,由于新闻媒体“守门人”的作用,类似的负面消息容易被封闭,社会影响较小。但互联网的出现,使公众获得接近媒体的机会,从而进入“自媒体”时代。在《2009 年度网络热点事件排行榜》中,“钓鱼执法”事件排名第四,BBS 原帖数达 11 453 条。人民网舆情监测室公布的《2009 年第三季度地方应对网络舆情能力排行榜》所列举的 10 件“舆情热点事件”和政府应对、处置能力的评估结果也显示,上海市交通行政执法部门“钓鱼执法”得分为 0.55,处于红色警报,即政府应对严重失当,存在重大缺陷。

(二)网络对城市管理形象的挑战

网络城市形象是现代城市文明的标志和城市“软实力”的体现,反映了民众对城市的认知程度和归属感,有利于提升城市的内聚力和促进社会的和谐。其外在效应有利于集聚资源、吸引投资、招揽人才、发展旅游等。但良好的城市网络形象并不是城市自然发展的产物,也不是完全由人工设计的赝品和“虚拟印象”,而是现代城市发展过程中多元主体良性互动的结果。网络城市形象发展轨迹有两种趋势:一种是正向的、积极的、良性的发展趋势,即网络城市形象的提升过程;另一种是负向的、消极的、恶性的发展趋势,即网络城市形象的堕化过程。有些时候,这两种情况交叉存在,共同影响着城市的发展。网络城市管理形象是网络城市形象的重要组成部分,是网络民众对某一城市政府管理是否高效、公平、科学的总体评判。近些年来,在我国很多地方,城市管理的行为饱受争议,政府的网络形象受到损害,究其原因,主要包括以下几点:

1.执法行为缺乏合法性和合理性

行政执法的合法性是指享有执法权的行政主体对相对人所实施的直接影响其权利与义务的具体行为，以及对相对人的权利与义务的履行情况进行监督的行为必须符合法律规定。包括执法主体合法、执法内容合法、执法程序合法等方面。行政执法的合理性是指行政主体在实施自由裁量行为时，其具体条件、标准、幅度和方式不得超越规定的范围，不得违反法律的目的和公正精神，包括目的的正当性、利益的平衡性和结果的公正性等方面。如果城市管理者自身的行为不合法或显失公正，则容易损害自身的形象。

2013年7月17日上午，临武县城管局人员在执法过程中与瓜农邓正加夫妇发生争执，结果邓正加当场死亡，其妻也因伤接受住院治疗。有目击者声称邓正加系城管执法者用秤砣击中头部致死。7月20日，法医对死者遗体的检验报告显示，初步判断邓正加颅内受伤。该事件发生后，网络舆论反映强烈。7月18日，相关的网络新闻有3 731篇，论坛帖文达1 975篇，微博超过44万条。截至7月22日11时，网络热点事件点击率排行第1位，共有348多万网友参与讨论，网友评论达48多万条。

对于城管暴力执法和激发的舆论危机，《人民日报》的评论将其根源归结为责任和权利的不匹配，即责任过重，权力有限，城市不管不行，管，又没有足够的执法权。权威性不足，手段也有限，这就给暴力留下了空间。与之相应，问题的最终解决要依赖于法治，推动双重约束性，既要约束执法权力，划清权力边界，如明确城市执法的权力和程序，对违法执法要依法惩处；也要约束公民权力，公民的活动应遵守法律法规的规定。[①]

2.社会矛盾的复杂化

2012年9月14日，社会科学文献出版社和北京国际城市发展研究院联合发布的《社会管理蓝皮书——中国社会管理创新报告》指出，我国社会发展具有三个标志性的阶段性特征：人口突破13亿、人均GDP突破5 000美元和城市化率突破50%。而新的社会需求、社会矛盾、社会现象，使得社会系统性的风险不断增加，一些不稳定因素正处于从潜在风险向公共危机转化的临界点上。20世纪80年代初，我国基尼系数为0.275，而2010年已达到0.438。国家统计局公布，2012年我国基尼系数为0.474。按照国际通行标准，如果一个国家基尼系数超过0.4水平，

① 城管暴力执法根源系责任和权力不匹配．人民日报，2013-07-22，http://www.360doc.com/content/13/0722/

就预示着社会财富已过度集中，社会处于可能动乱的“危险”状态。根据世界银行报告测算，美国 5%的人口掌握了 60%的社会财富，而在中国，1%的家庭则掌握了全国 41.4%的财富。我国的贫富差距已经超过美国，成为世界上两极分化最严重的国家之一。

社会财富占有和分化过程不是单维的社会变化，而是伴随着我国社会变革和社会转型的整体推进。改革开放以来，城乡二元式结构渐渐松动，城乡一体化进程发展迅速，大量剩余人口从农村游离出来，散布在城市各处。虽然居住在城市地区，但住房、子女教育、文化及社会保障仍难以融入城市体系，成为“半农民半市民”的特殊群体。此外，城市内部的市民群体在经济发展和社会改革中也发生了分层化，如国有企业和集体企业的改制，一些职工失去原有保障，大学生失业、企业职工失业也影响着居民的生存状态，同时社会保障体系尚不完善。在社会转型过程中，政府对经济和社会的控制逐渐让渡给市场，强调公民的自我管理，人与人之间趋于“原子化”，而我国的公民组织发育不全，在组织公民和社会资本方面并没有发挥应有的作用，这样，社会风险的增加和社会安全阀的缺乏增加了社会的不稳定。

社会转型期所积蓄的各种矛盾凸显加大了城市管理的复杂性，也对城市政府管理的形象塑造提出了挑战。在网络世界中，社会财富和权力的差距并没有造成网络发言的差异，社会民众，尤其是弱势群体获得语言张扬的机会。在城市管理过程中，城市管理部门常常以强势的姿态出现，舆论的天平自然向弱势群体倾斜。有些少数官员平时作风奢侈、贪污腐化、脱离群体、执法粗野本身给群体留下不良的印象，这些更容易激发公众对政府和官员行为的质疑和反对，如“湖北青年孙志刚在广州收容所被伤害致死”、“兰州城管手持铁棍当街围殴残疾店主夫妻”、“被疑开黑车上海 18 岁小伙为表清白挥刀砍手”、“虹口城管被指围殴 15 岁少年”、“辽宁辽阳城管执法围殴当事人致死”、“广州城管掐女商贩脖子押上警车”、“昭通城管殴打盲人乞丐”等事件。结果网络舆论几乎一边倒地谴责政府执法部门。

3. 网络传播的特殊性

城市管理形象的塑造还受制于网络传播的特殊性。网络媒体不同于传统媒体，人们可以借助网络论坛发表意见和相互讨论，在一对多、多对多的交流中，还存在“沉默的螺旋”(The Spiral of Silence)、“晕轮效应”(the Halo Effect)、“蝴蝶效应”(the Butterfly Effect)。

德国政治传播学者伊丽莎白·内尔-纽曼(E. Noelle-Neumann)认为人类社会也有类似的特点：个人由于担心自己被其他人孤立，而考虑社会所接受的观点，并决定自己是否公开发表观点。如果越是发现自己的观点受到其他人欢迎，就越积极参与讨论;相反,如果发觉自己的观点与他人观点不一致或受到众人攻击,就会选择沉默,结果造成一方的声音越来越强大,而另一方越来越陷入沉默,这种现象即为“沉默的螺旋”。[①] 互联网具有开放性、匿名性和平等性的特点,并没有从根本上排除个人言语表达受群体的影响。网络主体的言语表达也是个人内心的一种表达,渴望获得他人的认同。当自己的观点与主流观点不一致时,或受到一种挫折感,或在他人的攻击和排斥下趋于沉默,这种舆论分野潜移默化地影响着其他准备参与讨论的人,即为避免受到同样的遭遇,要么发表相同的观点,要么选择沉默。

“晕轮效应”也称作“光环效应”,根据人的心理特质,人们对某种事物的认识和对他人的评判往往基于自己的印象和某一方面的认知,如果认知对象被标明是“好的”,则认为其一切品质都是优秀的。反之,如果对认知对象持有“坏的”印象,则认为其一切品质都是差的。这实际折射了评价主体在主观意念的影响下对评价对象做出的偏离客观事实的评判。在网络虚拟空间中,晕轮效应同样存在。近些年来,网络上关于城市管理执法者的野蛮执法、粗暴执法有着种种非议,在不少人印象中,城市执法者与执法对象类似于“灰太狼”与“喜羊羊”的角色形象。如何破解城管网络形象妖魔化已成为城市管理部门的一项难题。2013 年 3 月 17 日下午 2 时,广州市天河区车陂街城管辅助执法队员苏家权和钟泳德驾驶执法车对东圃大马路进行例行巡查,发现有小贩在人行道上占道经营,于是两人下车对小贩进行劝离。在劝导过程中,小贩突然向 27 岁的城管队员苏家权连砍 7 刀,其中头部和面部被砍 5 刀。此事件发生后,引发广大网民的关注。据统计,截至 2013 年 3 月 20 日 14 时,相关话题位居当日舆情热点排行第 1 位,至少有 83 万网友参与讨论,网友评论已超过 11.5 万条。其中,只有少数网友对受伤城管队员表示同情,而大部分意见反而认为“城管的暴力执法更冷漠”、“城管的公共形象太差”、“城管这行名声太差”、“城管须反思从自身找原因”,在一份针对该事件的网络调查中,有超过 80% 的网友认为小贩的举动是被城管逼的,有 10% 左右的网友认为城管与小贩都有苦衷,只有 5% 左右的网友不认同小贩的做法。

“蝴蝶效应”是表示混沌系统中一点细小的变化就会引发事物的连锁反应,使最终状态发生天翻地覆的变化。20 世纪 60 年代,美国气象学家爱德华·洛伦茨(Edward Lorenz)对“蝴蝶效应”作了生动描述:一只蝴蝶停在巴西亚马孙河流域热带雨林的一棵树上,只要它轻轻扇动几下翅膀,就可能在远隔万里的美国德州引起一场飓风。网络具有开放性、便捷性和互动性特点,一些偶然事件经网上传播之后容易成为社会热点事件。网络信息载体形式丰富多样,包括文字、图片、视频、音频

---

① 伊丽莎白·内尔-纽曼. 民意:沉默螺旋的发现之旅. 台湾远流出版公司,1994:137-138.

等，可以通过手机短信、网络论坛、微博、QQ、MSN等方式进行快速传播。2009年7月16日，一网友在百度贴吧魔兽世界吧中贴出了“贾君鹏你妈妈喊你回家吃饭”的帖子，而在短短五六个小时内竟有39万名网友浏览，回复达到1.7万条，被网友誉为“神帖”。同年发生的“杭州飙车案”经过网络的发酵，也演变成2009年网络热点事件。5月7日晚，杭州某高校学生胡斌驾驶一辆三菱牌小型跑车将横穿斑马线的谭卓撞倒在地，后经抢救无效死亡。5月8日，杭州交警召开新闻发布会，初步判定肇事车辆当时车速在70码。由于警方公布的结果与多名现场目击者的描述相差甚远，以及肇事者表情轻松马上引发了网民的极大不满。有网友在浙大内部校园论坛上贴出了《天堂里没有车来车往？——浙大学子致杭州市市长的一封公开信》，并在网络上广泛传播。网络新名词“欺实马”旋即蹿红网络。5月14日，杭州市公安局向媒体公布交通肇事案鉴定报告，认定事故车在事发路段的行车时速是在84.1～101.2千米之间。尽管一次偶然的交通事故，但交警部门明显歪曲事实的言论更引起了网络热议，对执法者的公正形象造成了不良影响。

（三）网络传播中的“守门人”缺失

不同的社会组织结构形式对信息传播产生不同的影响。在科层组织结构中，不同主体之间的信息传递被结构化，一部分信息可以通过人际交流得以传播，但另一部分信息，尤其与组织和决策相关的信息必须依赖于正式的渠道进行传递。在网络构建的社会群体结构中，个人从正式的组织结构中游离出来，以单个人的形式重新组合成虚拟社区。正式的科层组织结构与虚拟社区组织结构在信息传递的渠道、特点及影响存在明显的差异。

1.科层组织结构中的信息传递与信息控制

科层组织是基于社会分工的基础上对科学管理的一种追求。其基本特征是：①按照专业化、部门化和层次化的要求，建立金字塔式的权责体系；②强调命令统一和等级服从原则；③组织内部强调组织纪律和规章制度，避免政策执行的主观性和随意性；④严格的绩效评估、人事选拔和晋升制度。从信息传递角度看，科层组织具有内在的、分级的信息传递序列，可以一定程度上保证了命令统一、步调协调的效果。但同时，这种体制容易趋向于一个封闭的、僵化的系统，对外部环境变化反应不够灵敏，容易脱离实际，难以及时反映民众的呼声和诉求，行政效率低下，抑制地方或部门的积极性和主动性等。一般地，在科层组织中，在上级和中央拥有较大的权力，地方官员要获得晋升和奖励，必须获得中央和上级的认可。在这种情况下，地方和下级便成为以自身或局部利益为取向的利益主体，与原有的公共利益和公共目标发生偏离，在自下而上的信息传递中，往往选择性地传递信息，报喜不报忧，掩盖社会矛盾。同样，在自上而下的信息传递过程中，也采取信息过滤和信息封闭的方式，将相关信息控制在一定的范围之内。为消减科层结构对信息传递的滞碍影响，1999 年 12 月 14 日，国务院办公厅发布了《关于加强政府系统值班和信息报送工作的通知》，要求"凡发生在本地区、本部门或本系统的重大突发事件、重要社会动态、重大灾情和疫情及其他紧急重大事件，各地区行署，各市、县人民政府和省直各部门在及时做好处置工作的同时，必须在事件发生后 5 小时内将有关情况报送省人民政府办公厅，省人民政府办公厅要在事件发生 6 小时内报送国务院办公厅。在报送紧急重大事件发生情况的同时，跟踪掌握事态进展和处理情况，随时续报，直至事情处理完毕。"

科层组织不仅对内部信息传递进行控制，而且对电视、报纸、广播等媒体信息实行一套严格的审查制度，这种"守门人"制度决定哪些新闻可以向公众公布，哪些新闻禁止向公众公布，从而发挥媒介议程引导公众议程的作用。2002 年 11 月 16 日，广东佛山发现第一例 SARS 病例，随后扩散到东南亚及世界其他地区。在疫情刚发生时，政府并没有足够重视，没有及时成立危机处理小组和公布疫情扩散情况。地方政府要求媒体不要过度渲染该疫情扩散情况，以免引起民众的恐慌。在 12 月底，疫情消息开始在网络上流传，有些对疫情不够了解的网民也散布着道听途说的消息，网络评论多种多样，消息传播陷入混乱。随后政府对网络论坛的疫情讨论加以控制。政府信息的控制并没有收到应有的效果，在社会上，主流媒体消息的缺失逐渐被谣言和小道消息所替代，如广州市民纷纷出动，到处抢购白醋、板蓝根、抗病毒口服液等物品，甚至一瓶白醋卖到 1 000 元。2003 年 3 月 27 日，世界卫生组织宣布北京为疫区，并在 4 月 2 日发出旅游警告。4 月 3 日，时任卫生部部长张文康在国务院新闻发布会上宣布，"非典"已得到有效控制，"在中国工作、生活、旅游都是安全的"。但疫情扩散的严峻形势和疫情数据公布的滞后引发了国内外民众、媒体及世界卫生组织的不满。4 月 18 日，温家宝总理强调，"绝不允许缓报、漏报和瞒报。否则要严肃追究有关领导人的责任。"从 4 月 26 日到 6 月 24 日，中央电视台开始向公众公布卫生部的每日疫情通报。经过 SARS 之后，如何建立科学的信息公开制度和保障公民的知情权已经提上政府的议事议程。

可以说，SARS 的暴发促进了政府对信息公布制度的思考和制度化改革，但此过程是一渐进的过程，它还不时受到传统观念和科层体制内在导向所约束。2005 年 11 月 13 日，中国石油天然气股份有限公司吉林石化分公司双苯厂由于硝基苯精制岗位外操人员违反操作规程，致使硝基苯精馏塔发生爆炸，引发了松花江水污染事件。事故发生后，吉林省环保局对水污染问题重视不够，没有按照有关规定全面、准确地报告水污染程度。相反，地方政府发现污染情况后，采取“内紧外松”策略，禁止媒体向公众发布污染实情，并通过增加丰满水库的流量来稀释污染物，造成城市生态危机。12月5日，美国《时代》周刊亚洲版将该事件描述成“一个巨大的化学品泄漏迫使城市停水和又一个笨拙的政府瞒报被揭露”。由于地方政府新闻消息的封锁，网络传闻、手机短信、小道消息和各种谣言充斥于耳。直到政府信息公开后，市民的恐慌和疯狂抢购行为才逐渐平息。另一案例是，2011年8月9日，中央电视台新闻频道原定于21时30分播出《新闻1+1：高危项目别低调推进》节目，内容是关于某市PX的专题报道，但节目预告片在播出的几分钟之后，突然改播为《真诚沟通》、《天气预报》以及重播《焦点访谈》。

随着信息社会的到来，城市管理环境瞬间万变，一个小的事件就可能引发巨大的社会震动，如何让决策核心在尽可能短的时间里获得真实、全面的信息是科学决策的内在要求。另一方面，在网络社会，信息传递渠道趋于多元化，人为的信息封锁只是掩耳盗铃，结果只会使政府自身陷入更大的危机之中。2006年国家环保总局针对全国多起突发环境事件，要求加快完善突发性环境事件的信息披露制度，并规定：①规范突发环境事件信息报告制度与程序，发现突发环境事件后必须在1小时内向所在地县级以上人民政府报告，同时向上一级相关专业主管部门报告，并立即组织现场调查。紧急情况下，可以直接报告国务院办公厅或环保总局。突发环境事件的报告分为初报、续报和处理结果报告三类。②规范突发环境事件通报与信息发布制度与程序。③实行责任追究机制。2011年4月18日，环境保护部公布了《突发环境事件信息报告办法》，其中第十四条规定，“突发环境事件信息应当采用传真、网络、邮寄和面呈等方式书面报告；情况紧急时，初报可通过电话报告，但应当及时补充书面报告。”

2. 网络时代信息传递与“守门人”缺失

网络社会的到来使信息传递发生革命式的变化。科层组织中，信息的传递具有明确的指向，即从信息源、传输渠道、目标群体、信息反馈等比较确定。相比而言，在网络时代，信息传递有去中心化特点，传递的方式、路径、反馈等具有不确定性。网络并不能消除科层组织的存在，在现实情境中，科层组织及其他单元组织内部以及该组织与外部环境中间都或多或少地存在信息的封闭与保守，不可能做到完全的透明化。但嵌套于网络环境中的社会组织必然受到网络的冲击，自身不得不做出必要的调适。具体而言，与科层组织的信息传递相比，网络信息传播缺少“守门人”影响，其对比变化主要体现在：

第一，单向信息流动向多向信息流动转变。科层组织信息传递不仅与外部公众之间存在隔离，在组织内部，无论是自上而下的信息传递，还是自下而上的信息传递，或者横向部门之间的沟通，渠道相对单一，并有一定的制度与程序的规范。由于信息传递链条过长，信息容易被过滤（图 8-2）。但网络媒介的信息传播具有多元交叉特点，每增加一个主体，传播途径就以几何级地增长，如图 8-3 所示，只有 6 个网民的虚拟社区，就存在 30 条传播路径。不同于科层组织权责体系人员和职位的固定性，虚拟社区的参与主体并不受限制，只要有共同的兴趣、爱好、目标和价值观，都可以参与讨论，主体之间是一种虚拟的非正式关系，甚至交流双方的性别、年龄、职业、相貌、家庭等信息都不了解。主体之间围绕共同的话题进行讨论、争辩，或许最终达到主流意见的统一，或许仍然处于众意纷呈之中，这种讨论并不强调获得一致的结果，也缺少这种舆论集聚机制。而科层组织中的讨论不管以何种方式进行，也不论存在多大分歧，最后一般都能达到意见的统一，在民主体制下，通常采取少数服从多数的投票机制；在专制体制下，这种分歧取决于权威领袖的选择。

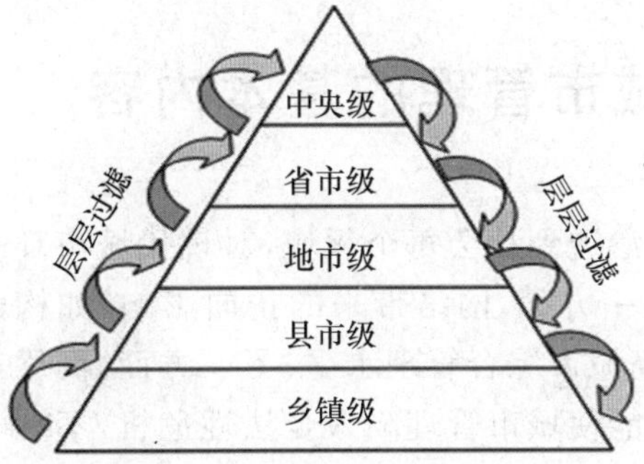

图 8-2　科层组织与信息传播

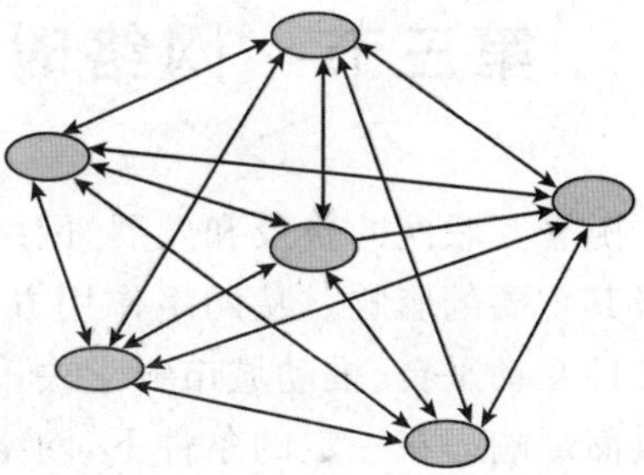

图 8-3　网络自媒体与信息传播

第二，信息传递的层层控制向信息传递的自我控制转变。科层组织结构中，信息的传递按照层级串联的方式进行，每个级点都可以对信息进行删减、增补和修改，从信息源到信息所到达的最后目标主体，信息可能变得大相径庭了。另外，这种线性的传递得不到交叉信息的佐证和补充，信息纠偏机制缺乏。在网络传播中，各主体之间的传递方式极其复杂。每个人都在传递信息的同时，也无意中充当的消息的编辑者，在原意之中掺杂了个人的见解，或夸大其词，或贬低其意，结果同样的事件会出现多种信息编译，这对于信息接受者和分析者来说，增加了信息处理的负担，同时对信息处理者的能力提出了更高的要求。相比于线性信息传递，多途径信息传递大大减少了"守门人"的作用。一旦某则新闻开始在网上出现，短短时间内就可能出现上百次转载，而且形式多样。2012 年 4 月 9 日，央视著名主持人赵普，在微博上发出了一条消息："转发来自调查记者短信：不要吃老酸奶（固体形态）

和果冻，尤其是孩子，内幕很可怕，不细说。”这则消息发布后在5小时内，新浪转发和评论为143 102条，腾讯转发和评论为16 050条。尽管该微博当天已被删除，但却引发了公众的对明胶和毒胶囊的广泛关注。

第三，信息的间接传递向信息的直接传递转变。科层组织的信息传递倾向于逐层传递，如果越级传递会影响组织管理的有序性。网络信息传递的特点在于无序的、放射式特点，它打破了科层组织信息传递的链条效应，有利于创造基层民众参与决策、表达心声的机会，推动组织去官僚化作风，促进组织变革和良性发展。2010年9月8日，人民网·中国共产党新闻网正式向社会公众推出“直通中南海——中央领导人和中央机构留言板”网络互动平台，鼓励网民直接对中央高层领导和中央机构倾诉心声、反映意见。显然，这一改革实际利用网络技术使传统垂直的管理模式向偏平方向化发展，并通过搭建“草根政治”的活动平台，保证每个网民平等的话语权，促进我国政治民主的发展。

第三节　网络时代城市管理的基本内容

随着互联网的普及和发展，网络已经渗透到社会每个领域，对现代城市环境产生极其重要的影响。从网络作用方向看，一方面，网络带来的正向影响，如构建官民良性互动平台、推动城市科学决策、提高城市综合管理水平；另一方面，网络产生的负面影响。在一定的条件下，网络有可能使城市管理陷入合法性危机，不利于城市形象的维护和对传播信息的控制。现代城市管理只有顺应时代潮流，积极利用网络的优点，克服其缺点，才能完善和改进城市管理模式。

一、加强城市网络形象建设

近年来，面对波涛汹涌的网络舆情和层出不穷的网络事件，政府的网络应对能力和技巧不断提升，尤其在城市网络形象塑造方面已经取得了一些进步。2013年5月23日，由新华网、中国社会科学院城市环境与发展研究所、武汉大学互联网科学研究中心、中国统计信息服务中心共同发布了“2013年度城市网络形象排行榜”和《城市网络形象报告白皮书(2012)》，根据城市调研结果及专家意见、网络投票情况，对2012年度全国286个重要城市的网络形象进行评价，最终深圳、南京、杭州、厦门、成都、武汉、广州、银川、福州、拉萨10个城市获得“2012年度城市网络形象排行榜·十佳城市”，无锡、乌鲁木齐、哈尔滨、荆州、辽阳等城市获得“2012年度城市网络形象排行榜·优秀城市奖”，以及其他不同城市分别获得“城市节庆传播口碑奖”、“政务微博示范奖”、“网络形象推广贡献奖”、“舆情处置给力奖”等。

加强城市网络形象建设主要内容包括：

（一）建立有效的网络舆情引导机制

网络舆情一般反映了网民的利益、城市矛盾、道德维护以及对政府和官员的态度。政府应对网络舆情的态度折射了自身对基层民众的态度和执政价值观的体现。有些官员不正视城市问题，一旦遇到新闻曝光，就设法掩盖问题，如雇人删帖、跨境追捕等，或者遇事慌乱不已，无以应对，只采取拖延、躲避态度。2012 年，新华网网络舆情监测分析中心和武汉大学互联网科学研究中心依据 8 月份舆情事件发生后城市政府的初始回应速度、过程回应速度、初始回应效果、过程回应效果和最终回应效果等五个评价指标，从百度搜索、新浪微博以及腾讯微博的热门话题中，整理出有关城市网络形象的 16 件典型“舆情热点事件”，这些城市的应对能力相差较大，综合得分基本处在 81.0～26.5 之间（表 8-2）。其中，杭州政府在“8・12”清河坊牌坊倒塌事件发生后，应对快速、公开透明、措施得当，综合得分最高，为 81 分；而项城市则对事件的回应迟缓，媒体运用能力较差，综合得分最低，为 26.5 分。

表 8-2　“城市网络形象排行榜”（舆情应对能力）8 月份榜单

一级指标／舆情概况			官方响应（75%）						媒体运用能力（25%）	城市网络形象——舆情应对能力总分
			初始回应速度（10%）	过程回应速度（10%）	初始回应速度（20%）	过程回应效果（20%）	最终处置效果（40%）	官方回应总分		
城市	舆情事件	发生时间	赋值	赋值	赋值	赋值	赋值	赋值	赋值	
杭州	杭州市牌坊倒塌	8.12	7.5	7.5	11.25	12	24	62.25	18.75	81.00
南宁	南宁枪击案	8.19	5.625	5.625	11.25	12	24	58.5	18.75	77.26
延安	延安特大交通事故	8.26	7.5	3.75	11.25	6	24	52.5	18.75	71.25
大理	大理市长为农民讨薪	8.14	5.625	3.75	11.25	12	24	56.625	18.75	69.13
北京	乘客被艾滋针扎伤	8.21	3.75	3.75	11.25	12	18	48.75	18.75	67.50
重庆	周克华事件	8.10	7.5	5.625	3.75	6	24	46.875	18.75	65.63

续表 8-2

一级指标 / 舆情概况			官方响应(75%)						媒体运用能力(25%)	城市网络形象——舆情应对能力总分
			初始回应速度(10%)	过程回应速度(10%)	初始回应速度(20%)	过程回应效果(20%)	最终处置效果(40%)	官方回应总分		
城市	舆情事件	发生时间	赋值	赋值	赋值	赋值	赋值	赋值	赋值	
荆门	荆门石灰厂疑奴役智障工人	8.29	5.625	5.625	7.5	9	18	45.75	12.5	58.25
开封	开封千亿重造汴京	8.11	1.875	7.5	11.25	6	12	38.625	12.5	51.13
宜宾	女协税员如三陪	8.20左右	5.625	5.625	0	3	24	38.25	12.5	50.75
邵阳	邵阳市自来水公司3管理人员被员工烧死	8.27	3.75	3.75	3.75	6	18	35.25	12.5	47.75
南昌	南昌火车站“石凳”被封	8.15	5.625	5.625	11.25	3	6	31.5	12.5	44.00
靖江	靖江官二代砍人事件	8.11	5.625	5.625	3.75	3	6	24	18.75	42.75
安康	安康陕G00000违章免罚	8.7	5.625	3.75	3.75	9	6	28.125	12.5	40.63
广州	广州越秀区常委打空姐	8.29	5.625	7.5	3.75	3	6	25.875	12.5	38.38
哈尔滨	哈尔滨阳明滩引桥坍塌	8.24	5.625	5.625	3.75	3	6	24	12.5	36.50
周口	周口项城强征地	8.10	1.875	5.625	3.75	3	6	20.25	6.25	26.50

网络舆情实际是社会现实问题在虚拟情境下的反映，既可能对政府执政能力提出挑战，也可能成为改进城市管理的契机。城市应专门设立覆盖面广、反应灵敏的舆情反馈机制，要在第一时间获得舆情信息，把握舆情的基本规律，抓住问题的本质，设计出恰当有效的应对方案，做好事件评估和制度性改进。同时要按照公开、公正、平等、坦诚的原则，提高沟通效果。

(二)建立规范的网络发言人制度

网络发言人的主要任务包括:①及时了解和把握网络舆情动向,适时公布网络事件处理的相关信息;②诚恳、详细地回答网民和公众的公开咨询和质疑;③及时向网民和公众公布网络舆情的处理结果;④提升网络舆情应对技巧,化解网络舆情危机。

以广东深圳“5·26”飙车案为例,城市管理部门通过开设微博和推动网络发言人制度对引导网络舆论发挥了重要作用。2012 年 5 月 26 日凌晨 3 时 08 分许,侯某酒后驾驶一辆粤日产 GT-R 红色跑车以不低于 180 千米/小时的速度行驶,在滨海大道由东往西方向行驶至侨城东路段,与同方向行驶的两辆出租车发生碰撞,造成其中一辆车牌号为粤 B/H1Q78 的出租车起火爆炸,1 名司机和 2 名乘客在事故中死亡。7 个小时后,侯某向警方自首,但被外界质疑为“顶包”,而真正的肇事司机另有他人。为提高案例处理的透明化和消除公众的疑虑,深圳市交警局在 5 月 28 日、29 日连续两次召开“5·26”交通事故情况通报会,向媒体公布调查进展。5 月 30 日下午,深圳交警又召开了第三场通报会,公布最新调查进展情况。尽管深圳交警事故处理初期的取证和信息回应方面尚有些被动,但后期有条不紊的应付措施和公开、透明、诚恳、务实的作风对网络舆论的引导发挥了重要作用。如 5 月 30 日 16 时 15 分,深圳交警局新闻发言人透露,警方已经调查了当事人 6 人,证人 26 人,搜集了 1 000 余小时的视频资料,达到了事故事实认定的要求。5 月 30 日 17 时 10 分,交警公布了 DNA 鉴定结果。交警向在场媒体出示了深圳市物证检验鉴定中心出具的鉴定文书。相关佐证的原始监控录像也先后公开。深圳交警部门多次通过微博向社会公布事件的进展情况,在沟通中采用务实、科学的态度,抛弃过去传统的以我为中心的“闭门调查”的惯性思维,使用公众对政府的态度从一片质疑之声到信任、接受转变。该事件的一个重要启示在于城市管理不仅仅是政府部门的事务,任何排斥和脱离公众的处理方式,不论效果如何,都难以获得民众的认同和支持,并潜移默化地影响政府形象的塑造。反之,如果政府能够面对现实,将公众视为治理伙伴,就容易获得民众的支持,从而提升政府的公信力。

(三)掌握网络舆情管理的技巧

城市管理是一个庞杂的过程,网络的多领域渗入加大了城市管理的复杂性。城市网络形象的塑造还需要城市管理者掌握相关的网络舆情管理的技巧。英国危机公关专家迈克尔·里杰斯特(M. Regester Michael)提出的“三 T”原则对网络舆情管理具有重要的启迪意义:①政府应主动向公众提供具体的、真实的情况(Tell your own tale);②政府应迅速地公布真相,并采取应对措施(Tell it fast);③政府向公众提供完整的信息,让公众具有知情权(Tell it all)。

网络舆情管理的技巧是行政机关及工作人员对语言艺术、应对程序和问题处理的综合能力的体现。2012年6月25日晚10时左右,在南京河西万达广场西侧,兴隆街道城管人员在集中整治路边摊点时,烧烤摊主严某兄弟持刀阻拦执法。19岁的严弟被一名协管员打倒在地,并用脚踩在其脖子上,让他无法起身。当天晚上,网友"September舌甘"将这张"城管踩人"的照片发送到微博上,该条微博在短时间内被转载多次,引发了网友广泛热议。针对网上的评价,6月26日南京市建邺区城管局执法大队负责人称,照片中踩着摊贩的执法队员并不是执法大队的,而是兴隆街道城管科的协管队员。建邺区兴隆街道城管科也声称,城管队员在整理摊贩占道经营时与摊主之间有了冲突,在冲突过程中摊主摔倒在地,队员失足踩到那个摊主。建邺区兴隆街道城管科随即对该名协管队员作出了处理:扣除当月考核奖金,在家待岗,同时加强对队员的教育,做到文明执法。城管执法部门的回应并不被公众所认可,相反"该执法人员不是城管,是协管,是不小心失足踩到摊贩的"的牵强托词更引发公众新的不满。6月27日上午,建邺区兴隆街道办研究决定:对脚踩摊贩的队员予以开除处理;对街道城管科负责人在未了解事实真相的情况下,发布错误信息,误导媒体,给予通报批评;向被踩当事人道歉;开展作风纪律整顿。

从整个事件,城市执法部门的应对舆论危机技巧欠妥当。按照正常人的理解,城管执法者用脚踩小贩的颈部这种行为无法用"失足"来解释,这种不恰当的说法只会增加管理者不诚实和愚弄百姓的感觉,使该事件陷入更深的舆论危机之中,同时也没有及时对责任人做出严厉处理和深刻的工作反思。类似的事件近年来频频发生,如2009年"唐福珍自焚事件"中,成都市金牛区城管局长钟昌林在回答《南方周末》记者提问时,理直气壮地声称,"我对唐福珍不存在歉意。我是执法者,应严格执法,在法律面前不应该有歉意。"执法者的冷酷与唐福珍的悲怜又一次戳疼公众伤疤,拉开了执法者与民众之间的心理距离,这位局长因此也被网民称为"史上最冷血的城管局长"。

二、加强城市管理者素质建设

网络时代城市管理的水平和科学化程度最终取决于管理者素质的高低,这从两个方面对管理者提出要求:一是对将要进入城市管理系统的人员来说,必须具备现代城市管理的基本素质要求,包括城市管理的基本知识与基本理论、城市民主管理与民主决策、公共精神与公共伦理，以及互联网技术与运用、媒体沟通技巧等。这些要求一般体现于城市公共管理人才的选拔机制是否科学，能否将合适的人才选拔进入城市管理人才队伍。二是对已经进入城市管理系统的人员来说，如何实现知识的更新和能力的培养。对于这部分人而言，主要采取在岗培训、脱产进修等方式。在社会转型期，城市系统更新加快，管理人员的素质要求越来越高，不仅要提高管理者的业务素质，还要掌握网络化技术及新传媒知识，能够适时改变传统的执政理念，提高民主决策的能力。

（一）促进城市管理者的角色转变

1. 城市管理者应从管理角色向服务角色转变

传统的城市管理强调管理权力的统一性，这使城市管理的结构体系趋向于单中心的集权式管理，市民、私人组织、公民组织都排斥在城市管理之外，权力和信息流一般从政府的中心极向四周（社会）发散，形成“强政府弱社会”的治理现状。在城市管理系统内部，由于强调层级控制和命令统一，就形成了科层式的管理结构。当然，这种管理结构的形成不仅仅是城市内生性发展的结果，在我国更多地受制于单一制中央集权国家体制的影响，城市作为社会管理的基本单位要体现我国政体的整体性要求。

但从改革开放之后，尤其是我国加入 WTO 后，城市管理的外部环境已经发生了很大变化，城市管理的自主性日益加强。与此同时，分税制改革、行政权力下移及城市之间的竞争，迫使城市不得不依据各自的城市特色采取差异性发展策略。在这种情形下，城市管理者的角色应该发生相应的变化，要从单一的自我式管理模式转向多中心自主治理模式转变。在新的治理模式下，城市的不同阶层、不同组织都应有机会参与城市管理和城市决策。政府与社会之间由封闭走向开放、由单向传输走向多元互动。这种结构转型依赖于城市管理的系统性变革，而不是某项制度创新。从沟通技术角度看，网络的发展无疑是这种变革的驱动力和技术性条件。网络对科层结构的信息传递方式形成了巨大冲击，加强了不同主体之间的横向交流，每个人都可以进入网络舆论场，参与讨论城市治理的任何话题，可以对政府进行监督和批评，可以通过虚拟的沟通达到现实情境中的一致性行动（如集体抗议），从而对城市政府形成外在压力，迫使政府不得不面对网络舆情，努力改进工作或适时改革。2011 年的“江苏南京梧桐让路事件”就是南京市政府在城市管理过程中利用媒体与市民沟通和吸纳民意的成功案例。2011 年 2 月 25 日晚，一网友在西祠胡同发帖质疑南京市政府“砍树”建地铁的行为，引起了网友的广泛关注，黄健翔、孟非等名人也积极参与其中，有些市民走上街头为梧桐树绑上绿丝带。这场声势浩大的“拯救南京梧桐树”运动经过微博、电视等媒体传播后，迅速成为全国性焦点事件。为此，南京市政府认真听取市民的呼声，并及时对社会的呼声进行回应：第一次回应（3 月 14 日），南京市政府发言人告诉市民这些梧桐树是移植而非砍伐，并对“民众的误解与愤怒表示理解”。第二次回应（3 月 15 日），市政府领导者在现场调研后宣布将主城区待迁移的古树数量从原来的 1 000 多棵减至 600 多棵。第三次回应（3 月 17 日），南京市主要领导批示，南京的绿和树是城市的生命线和重要特色标志，所有市政工程规划、建设都要以保护古树名木为前提，原则上工程让树，不得砍树。同时南京市出台了《关于进一步加强城市古树名木及行道大树保护的意见》。第四次回应（3 月 20 日），南京市宣布地铁三号线的移树工作已全面停止，此后又强调今后南京市的重大工程将试行“绿评”制度。在这一事件中，普通市民、学者、媒体人都以微博等不同方式参与其中，南京市政府以开放的胸怀多次与民众进行互动，最终政府与网民在保护古树方面基本达成一致意见，收到良好的社会效果。

2. 城市管理应从被动式管理向主动式管理转变

在城市管理中，组织内部延续的文化和传统对管理者产生潜移默化的影响，这种路径依赖使管理者习惯于现有制度和管理手段，而日新月异的环境变化不断地对城市管理提出新的要求，城市管理者只有不断变革才能符合城市发展的变化，这客观要求城市管理者要从被动式管理向主动式管理转变。城市的网络化发展加剧了城市变化过程，因此城市管理者更应以积极的心态主动地实施管理。2009 年 1 月 28 日，云南省玉溪北城镇 24 岁的李荞明因盗伐林木被当地公安部门刑事拘留。2 月 8 日他在拘押 11 天后被民警送到医院，2 月 12 日死于“重度颅脑损伤”。当地公安机关对李荞明死亡的解释是他与室友在看守所玩“躲猫猫”游戏时，遭狱友踢打，不小心撞到墙壁而导致“重度颅脑损伤”致死。但死者家属及大部分网民都认为这种解释过于牵强。2 月 19 日，云南省委宣传部发布公告，向社会征集网民参与调查“躲猫猫”事件真相。2 月 27 日，云南省政府新闻办召开新闻发布会，公布检察机关调查结论，认为李荞明是被看守所内的狱霸殴打导致其死亡，并不是玩“躲猫猫”游戏而死。从事件进展过程看，在初期云南地方政府一直承受着强大的舆论压力，受到公众的广泛质疑，工作处于被动应付状态。此后，地方政府及时转变思维，提出“网络上的事就得用网络办法解决。”在全国首次以网友名义来调查“躲猫猫”事件的真相，尽管组织过程不够完善，甚至被指责为“作秀”、“找托”，但这种主动、创新的精神仍受到社会的好评。

(二)提升城市管理者的综合素质

1. 提高城市管理者的服务意识

整体而言,我国政府职能正从"全能政府"向"服务型政府"转变,城市公共事务复杂多样,几乎每项公共事务都与广大市民密切相关,只有牢固树立为民服务的理念,才能真正地为老百姓谋利益。目前,少数城市管理者的素质并不高,尤其为民服务的意识不够突出。2009 年 6 月,某市群众反映当地经适房用地被开发商用来建别墅,面对记者的采访,该市城市规划局副局长却质问记者:"你是准备替党说话,还是准备替老百姓说话?"显然,这位领导将党的利益与群众的利益截然分开,认为公众的利益只是次要的。群众路线是党的根本工作路线,其内容是"一切为了群众、一切依靠群众和从群众中来、到群众中去的群众路线。"因此,城市政府要努力将群众的利益放在第一位,将群体利益作为一切工作的出发点和落脚点。要提高服务意识,善于处理公众利益与自身利益关系。有些时候公共利益与部门利益、个人利益并不完全一致,当个人利益、部门利益与人民整体利益发生冲突时候,要抑制个人利益和部门利益的膨胀,不得为一己之利而逾越法律框架。

提高城市管理者的服务意识需要从小事做起,从实事做起。比如有些城市在瓜果成熟季节经常为遍布城市街道小巷的瓜农所困扰。一方面,瓜农为销售瓜果,需要向人口集中的城市地区倾销瓜果;另一方面,瓜农随意摆摊,对城市的市容环境、道路交通产生不良影响。因此城市管理部门与瓜农摊贩之间的矛盾和冲突时有发生。有些城市,如济南,从农民的实际利益出发,变"堵"为"疏",创造性地制定了"西瓜地图",要求瓜农只要遵守市容、交通管理规定,就可以在指定的临时销售西瓜点设摊卖瓜。这一举措获得了更多市民的理解和支持,也有利于规范城市的环境管理。

2. 加强城市管理者的法律意识

网络事件的层出不穷,城市管理的负面新闻充斥于耳,尽管有些舆论有夸大其词之嫌,但如何改良城市管理的执法生态已成为城市可持续发展的一项重要任务。有些人将网络舆论视为洪水猛兽,错误地认为城市管理的舆论危机都是由自由、泛滥的网络环境造成的。究其根源,很多城市管理的舆论危机源于城市管理者自身行为的失范。与农业社会不同,城市管理的范围广、任务重,城市管理者的权力也越来越大。在现代法治国家,法律是城市执法者的基本依据,也是合法性的前提,但法律具有普适性的特点,不可能事无巨细都能做出明确的界定,这就赋予了管理者自由裁量权。管理者只有具备良好的法律意识,才能依法执法、有效执法。相反，如果管理者自身法律意识薄弱，或过分依赖于传统经验式和野蛮式执法方式，在民主社会和法治社会中将会陷入被动。据新浪网报道，湖南某市城管大队所属的一辆小型汽车从2005年4月15日至2010年3月19日，共有508条违法记录，累计罚款72 800元，扣分660分，但从未接受处罚。违章记录中排名第2、第36、第43和第67的也都是该市城管队的车辆。在法治社会中，如果城市管理者自身不能遵守基本的法律规范，或者采取明显不恰当的方式执法，而要求管理对象严格遵守法律法规，这不仅造成法律适用上的不平等，更容易给人们造成不好的影响。现代城市管理应建立在完善合理的法律制度基础上，城市管理的内容和城市执法的程序、手段都要纳入法律制度框架，管理对象是权利与义务的对等主体，而管理者是权力和责任的对等主体。对于群众的任何质疑都应该及时、真诚地公开。即使管理者自身行为违法或不当，也应有勇气承担责任。

加强城市管理者的法律意识还应处理好与网络舆情之间关系。网络舆论是城市管理的外在影响因素，也成为监督、抑制城市管理者的违法行为的一种舆论工具。“网络事件—外在压力—城市管理者道歉—舆论消减”似乎成为网络舆情发展的基本规律。城市管理者应充分认识和发挥网络舆情的积极一面，但并不是将工作的重心转移到应对网络舆情的技巧。2013年3月武汉市江汉区一名卖菠萝的小贩由于占道经营被辖区城管没收小车，为了拿回车子，这名小贩便向执勤的协管员下跪，令人吃惊的是，这名协管队员也向小贩下跪。此事件之后，不少网友对这名协管队员表示同情和支持。但任何应对网络舆情的技巧应建立在合法、合理的基础之上，只有形成公平、公正的城市治理环境，真正地为民服务、依法管理，城市管理才能经得起时间的考验。

3. 提高城市管理者的信息应用能力

城市管理的科学化、信息化有利于改造传统的城市管理系统，有利于提高城市管理的精细化、协作化、系统化水平。作为城市管理的工具手段，网络将城市不同区域的物件、事件实现数字化，形成信息的收集、反馈、处理的动态过程。同时城市供水、供气、供电、绿化、卫生、交通等不同部门形成了网络协作关系。目前城市信息化管理正向纵深方向发展，一方面积极推进区市县数据化系统与市级平台的网络链接和并网运行，加强城市管理相关责任主体的终端设备的横向链接，实现全区域数字化城市管理的全覆盖；另一方面积极拓展数字化管理功能，实现全区域城管车辆管理、垃圾收运管理、户外广告管理、违规搭建管理、市政设施管理、数字集群调度管理等系统化。为适应城市信息化的发展，不仅要求增加资金投入、设备改造和技术革新，还要求城市管理队伍综合素质的提高。这包括：①加强城市管理人员的业务培训，提高信息意识和信息技术操作能力；②加强城市管理人员的轮岗培训，工作场所和工作要求的变化，促进对实践问题的思考；③加强城市管理人员的考核和激励，将信息水平和信息技术运用能力纳入人员考核体系。

互联网不仅成为改进城市管理水平的技术性手段，对于公民个人来说已经成为数字化社会生活的一部分。如尼古拉·尼葛洛庞帝(Nicholas Negroponte)所言："我们无法否定数字化时代的存在，也无法阻止数字化时代的前进，就像我们无法对抗大自然的力量一样。数字化生存有四个强有力的特质(分散权力、全球化、追求和赋予权力)，将为其带来最后的胜利。"[①]城市管理者既是社会公民，又是城市管理的主体。在网络舆情方面，城市管理者也扮演者双重角色。2010年10月，北京市城市管理综合行政执法局某分队基层队员宋志刚在天涯社区以"随风打酱油"的网名发了一个帖子——《一个城管队员的日常见闻》，由于发帖人的持续发言和回帖，吸引了越来越多的网民点击和参与互动。截至10月底，相关主帖和回帖多达20余页，其效果相当于创造了一个24小时在线的北京城管开放式微型专题论坛。而"随风打酱油"则有意无意间扮演了有亲和力的"网络发言人"角色，在网络舆论场域中发挥了显著的舆论引导作用，2011年12月1日，宋志刚又出版了国内第一部展现城管真实状态的"无码"作品——《城管来了》，该书被誉为"神书"，首次印刷10万册，便为公众一抢而光，作者也成为年轻人追捧的"最红城管"。城市管理者信息应用能力主要包括：①熟练使用博客、微博、飞信、论坛、邮箱、BBS、QQ、MSN等信息沟通技术；②恰当运用微博等自媒体，实现官方发言人与平民发言人角色的互补，增加亲民性；③掌握媒体沟通的技巧、基本立场、语言风格等，提高引导网络舆情的驾驭能力。

三、加强城市政府与公众的信息沟通

城市政府网站是城市电子政府公共服务的核心平台，是政府服务的窗口以及与社会互动的第一界面。2004年，中国城市电子政务发展研究课题组根据网站的65个服务项目，分别从网站在线服务力(OSA)和网站在线应用力(OAA)两大方面对城市政府电子政务实现度进行综合评价(EGR)，认为中国城市政府门户网站的总体电子政务实现度为38.5%，整体尚处于起步阶段。近些年来，我国在网络基础服务、信息开发、信息共享、信息安全等方面取得较大进展。据工业和信息化部中国软件评测中心、人民网等共同发布的《2012年中国政府网站绩效评估总报告》显示，中央和省级政府网站普及率已达到100%，地、市级政府达到99%以上，

① 尼古拉·尼葛洛庞帝.数字化生存.胡泳、范海燕译.海南出版社发行，1997:269.

区、县级政府达85%以上。其中省会城市、副省级城市及地市级城市网站建设水平比以前都有较大幅度提高(表8-3)。

表8-3　2012年省会城市、副省级城市及地市政府网站评估结果(前10)

排名	省会城市	总分	排名	副省级城市	总分	排名	地市	总分
1	广州	78.5	1	青岛	81	1	佛山	71.4
2	长沙	76.5	1	深圳	81	2	无锡	68.4
3	成都	74.7	3	广州	78.5	3	中山	67.6
4	济南	73.5	4	厦门	76.9	4	南平	66.7
5	福州	72	5	成都	74.7	5	宿迁	65.5
6	西安	70	6	济南	73.5	6	苏州	65.2
6	武汉	70	7	西安	70	7	柳州	65
8	南昌	69.1	7	武汉	70	8	温州	64.2
9	合肥	66.6	9	宁波	68.3	9	咸阳	63.9
10	南京	64.8	10	大连	65.3	10	凉山	63.1
						10	镇江	63.1

数据来源:2012年政府网站绩效评估结果(中国软件评测中心)。

(一)加强城市政府网站建设

城市政府网站是城市服务项目的汇集式反映,是一项涉及面广泛的复杂系统工程。因此,需要制定规划、强化领导,以保证各项工作任务顺利完成。有些城市政府重视招商引资、经济建设和城市公共建设,认为这些工作做好了,才是市民满意的根本所在。有些城市政府的任务、通知和信息的传递还完全依靠纸质的文本和传统的公文流程,网站的信息公开和互动只是一种可有可无的点缀。也有些城市政府认为网站的投资、建设、维护需要投入较多的资金,效果也不明显。

由于政府思想上的不重视及资金投入不足,部分城市网站建设滞后,远远不能满足公众的要求。据中国社会科学院公布的《中国地方政府透明度年度报告(2009年)》显示,我国43个省会城市和较大市的政府门户网站有一半以上“不及格”,有些城市网站信息杂乱,让公众如同身陷“迷宫”。2009年5月16日,搜狐社区有一网帖“史上最雷人最诡异的政府网站”爆料,河北省某县的政府网站几乎是一片荒芜,领导活动、政府机构栏目尽显一些奇怪字符,“乡镇之窗”、“县直单位”等子网站链接都是空白,"公共服务"版块中的"公民办事"、"企业办事"、"行政审批"和"服务农民"等互动栏目也显示空白,联系电话号码为六个"0"代替。其实早在2005年3月18日河北省就公布了《河北省政府信息公开规定》,明确要求政府机关应通过报刊、广播、电视、计算机信息网络、政府门户网站、新闻发布会等形式主动公开政府信息,尤其强调"适宜在互联网上公开的政府信息,有条件的政府机关应当在政府门户网站上予以公开",且对不按时、不主动公开信息或者虚假提供政府信息的,由县级以上人民政府办公厅(室)责令改正;情节严重的,对其主管人员和直接责任人员依法给予行政处分。

从政府管理的角度,网站是政府对外的服务窗口,体现了为民服务的精神和工作态度,应该属于政府日常工作的重要组织部门。城市网站不能"只建不管"或者"走过场"。从网站设计、技术支撑、运营管理、过程监督及责任追究等环节都离不开政府部门的统筹管理。如上例河北省某县级政府网站可能是网络黑客"暴力攻击"所导致网站运营不正常,但这只是一种外在因素,而真正的问题在于领导责任意识淡薄,没有及时将网络安全、信息安全和病毒防范纳入网站的整体规划。要纠正此类问题的发生和保障网站的顺利运营就必须强化领导的责任意识。城市网站要按照"谁主管谁负责、谁运行谁负责"的原则对分管领导、主管部分及专职人员进行明确的责任划分,加强网站的经费投入和技术支持,建立日常信息维护和监督反馈机制,对突发网络事件要及时研究、科学应对,对不合格网站要及时督促整改,并追究相关人员的责任。

(二)提升城市政府网络服务能力

城市政府网站不仅仅具有信息的告知功能,还可以通过虚拟的形式提供公共服务,节约实际工作时间,提高行政效率。科层组织结构是一种纵横交错的网络关系,在纵向上体现了中央与地方之间、地方各级政府之间的职能分层、权责划分、体制运转关系,在横向上体现了政府各部门的职能分工、结构设置、相互协作关系。不良的倾向是,如果过分追求职能或角色的单一化、强调专业分工,则容易出现"自我中心主义"和"碎片化",缺乏合作与协调,进而影响效益与效率。网络集中化服务实际推动了政府审批制度改革和流程再造。流程再造是为确保以科学、高效的方式向民众提供服务,首先需要对原服务项目进行慎思、裁并和整合。1993年美国麻省理工学院教授麦可·哈默(Michael Hammer)和詹姆斯·钱比(James A. Champy)就官僚制组织内部的弊病问题提出"流程再造"(Business Process Reengineering,BPR),他们将"流程再造"定义为"对现有业务流程进行根本的再思考和彻底的再设计,使组织在成本、质量、服务和速度等方面获得的巨大改善,以获得顾客的认可和满意。”[①]行政服务体系所倡导的政府协作和审批流程再造与20世纪90年代西方后新公共管理时代政府改革提出的“协同政府”和“跨部门合作”并不相同，后者是针对政府过度放权和机构裁并造成“权力碎片化”和“政府空心化”现象而进行的纠正性改革。我国正处于计划经济向市场经济过渡阶段，同时伴随着全能政府向有限政府转变，公民、社会组织在公共决策中参与程度比较低，政府尚未达到放权过度的程度，也就不存在这种意义上的权力回收或跨部门合作，然而却存在另一种情况：我国的政府各部门相互分割、权责不分、相互推诿而导致公共服务供给的低效性。

电子网站服务是利用计算机、网络及相关软件系统提高政府办事效率，改善政府服务质量，增加政府办公的透明度。互联网具有开放性、虚拟性和去中心化的特点，当互联网技术应用于政府管理时，必然对政府组织结构产生影响。在行政服务体系中，行政服务项目是内容和基础，电子网站则是提供服务的方式、手段和平台。作为信息化手段，对内使政府各部门、各层次相互沟通，实现信息共享，避免“信息孤岛”而产生资源浪费。传统的科层组织按照纵向不同行政层级和横向不同部门进行授权，一项任务往往需要多个部门共同完成。在实践中，这种权力分割随之带来了行政审批程序的复杂化和办事程序的冗杂，而网络构建的便捷信息通道在一定程度上消减政府部门之间的沟通障碍。网络管理中心能够实时了解业务流程，有利于监督管理，各部门之间有利于实施并联审批业务，实现流程无缝隙对接。对外可以成为联通民众与政府之间的桥梁，使行政服务在时间和空间上得到拓展和延伸，尤其在乡镇和村级，居民生活较为分散，距离市中心区较远，如果逐步推行网上咨询、申报、审批、备案等事项，群众就能真正享受到一站式、全程式、保姆式的服务。从发展趋势看，电子政务代表了行政服务体系的发展方向，但网络对信息安全、人才素质、资金投入等方面也提出更高的要求。

在我国行政服务体系建设过程中，部分省市也在这方面做了积极探讨和实践。如湖南省长沙市在2008年对该市21个市直部门所有行政审批项目实施流程再造工程。主要做法有：部门主动限权，提请删减行政许可项目；实施流程再造，对审批程序进行整合和优化；提高审批效率，承诺压缩审批时限；将改革措施制度化并及时公开，接受社会监督。[②] 据中国软件评测中心等部门推出的《2012年中国政府网站绩效评估及结果分析》显示，我国已有89%的政府网站通过统一化的政府信息

---

① Michael Hammer & James Champy. Reengineering the Corporation: A Manifesto for Business Revol. http://www.edcourses.net/Ebooks%20Backup/

② 国家预防腐败局. 湖南省长沙市实施审批流程再造深层次推进政务公开. 2008-11-25, http://www.nbcp.gov.cn/article/

公开平台，集中发布政府信息。另外，像广东、北京、青岛、广州、深圳等发达城市的政府网站推进统一办事服务平台建设，着力于办事服务流程再造，以实现办事服务操作标准化和办事服务无差异化。如广东省网上办事大厅将整合了45个省直部门、21个地级市和佛山市顺德区的19 985项服务，其中6 733项办事实现网上申办。因此，统一网站管理平台的建设已经成为行政服务集约化发展的趋势。

（三）实现政府与民众之间的双向沟通

政务信息公开是政府与民众互动交流的前提和基础。2016年4月19日，习近平总书记在主持召开网络安全和信息化工作座谈会时强调“各级党政机关和领导干部要学会通过网络走群众路线，经常上网看看，了解群众所思所愿，收集好想法好建议，积极回应网民关切、解疑释惑”。国务院办公厅印发的《2016年政务公开工作要点》明确规定，制定出台加快推进“互联网＋政务服务”工作的指导意见，推动政务服务事项办理由实体政务大厅向网上办事大厅延伸，逐步实现服务事项在线咨询、网上办理、电子监察。与中央政府的多次倡导不同，有些地方政府信息公开仍然裹足不前，以自我工作为中心，对社会公众采取拖延、搪塞态度。2010年5月初，网友“阿笃”在人民网海南视窗“百姓声音”栏目投诉《海口三亚城管部门为何要公布假邮箱?》，声称海口市和三亚市城市管理行政执法局在官网上公布了假邮箱和假电话号码。随后这位网友建议海口、三亚城管部门应尽快更正其官网上公布的邮箱地址，方便群众向城管部门提意见、建议与信访，改善政府部门工作形象。

在网络时代，政府信息公开是实现公众的知情权、参与权、表达权和监督权的一种必要条件。从内容上看，政府应通过网络及时更新政府负责人、机构职能、服务内容等相关信息，及时发布法律、法规、规章和重要决策的信息，积极引导重大突发公共事件的网络舆情，围绕城市发展过程中的热点、难点问题开展宣传，以获得社会公众的理解和支持。要严格执行《中华人民共和国政府信息公开条例》所规定的行政信息公开要求，凡涉及公民、法人或者其他组织切身利益的；需要社会公众广泛知晓或者参与的；反映本行政机关机构设置、职能、办事程序等情况的；其他依照法律、法规和国家有关规定应当主动公开的，这些政府信息都应当主动公开。

在不同的城市，由于社会环境和执政者观念的差异，政府与公众沟通的实现程度并不相同，同时不同城市的公众对网络的接纳和使用程度也不相同，这需要政府加强对公众的引导和教育，以获得更有效的沟通。根据2012年腾讯智慧网对中国9个城市的3 133份网民调查统计，一线城市的网民对互联网使用最成熟，由于生活节奏快，休闲时间少，所以一线城市网民更愿意接受网络管理；二线城市的网民有一定的闲暇时间，他们保留了相对更多的线下社交方式，更注重通过网络解决实际生活问题，以及拓宽视野等；三线城市网民将互联网视为了解外部世界的窗口，相信现实的任何问题都可以在互联网上找到答案；四线城市网民生活娱乐消遣具有一定局限性，其生活压力较小，外部文化影响相对滞后，游戏、交友等活动容易让他们满足。[①] 相对而言，一线、二线城市的网民更容易参与政府的网络互动，城市政府应创造更多的网络参与机会，满足网民的需求，提高网络利用效果。而三线、四线的网民更愿意了解外部信息，城市政府应尽可能地提供与居民相关的有用信息，逐渐引导网民扩大网上互动的范围。

政府应该具备相应的沟通艺术。这要求政府与民众之间从原来的管理与被管理关系切实转向合作和伙伴关系。沟通过程要平等、亲切、务实、幽默，既要符合法律、政策的原则性，又要讲究平实、多样的灵活性。2010 年有网友发帖反映吉林省某县政府网站所推出的一项有关满意度的民意调查，选项只设计成“满意”和“非常满意”两种，这种强售“满意”的做法则引发公众的普遍反感。同样 2010 年，网络上盛传一个名为《我见过的最幽默又是最认真的官方网站》的帖子，反映了原本沉寂的广西壮族自治区公路管理局网站由于留言回复“最幽默最认真”而备受网友热捧，5 天留言量过万，导致网络服务器不堪重负。由此可见，如何加强教育，树立以人为本的执政理念，如何更好地满足社会公众的多元化需求是推动城市政府网站持续发展的不可回避的主题。

本章思考题

1. 互联网技术的广泛应用对城市社会环境产生哪些影响？
2. 网络时代城市管理出现哪些新的机遇？
3. 网络时代城市管理存在哪些挑战？
4. 网络时代如何塑造城市的网络形象？
5. 网络时代城市管理者如何做好自身的角色调适？
6. 如何加强城市政府网站建设及信息沟通？

---

① 中国 1 至 4 线城市网民 互联网价值各不同，2012-04-23，http://www.sina.com.cn

第九章　城市管理实务

城市管理专业是一门应用性很强的学科，为了学好这门课程，扎实的理论功底是必需的，但是，如果不关注社会实际，不能学以致用，不善于将课本理论联系鲜活的社会实际，是成就不了一个合格的城市管理人的。因此，本教材在用八章的篇幅详细解读城市管理的基础理论和基本概念之后，将在这一章里面，有选择地向同学们介绍一些城市管理领域的经典案例和相关问题，并对这些案例进行必要的剖析，希望同学们能够从中汲取实践者们的经验，增长自己从事城市管理的本领，掌握必要的城市管理技巧，进而感悟到城市管理的真谛，并在此基础上进行建构性的反思。

第一节　主要教学目标及实现目标的手段

一、主要教学目标

城市管理实务这一章具有明确的目标指向，总的来说就是上文所说的"希望同学们能够从中汲取实践者们的经验，增长自己从事城市管理的本领，掌握必要的城市管理技巧，进而感悟到城市管理的真谛，并在此基础上进行建构性的反思。"具体说来，可以包括下列一组目标群：

(1)通过案例教学让学生以间接的方式学习到实际工作经验。

(2)帮助学生积累应对常见管理困境的行为选择模式。

(3)帮助学生学会如何区分事实和假设，如何依据概要推断细节。

(4)锻炼学生的口头表达能力和处理人际、组织以及组织间关系的能力。

(5)训练学生的存疑能力，即在还没有全面思考、没有听取他人的不同意见之前，不要轻易下结论。

(6)提高学生把书本知识运用于实践的能力。

(7)学习参与集体分析问题、解决问题的经验。

(8)提高学生诊断问题、面对现实管理环境设计有效管理方案的能力。

(9)了解学生的价值观和目标追求。

(10)让学生了解行为科学理论的局限性,增强认识和发展行为科学理论的能力。

(11)帮助学生提高“窥一斑而知全豹”的推理能力。

(12)让学生学会应用管理和公共服务中的传统概念,如回应性、责任和代表性。

(13)鼓励学生增强管理中的风险承担意识和责任感。

(14)让学生切身体会到公共管理中存在的两难困境。[①]

上述这组目标群包括14项具体指标,他们皆来自于汪大海等作者翻译的《公共管理案例》一书,因为具有较高的概括性和较高的参考价值,所以,我们把它搬到这里来,作为指导同学们案例学习的较为固定的理论架构。需要注意的是,《公共管理案例》这本书是公共行政与公共管理专业的经典教材,其研究领域固定在公共行政与公共管理方面,而城市管理是对城市公共事务的规划和管理,虽然二者有着一定的亲缘关系,但是,毕竟是两个不同的学科,所以,同学们在运用上述这14项具体指标分析城市管理的案例时,一定要灵活处理,切不要太过拘泥。另外,该书的作者是美国学者,由于中美两国文化存在着很大的差异,因此,生吞活剥式的学习方式,肯定是行不通的,这更要求同学们在学习时,要开动脑筋,善于汲取外来文化的精华,“洋为中用”;善于具体问题具体分析。事实上,无论是外来知识,还是本土知识,都有着自己独特的研究目的和研究视角,都不会给人们提供一套包医百病的良药。

二、实现案例教学目标的手段

为了保证案例教学目标的实现,我们可以采取有效的手段,培养学生实际动手能力,通常有下列手段可供采用:

1. 问题学习法

美国南加州大学教授罗斯·克莱顿(Ross Clayton)曾经提出一个实用的、可以灵活转换的问题模型,在该模型中,克莱顿教授让他的学生从下列几个角度对同一个案例进行思考:

“(1)该案例中提供了哪些事实信息?

(2)该案例所包含的主观假定是什么?

---

① [美]罗泊特·T·戈论比威斯基等主编.公共管理案例.中国人民大学出版社,2004:12.

(3)根据这些事实和假定,你能得出什么结论?

(4)哪些理论、通行规定或法律条款与该案例相关?

(5)在你的经历中,有哪些与该案例有相通之处?这些经历对解决案例中的问题有何帮助?

(6)你将提出什么建议?为谁提建议?为什么?”[①]

2. 复述案例法

就是以简明扼要的语言,将案例的主体内容复述出来,并对案例的结构进行初步剖析。该方法旨在引导学生在分析案例时,注重具体问题本身,而不是关注处于次要地位的案例描述,培养学生扎实的工作作风。

3. 讨论法

利用专业课学生以小班为教学组织的有利条件,在课堂上,在老师的安排下,将整个班级分为数个小组,先让同学们在小组内自由发言、讨论、争论、诘难,整理出该小组比较一致的意见;然后,各小组推选出一名大家信得过的、口才好的同学,代表该小组走上讲台,陈述见解;每一个小组还要派出一名成员,对任意一个外组的见解进行支持或批判;最后,老师对各组的意见进行总评,并当众评分。

4. 比较法

在案例教学实践中,可以从多个不同的侧面应用比较法,例如:

(1)对同一个案例的不同解决方案(包括国内的和国外的,当前的和过去的)进行比较,从中学习处理同一问题的多种不同思路,开拓学生的视野。

(2)对不同案例相同或者相似的解决方案(包括国内的和国外的,当前的和过去的)进行比较,从中找出处理问题的共性和规律。

5. 案例模拟法

案例模拟法既可以是对已经发生的事件的重现,也可以是有意识的合理虚构。无论是重现还是虚构,必须使案例包含有可确认的问题,要有可认知的特定的人物及其倾向性,要有充分的信息。也就是说,必须具有客观实在性。

实现案例教学目标的手段多种多样,本书仅仅介绍上述五种,希望同学们能举一反三,将书本理论与实践中的鲜活经验有机地结合起来,进而在理解城市发展的新思路和城市建设的新举措中,探索自己的成才途径。

---

① [美]罗泊特·T·戈论比威斯基等主编.公共管理案例.中国人民大学出版社,2004:12.

第二节 城市管理案例集锦

一、城市管理执法

(一)处理无证摊贩

1. 案情再现

南门城管中队对一屡教不改者实施暂扣其经营物品时,当事人态度强横,对暂扣物品又抢又摔。针对这种情况,中队经过周密布置,合理安排,预测出可能出现的几种情况,然后再次展开工作,并牢牢掌握了事态发展的主动权。尽管当事人仍然蛮不讲理,撒泼吵闹,"打、砸、抢"极其所能,但我队员始终不与其正面冲突,以免激化矛盾,引起暴力抗法事件。最终,在巡特警大队城管中队的大力支持下,当事人因妨碍国家工作人员依法执行公务,而被拘留 3 天。

2. 案例分析

该案在城市管理工作中具有重要意义,因为它是在未出现暴力抗法、未造成任何人员伤害的情况下,第一起当事人被拘留的案例。

在城管执法工作中,出现暴力抗法案件的概率与执法失当有密切关系,执法者可能出现的失误包括有:

(1)程序不到位。

①错误做法:在实际工作中,当出现当事人抗拒执法现象时,执法者可能无法完全按照暂扣单上的内容进行暂扣,通常的做法是先扣物再填单。这样做虽然保证了单据和物品的一致,但却违反了程序规定。

②正确做法:对当事人违法行为的相关物品进行暂扣时,应先填写扣押(查封)物品通知书,写明物品的名称、种类、规格、数量和完好程度等,由承办人和当事人签名或盖章,执行单位和当事人各执 1 份。

如果执法者执行公务时的次序不对,即未按法定的程序进行,该行为属无效行为,那么当事人的暴力行为就算不上是妨碍公务。所以容易导致暴力抗法案件,不利于执法者执行公务,也不利于保护执法者的人身安全。

(2)证据不全面、不充分。限制人身自由的行政处罚,需要有非常充分的证据,不仅要有照片、摄像等有效的物证,还要有一定数量的人证。由于执法的对象多属弱势群体，容易获得一般群众的同情，再加上害怕报复的自保心理，愿意出面为城管队员作证的人很少。在这种情况下，容易出现证据不全面、不充分的失误。

(3)计划及实施细则不够周密。在执法过程中，由于事先安排欠妥当，就可能出现场面混乱、事态扩大等情形，容易激化矛盾，引发出暴力抗法事件。

该案例之所以能得到圆满解决，主要得益于事前的周详的准备：

(1)依法行政、文明执法。此案当事人在路边设摊已有一段时间，执法者多次对其进行劝说、教育，但其拒不改正。在案件处理过程中，执法者严格按照表明身份、亮证、告知等一系列法定程序执法；在暂扣经营物品的过程中，尽量不与当事人发生身体接触、不同当事人争抢物品，避免出现执法者与当事人纠缠在一起的情况；不计较当事人的谩骂、污辱，始终保持平和心态；在暂扣物品的同时仍不放弃对当事人的劝说、教育和解释，坚持做到教育在先、文明执法。

(2)考虑周全、准备充分。通过前段时间的劝阻教育工作，执法者对当事人的性格有了一定的了解，预料到执法时当事人可能会闹事情，千方百计阻碍执法。所以，行动前，先到当事人所在社区联系，请社区干部配合执法工作，对当事人进行劝说、教育，并对整个执法过程进行见证，万一事态有所变化，可作为人证。

(3)分工明确、合理安排。对查处工作事先进行了明确的分工，并对执法者提出要求：在暂扣过程中，如果当事人抢夺暂扣物品，队员不要与其硬碰硬，能扣则扣，不要强求，以免当事人借故撒泼，迷惑不明真相的群众。

(4)取证及时、证据充分。整个执法过程均由警察摄像取证。

(5)宣传到位。南门中队以创建国家卫生城市为契机，对辖区内各类违章现象加大了查处力度，坚决做到告知在先、教育在先、宣传在先。让老百姓懂法、守法。所以，在执法过程中，当事人无论怎么吵闹，围观的群众很少为其说情。

这个案件说明，只要在工作中做到程序到位、注意方式方法，完全有可能在未发生暴力冲突、队员未受到伤害等情况下，对抗拒执法的当事人进行严肃处理，确保我们执法工作的权威和尊严。①

(二)城市管理的无缝衔接

1.存在的问题

在当前城管执法工作中经常会遇到这样的情况：白天的城市面貌比晚上好，上班时段比午休时段好，辖区中心地段比两中队交界地段好，而这一现象在区与区之

① http://www.nbhscg.gov.cn,2005-3-27.

间的交界地段更为明显。如何在时间、地域上做好城市管理执法的衔接工作,是摆在城管执法人员面前的一个现实问题。

2. 解决方案

(1)采用错时管理,做好时间上的无缝衔接。以前城管人员上班时间较为固定,那些店家和流动的无照商贩也逐渐摸清了他们的作息规律,为此常常利用午休、下班时间错时设摊,造成该时段违章现象较多,秩序较为混乱。尤其是在夜间,摊贩乱占乱设尤为严重。虽然可以利用夜间分队等形式实行管理,但是由于地域范围大,时间延续长,往往是管住了这头却顾不了那头。对此可以采取如下措施:根据辖区的实际情况,灵活机动地在管理时间和方式上作适当调整,实施错时管理,加强早、中、晚三个时间段的执法力度,以最大限度地减少流动摊点(违章者)等违章现象的发生。

(2)采用联动管理,做好地域上的无缝衔接。在中队之间或区与区之间地段,违章现象往往较多,尤其是流动的无照经营者。他们利用中队、辖区的管理范围与执法队员打起游击战,在交界路段上我进他退,我走他来,使得交界路段一度成为"管理难点"。所以,应该在一定程度上打破区域概念,相邻中队建立互动联系机制(包括同一城区和不同城区),通过信息共享、联合整治等形式实行群防群治,消除管理难点,让违章当事人(主要是无证摊贩)无机可乘。①

(三)违法占用城市道路施工作业案

1. 案情简介

2005 年 5 月 8 日 10 时,杭州某广告有限公司为竖立广告牌,未经有关行政主管部门审批,擅自在萧山区闻堰镇万达路红楼酒家对面人行道上,利用一辆吊机进行起吊钢管的施工作业,妨碍了行人、车辆的通行。同日,经执法人员依职权巡查发现,有《现场检查勘查笔录》、《现场勘查照片》、《询问笔录》等证实该违法占用城市道路施工作业行为的事实。

当事人的行为已经违反了《浙江省城市道路管理办法》第二十七条第(五)项之规定,根据《浙江省城市道路管理办法》第三十六条之规定,决定对当事人杭州某广告有限公司处以人民币 1 000 罚款的行政处罚。

2. 案件评析

根据《浙江省城市道路管理办法》第二条规定:"城市道路是指城市建成区、

① 孙炼栋,许毓明. 城市管理的无缝衔接. http://www.chinacity.com.cn,2005-7-6.

建制镇和独立工业区范围内的主干路、次干路、支路、街坊路等道路设施和桥梁设施。道路设施包括：车行道、人行道、街巷道路、楼间通道、路面边缘至现有合法建筑物之间的土路、公共广场、公共停车场、隔离带，以及路肩、人行道护栏、车行道隔离栏、安全岛、道路两侧边坡边沟、照明设施、路名牌、吨位牌等附属设施”。在本案中，当事人杭州某广告有限公司在人行道上进行施工作业，当然属于占用城市道路的范畴；再者，根据《浙江省城市道路管理办法》第二十七条第(五)项规定：“城市道路范围内禁止在道路上搅拌水泥、砂浆、混凝土以及从事生产、加工、冲洗等有损道路的各种作业”，杭州某广告有限公司未经过有关行政主管部门审批，当然认定当事人杭州某广告有限公司占用城市道路施工作业的违法事实。

综上所述，本案违法事实清楚，法律依据充分，当事人违法占用城市道路施工作业情节比较严重。据此，根据《浙江省城市道路管理办法》第三十六条之规定：“违反本办法第二十七条、第二十八条的，由市政工程部门或者其他部门责令停止违法行为，限期改正，并可处以 500 元以上 20 000 元以下的罚款；造成损失的，应当依法承担赔偿责任。”因此，决定对当事人杭州某广告有限公司处以人民币 1 000 元罚款的行政处罚，是合法、合理的。①

二、公共管理

案例：一年一度的水仙花节

1. 情景再现

水仙花节(Daffodil Festival)是一个庆祝春天来临的传统节日，在过去的 25 年里一直在一个名叫里奇山(Mountain Ridge)的城镇里举行，该镇以盛产多姿多彩的水仙花而闻名。在这座历史上有名的州立花园里到处都是开放的水仙。在去年的节庆里，有 6 000 多人参观了该公园。

水仙花节的特色之一就是举行一场手工艺品展览会，展览会上展出的产品包括木制品、锡器、陶瓷制品、花篮、棉被、皮革制品以及彩色玻璃制品。不幸的是，最近这些年来，公园管理部门一直面临着一个难题：申请在展览会上出售手工艺品的人太多了，已经超出了这座州立公园的承受能力。结果，该公园的负责人巴里・福特先生(Barry Ford)和他的工作人员决定对获准参加今年展览会的卖主数量加以

① http://www.xszf.xs.zj.cn，2005-06-06.

限制，在总计收到的304份申请表中，确定可以参加展览会的185个展位，另有60份申请表由于超过了申请截止期限而被退回。

为了从申请者中挑选出185名合格者，福特组织了一个由6名公园工作人员组成的评判委员会，负责对申请者提交的未经确认的手工艺品样品的照片加以检查。评判委员会的每一位成员都要将所有提交的手工艺品分成从一级到五级的五个级别，而那些组合分值最高的手工艺品将入选参展。

杰克·罗宾逊(Jake Robinson)是该州公园与观光事业部的主管，他认为福特的挑选程序是公平合理的。但是这个新的挑选方法至少激怒了一位手工艺品卖主——丹佛·戈顿(Denfer Gorton)，他被排除在今年的展览会之外。戈顿已经退休，由于没有获准参加今年的展览会，他的收入受到了损失。"春天的水仙花节的预期收入是我今年最大的一笔业务，"他说，"我会在那里赚到几千美元。"他还指责，许多被选中的卖主所卖的手工艺品，比他的手工艺品差。

在一个传统上由民主党控制的州里，戈顿却是一名终身的共和党党员。他给州长写了一封漫长而不着边际的信，控告公园负责人的缺乏道德的行为，并要求对挑选参展商的程序展开调查。他将信件的复印件分别呈送给州议员、当地媒体以及州政府公园与观光事业部主管。该州唯一一份在全州范围内发行的报纸对此事进行了跟踪报道，发表了一系列文章来报道这场争议，并指出，迄今为止，收到此信件的政府官员中还没有一位对戈顿的控诉做出答复。

2. 提示与问题

(1)是否有一种公平合理的方法，既能挑选出申请者，又能确保节日上所卖的手工艺品都是高质量的？

(2)考虑到戈顿的抱怨，公园负责人福特先生是否应该考虑对公园挑选参展商的政策做出改变，或者说，是否应该把该政策坚持实行几年，从而判断这项政策的有效性？

(3)福特应该如何应对由于他的决定而招致的政治压力？

(4)对于公园与观光事业部处理展览摊位不足问题的方式，戈顿是否有合法的权利加以抱怨？对展览人数加以限制是不是公园负责人分内应有的权力？或者说，作为公共政府机关的一部分，公园管理部门是否应该想方设法把所有的参展商都吸纳进来？[①]

① [美]罗伯特·T·戈伦比威斯基等主编. 公共管理案例(第五版). 中国人民大学出版社，2004：176-178.

三、危机管理

案例：泰莱诺止痛片“氰化钾”

1. 情景再现

美国某药业公司生产的泰莱诺止痛片(目前已经进入中国市场),由于其独特的疗效在产品问世之后迅速占领市场,并达到在美国同类行业 40%以上的份额,但一段时间后,令人痛心的是,芝加哥州竟有人服用该产品而出现死亡,数字迅速上升到 7 名,在医疗部门与警方调查之后发现,死者服用的泰莱诺止痛片中竟然含有剧毒的氰化钾成分,一时间舆论大哗。

随后,又有媒体传言,在其他州也有 200 人因此死亡,并有 2 000 多人正在死亡的边缘。泰莱诺止痛片与它的公司迅速成为死神的化身。此情此景,泰莱诺将如何渡过难关?

2. 解决方案

首先,该公司配合警方全力封锁泰莱诺产品生产厂流水线,并封存全部泰莱诺产品,然后,公司在事发第一个礼拜内在全国铺天盖地地播发泰莱诺广告,告诉人们不要再使用旧包装的泰莱诺产品。虽然,事件原因还没有查清,但如此一来,首先证明了泰莱诺是把“人民的利益放在第一位”的,从而赢得人们的同情,也防止了类似事件蔓延,从而造成更大的被动。

后来警方终于查出:由于生产流水线是密封的,不可能有毒品进入,随后,警方在芝加哥收缴来的药品中发现有 60 份泰莱诺含有氰化钾成分,并发现这 60 份泰莱诺胶囊上均有针孔,由此可以证明是有人有意陷害。

其次,在第二个礼拜,由于已经知道真相,泰莱诺又铺天盖地地发布广告,说明“责任不在本公司,我们也是受害者”,并且租用卫星频道在 20 多个州同时举行新闻发布会,其中 7 个州记者可以同步问答。在这个会上,“泰莱诺”公司并出示了相关证据。同时,他们也出示了他们新研制的不可被破坏的泰莱诺胶囊——只要一有异物接触,其胶囊即不能保持原样。

最后,在第三个礼拜,“泰莱诺”公司再次铺天盖地地发广告,以此感谢美国人民对泰莱诺的支持,并发送优惠券,凡凭此券都可以免费获得 2.5 美元的泰莱诺新包装止痛片,同时,各个医院、药房专门指导服用;公司内部则设立 250 部热线电话以回答病人咨询,外部则设立专家组巡回演讲。

在经过这三个礼拜铺天盖地的广告以及背后的管理之后，泰莱诺不但没有因此死亡，相反，它更赢得了人们的支持，并逐步发展起来，甚至已经把触角延伸到了中国。①

四、物业管理

(一)非业主能不能参加业主代表大会

1. 案情简介

某小区在准备召开业主代表大会核定业主代表时，工作人员对一位老太太存有异议，认为她不是小区的业主，不能参加业主代表大会。事后了解，原来这个老太太是本小区某业主的岳母。

该业主认为，自己的岳母退休在家，身体也不错，平时又热心，而自己平时工作忙，由岳母代表自己参加业主代表大会，甚至参加业主委员会，是完全可以的。那么，不是业主就不能参加业主代表大会吗？

2. 案例分析

(1)哪些人可以参加业主代表大会？

业主大会或业主代表大会是行使业主自治管理权、决定物业重大管理事项的重要组织形式和最高权力机构。由此可知，业主参加业主代表大会既是合情合理，又是合乎法律规定的。但这并不是说其他人就没有出席业主大会的权利和可能，只要在完成一定的法律手续后，是有资格代替业主参加业主(代表)大会。

(2)非业主如何参加业主代表大会？

非业主在完成一定的法律手续后，都有资格代替业主出席业主大会。这个法律手续就是有业主的书面委托。

但是，受委托的非业主只能拥有业主的部分权利，主要是发言权和投票权；非业主代表本人没有被选举权，不能成为业主委员会候选人参选业主委员会委员。

(3)结论：业主委员会的权力是基于身份的一种权利，这种身份就是业主。这个权力不具有转让性。本案例中，该业主的岳母可以代表该业主出席大会，也可以发言和投票，但是没有资格作为候选人参加业主委员会。②

① 张韬. 泰莱诺止痛片"氰化钾". http://biz.163.com，2004-02-23.

② http://www.scopen.net，2005-1-11.

(二)物业管理公司有没有罚款权

1. 案情简介

王大爷住了几十年的房子要拆迁了,他拿着政府给的拆迁补偿款和多年的积蓄买了一套商品房,办理入住手续后,物业管理公司要求王大爷交2 000元的装修押金,否则不发门钥匙。装修完毕后,王大爷的子女到物业管理公司要求退还押金,没想到却被物业管理企业以违章装修为由罚了500元。王大爷的子女一气之下将物业管理公司告上法庭。

2. 案例分析

(1)物业管理企业没有罚款权。因为罚款是一种行政处罚行为,而行政处罚应由具有行政处罚权的行政机关在法定的职权范围内实施,而物业管理企业只是一个企业法人或非法人组织,不是行政机关,无权实施包括罚款权在内的任何行政处罚行为。

(2)物业管理公司可以收取装修押金。应按照购房人在买房时与开发商双方的约定为准,即按《房屋使用、管理维修公约》中的规定执行。收取装修押金之后,物业管理公司如果发现在装修过程中出现损坏物业、设备设施,对他人造成生命、健康、财产方面的损失时,可以从这笔押金中支付。这可以说是一个较好的监督、控制、补救的办法。

(3)物业管理企业的权利:

①根据有关法规结合实际情况制定物业管理办法;

②依照物业管理合同和管理办法对物业实施管理;

③依照物业管理合同和有关规定收取物业管理费;

④有权制止违章行为;

⑤有权要求业主委员会协助管理;

⑥有权选聘专业公司;

⑦可以实行多种经营,以其收益补充小区管理经费。

(4)预防和解决此类事情发生的办法:

第一,物业管理公司要摆正自己的心态和位置,要把自己当作提供服务者而不是管理者,理顺关系,提高服务质量;

第二,一些装修人员违反了合理的装修规定和有关协议,物业管理公司可以制止,如果损坏了房屋结构或其他设备设施,物业管理公司可以要求他们支付违约金或赔偿金或通过法律途径向当事人进行索赔。①

五、公民参与管理

(一)案例简介

1992 年 6 月 9 日黑龙江省第七届人民代表大会常务委员会第二十七次会议通过的《黑龙江省实施〈中华人民共和国城市规划法〉办法》(以下简称“省法”)中规定了在城市规划制定和实施方面鼓励公共参与的有关条款。如在第三章城市规划的制定第十三条明文规定:“编制城市规划应当广泛征求有关部门的意见……”,再如在第四章城市规划的实施第二十条明文规定:“城市规划经批准后,城市人民政府应当公布并进行广泛宣传。”这就为全省各城市在编制和实施城市规划全过程中引入公共参与提供了法规依据。

黑龙江省、市各级人民政府专门设有人民建议征集制度,征集中有不少关于城市规划的意愿和要求。如闻名中外的世界四大冰雪节之一的哈尔滨冰雪节从 1985 年开始创办至今已有 10 多届。举办冰雪节的创意构想来自于哈尔滨人宋勤修题为“冰雪节及同步运动”的建议。“哈尔滨正处在时代的起飞线上,冰雪节将是哈尔滨发展史上的重要里程碑。她不仅是哈尔滨冰雪艺术、冰雪运动的象征,而且是哈尔滨同步起跑的象征。哈尔滨已有的经济基础与各种优势同冰雪节联系起来,将构成一种特殊的增效运动,将在哈尔滨构成‘黄金时空’,并迅速形成多功能大市场”。这一切将为哈尔滨的起飞安上双翼,使哈尔滨成为具有广阔发展前景的国际贸易城、艺术城和科技城,成为具有鲜明个性特点的高频率、快节奏、多功能的综合性、开放性、现代化城市,哈尔滨市政府采纳了这个建议。

在 1993 年编制黑河市区城市总体规划过程中,以民意测验的方式了解到广大市民对黑河市的发展战略目标、近期建设重点、旧城改造原则、城市特色、重点保护建筑、加深城市规划管理等方面的诸多意见和想法,公共参与为我国首批沿边开放城市黑河市新一轮城市总体规划的编制成功奠定了坚实的基础。

1994 年黑河市环城东路详细规划针对这段主要交通干道现存问题与规划意向对市民进行了民意调查,取得了宝贵的第一手资料。

1997 年哈尔滨市中央大街改造保护规划编制过程中通过电视、报纸向市民宣传,许多市民积极参与,对规划方案提出宝贵意见,获得了不少市民的心声。

---

① http://www.scopen.net,2005-1-11.

(二)案例分析

1. 市民参与城市规划的重要性有哪些?

城市规划涉及市民的切身利益,单靠政府规划部门进行规划难免出现偏差。因此,将市民参与引入城市规划,便是提高城市规划科学性,增强市民参与意识的重要组成部分。

2. 市民参与城市规划作用体现在哪些方面?

市民参与城市规划,是城市市民以帮助、评判等多种方式参与编制城市规划的整个过程,城市市民参与具有层次性,其最基本的层次是对规划的活动的舆论作用,最高级的层次为市民亲自参加城市规划编制和实施的全过程,即真正意义上的人民城市人民规划、人民建设和人民管理。

3. 目前城市市民参与城市规划的层次在什么程度?

现代城市规划中公共参与的初步尝试尚处在起步阶段,其在提高全社会对城市规划重要性的认识、调动广大市民积极参与城市规划全过程等方面已初步起到了积极的促进和牵动作用,对某些规划项目的设计与研究,较好地体现了民主决策的作用,市民的积极参与为规划方案增加了更切实、更充分的依据。

六、电子政务与城市管理

(一)案例简介

资料 1:日前,武汉市信息化领导小组及电子政务工作会议召开,会议明确今年武汉市信息化建设要做好政府核心信息公开、强化便民服务等 8 个方面的工作。

目前,共有 88 家党政机关的网站汇集到武汉电子政务中心"中国武汉"政府门户网站群。去年 5 月以来,"中国武汉"总访问次数达 373 万人次。

根据要求,6 月 20 日以前,凡具有行政管理、执法和社会服务职能的政府部门,都要将本部门权限、办事程序、办事依据、办事时限、收费标准、监督办法等在政务网及各自网站上发布。城市规划、疫情灾情、交通信息、水电煤气价格听证等与公众密切相关的信息,各级政府和部门红头文件,审核后也将在政务网上公开。

今年全市 109 家一级目标责任单位网站将集成到政府门户网站,在政府网络平台上建设"政府信息超市"。

李宪生要求,加强整体策划,以应用促网建,以管理保发展,全面推进信息化建设。要突出政务信息化、征信系统、城市公共安全体系建设三重点，要抓住互联共享这一关键环节，全面整合信息资源。（摘自：长江日报 2004 年 5 月 12 日）

资料 2：由于实现政府信息化，1992—1996 年美国政府员工减少 24 万人，关闭了近 2 000 个办公室，减少开支 1 180 亿美元，在对居民和企业的服务方面，政府的 200 个局确立了 3 000 条服务标准，作废了 1.6 万多页过时的行政法规，简化了 3.1 万多页规定。在美国，全国雇主税务管理系统、联邦政府全国采购系统和转账系统等网络的建立，不仅节省了大量的人财物，而且提高了政务透明度，堵住了徇私舞弊的渠道。（摘录：光明日报 2000 年 7 月 7 日）

（二）案例分析

1. 信息技术对城市政府管理变革与创新的作用是什么？

世界上许多国家的政府都在探索精简机构，提高行政效率的方法。全面实现信息共享已成为世界各国政府的共识。联合国经济社会事务部把推进发展中国家政府信息化作为工作重点。在世界各国积极提倡的"信息高速公路"的五个应用领域中，"电子政府"列为第一位。利用信息技术，提高政府的运行效率，使政府的决策基于及时、准确、可靠的信息基础之上，同时更好地实现政府为人民提出的各种服务，这是政府信息化的目标。

2. 电子政务的发展如何更好地为公众服务，重塑政府和公民关系？

电子政务是信息化和网络时代高度发展的产物，它的实质是把传统的集中管理、分层结构、在物理经济中运行的政府行政模式通过互联网转变为现代政府的新型管理体系，以适应迅猛发展的虚拟的、全球性的、以知识为基础的网络经济和信息化社会。其特点就是将大量频繁的行政管理和日常事务都通过设定好的程序在网上实施，大量决策权下放给团体和个人，政府将重新确立其角色和职能。电子政务对于促进政府部门的职能转变、建立信息时代新型的政府管理体系具有明显的优势和作用。

首先，电子政务将改变现有环境下政府的角色，建立一个反映人民需求为导向的政府，以更有效率的行政流程，为人民提供更广泛、更便捷、更友好的信息和服务，加速政府与民众的沟通，减少"橡皮图章"，进而达到"一站式"为公民服务。

其次，电子政务能够有效促进政府部门改善和提高服务质量。表现在政府应用信息技术，通过信息网络，降低了进政府办事的"门槛"，原来所谓的"门难进，事难办"的现象，通过网络可以很好地得到解决。公众面对网络时，不必看办事人员脸色。另外，随着政府信息化的不断深入，政府工作人员的观念不断转变，政府工作人员综合素质也在逐步提高，从而促进政府服务素质和水平的提高。

第三，电子政务能够让公众通过互联网快捷方便、及时准确地了解到政府机构所制定和颁发的与公众相关的政策、法规以及一些重要的信息。而且双方通过这种方式实现双向的和直接的沟通和互动，这对于建立良性的、健康的政府与公众关系至关重要。

最后，通过实施电子政务，政府也可以借助互联网强大的信息收集和传递的能力，增强政府收集信息、传递政策信息的能力，使政府的决策建立在及时、准确、可靠的信息基础之上，从而有助于增强政府协调和控制各种社会活动的职能，可以大大提高行政决策的科学性、及时性和有效性。同时也可以提高行政决策的透明度和公众参与的积极性，提高决策的民主化程度及政府在行政、服务和管理方面的效率。

七、城市基础设施建设管理

（一）案例简介

资料 1：常州市公交特许经营权作价

常州市政府提出应当把公共设施由"公共产品"转变为"城市商品"，经营城市，要盘活存量。常州市的出租车经营权，以往是靠无偿的行政审批制，后来改为招标拍卖，一下子就筹集资金 3 000 万元，花 2 600 万元建设城市公交，新增公交车 200 多辆。公交二公司将资产和线路特许经营权作价，与上海巴士公司合资成立常州巴士公交有限公司，盘活了存量，形成了适度竞争。如今，常州公交已走出困境，步入良性循环轨道。

用市场化机制运作资本，就要把公共设施由"公共产品"转变为"城市商品"，凡能够推向市场的，都推向市场，变公用事业为经济事业，变"事业部门"为"产业部门"。过去，常州把道路、桥梁、广场、绿地等大多数城市基础设施当作一般产品，由政府组织生产，再由政府花钱管理，造成建设基金严重不足，设施损坏和效率不高的现象普遍存在。这几年，市政府对煤气供应、供热等都开始用市场机制运作，采取招标承包、拍卖经营权、出租使用权、有偿领养、出租广告权、冠名权等进行市场化运作，广泛吸引了社会资金参与投资，使投资主体多元化，收到明显成效。努力盘活市政设施的存量资产，对于一些已建的城市基础设施项目，主要是有收益的项目，积极尝试通过转让部分经营权的方式，以资产换资金，把死钱置换成活钱。如城市的广场、道路、桥梁、公园等的冠名权，以及公用设施的养护权、出租车的经营权、小区物业管理权等都可以公开竞标，所得用于新项目建设。

资料 2:襄樊市定期有偿出让大桥经营权

1998 年,襄樊市委、市政府决策,拍卖了长虹大桥 15 年经营权。仅此一举,就为城市建设筹措资金 3.8 亿元。同时,盘活市政公用设施的无形资产,近几年在拍卖桥名、路名、广告经营权、线路经营权等方面作了大量有益探索。

市政府还提出要在用足、用好政策方面有新突破。一方面,国家近几年对城市基础设施的投资力度加大,要充分把握机遇,成立工作专班,积极争取国家和省里更多的政策性投资。另一方面,就是已有的收费政策要用足、用好。凡属国家政策允许的收费项目,要加大征收力度,坚决杜绝短收、少收、错支和挪用,把有限的资金真正集中用于城市基础设施建设。

资料 3:广州市的市政管理市场化

广州正推进市政、公用事业经营管理的市场化。改变长期以来把市政、公用事业当作非生产性公益事业的观念,按照"投资与建设相结合,建设与管理相分离,政企分开"的改革思路,2000 年 12 月 26 日召开的广州市建设工作会议提出,要确立经营城市资源的观念,创新经营管理机制,运用市场经济规律来发展市政、公用事业和维护管理城市。逐步把市政设施和公用事业从政府的行政管理转变为产业经营、从无偿投入转变为有偿投入,实现市政、公用设施的有偿使用,逐步减少直至取消政府对公用事业的财政补贴。要加快推进市政、园林、环卫的维护和管理体制改革。积极推行市政设施维护、园林绿化、环卫保洁的社会化、市场化、专业化管理。探索产业化发展道路,逐步放开市场,引入市场竞争机制,从政府包揽转向社会有偿服务,采用公开招标的办法,把这些维护管理作业交给专业公司去运作。积极探索占用地下、地上空间城市资源的管线、广告、停车的有偿使用管理办法。今后对户外广告的设置要由有关主管部门统一组织公开竞投经营。(摘自:武汉市人民政府网站)

资料 4:武汉市街道保洁权市场化

昨日江汉区民族街召开社区保洁作业权对外拍卖会,41 岁的秦禄荣一家,以每月 2 750 元的标的竞得统一街道路垃圾清扫保洁作业权。此举意味着"摔破"了环卫职工清扫马路的"铁饭碗"。(武汉晨报讯,2003 年 3 月 8 日)

资料 5:四川邛崃市的 CBOT 项目

2002 年 1 月 18 日四川邛崃市政府同四川瑞云集团签订了《邛崃市新区开发建设项目协议书》,规定新城整体以 BOT 形式建设经营 50 年。期间,瑞云集团享有新城区公用事业的特许经营权,经营性土地的增值收益作为投资回报,50 年后,企业将城市无偿还给邛崃市政府。但之后不久,国土资源部出台《招标拍卖挂牌出让国有土地使用权决定》,规定各类经营性土地使用权必须通过拍卖或招标方式出让。土地政策的变化,又由于政府与私人投资者在合同中没有对违约风险、赔偿责任、处罚办法等作出详细的规定，使这个轰动一时的CBOT(城市-建设-经营-移交)项目顿时陷入困境，无法收场。

(二)案例分析

1.城市基础设施建设的重要性是什么？城市基础设施建设的特点有哪些？

城市建设与发展离不开水、电、路这些基础设施。由于城市基础建设具有社会性、公益性的特点，资金投入量大，建设周期长，应该要有长远的规划和打算。一个国家、一个地区城市化进程速度的快慢，在很大程度上取决于城市基础建设的速度。因此，在四大要素当中，城市基础设施可以认为是整个城市化进程的基础。

2.城市基础设施建设的市场化改革中，政府要如何做？

第一，城市政府首先要做好基础设施建设的规划工作，充分考虑到城市发展现状和趋势，运用现代科学技术手段综合考虑城市基础设施的布局。第二，城市基础设施是很大的一笔国有资产，有着巨大的沉没成本。对城市基础设施使用权、经营权采取出让、拍卖、抵押、转让以及授予特许权等方式，可以盘活城市资产的存量，激活城市的潜力。第三，城市政府要充分利用城市建设资金，调动各方面的积极性，引导民间资本和外资参与城市基础设施建设。第四，健全有关特许经营的法律框架，构建一套符合国情的独立的监管体制。强化城市政府对项目管理的风险评估，正确对待未来来自市场和政策层面的风险评估，规范合同设计，使政府承诺法制化和科学化，同时促成公平、有效、合理良性的公共事业定价机制，充分保护好非国有资本进入的积极性，缓解建设资金不足，财政压力过大，改变传统的政企不分、机构臃肿、人浮于事、效率低下的传统公共事业管理体制。

第三节　余杭区“十三五”城市管理发展规划赏析

一、前言

随着余杭与杭州市主城区融合步伐的加速推进和全区经济社会诸方面的快速发展，高起点、高水平的现代化城市管理已成为不可或缺的重要依托和重要保障。因此，根据余杭城市管理的现状与规律，合理确定城市管理的发展方向、发展规模和整体布局，恰当界定与协调各相关管理主体的职责，统筹安排各项管理与执法工作，正确处理各类管理难题，化解各类矛盾，构建和谐的城市管理文化，促成全社会共管格局，科学制定满足并保障余杭全面发展要求的城市管理“十三五”发展规划，成为具有重大现实意义的重要举措。

二、规划背景

（一）主要经验

与余杭经济社会的快速发展相适应，余杭城市管理事业也取得了快速的发展，特别是在“十二五”期间，在管理体制、机制及管理模式创新发展领域取得了一系列创新性成果，管理手段创新也异彩纷呈，整个城市管理事业呈现出良好的发展态势。

1. 体制创新成果显著

在城市管理体制改革领域取得了可喜的成绩，初步构建起责权明晰、运行高效的“大城管”体制。构筑了“两级政府、两级管理、三级服务”以及“区、镇（街道、平台）联动、属地管理、块抓条保、属地监管”的城市管理新格局。切实落实属地管理，突出属地政府在城市管理中的主导地位，根据辖区实际实行城市管理和执法重心下移，增强了基层解决城市管理问题的能力。实施“贴心城管”，建立市民评价体系，引导市民参与城市管理，“人民城市人民管，管好城市为人民”的氛围更加浓厚。在社区设立城管联系站，城市管理重心有重点、有步骤地逐渐下移。

2. 管理机制运行良好

（1）按照“城乡统筹”原则建立起适应新型城镇化发展要求的新型城市管理机制，镇街权责得到了明确与落实；建立应急处置机制和快速反应队伍；建立基层城管执法工作保障机制。

（2）建立起以城管联席会议为典型的部门协作机制；制定了日常工作对接制度；创新出信息资源共享机制。

（3）健全城市管理考核评价机制。按照“一个体制，标准各异”的原则，分区域、分类型对城市管理进行考核，建立集“日常监督、行业监管、集中考核、年度考评、排名公示、通报问责、奖优罚劣、绩效挂钩”的城市管理考核体系。创新了“数字城管普查分级分类考核信息”机制。形成了常态化的问题发现机制，在保证考核更加公正、公平、规范的同时，有效补充了城市管理考核力量，实现考核效率最大化。按照“管理标准化、标准定额化、定额考核化、考核日常化”的要求，规范和强化城市长效管理工作，市政养护、市容序化、环卫保洁、亮灯建设、公用服务、执法管理、数字城管等行业标准基本完善。

(4)建立常态化培训机制。建立起“两年一集训，一年一轮训”的培训机制，开展全员集训；建立了“三年一轮岗”的交流机制，全面开展中层干部竞争上岗及全员双向选择工作。

(5)逐步完善公众参与、社会监督机制。积极促成公众参与机制形成，引导社会力量参与城市管理，通过创新社会管理，充分调动公众参与城市管理的积极性、主动性、创造性，努力形成政府引导、公众参与，自我管理、自我约束，社会监督、共建共管的城市管理新格局，使城市管理从政府一家管理向社会各界共同治理转变。健全新闻发言人机制，提高与传统媒体和新兴媒体沟通能力，充分调动和发挥舆论监督作用。

3. 工作模式有所突破

(1)针对余杭城市管理工作实际，编制出一系列有针对性和操作性规章制度。

(2)创新出“网格化管理、组团式服务、联合式执法”管理模式。

(3)摸索出一套适合自己办案特色的说理性行政处罚决定书模式，规范办案行为。

(4)建立基层“网格管理、力量整合、分类处置”的工作模式。

4. 手段创新成果丰硕

(1)探索出“建管并举、疏堵并抓、点面结合、标本兼治”一揽子式的管理集成措施。

(2)开展“城市管理示范街”创建工作，打造一批高标准、高质量的具有区域特色的街区，推动全区城市管理工作向精细、规范、品质方向健康发展。

(3)建设三大平台，即搭建城管社区服务平台、信访投诉平台和智慧城管平台。

(4)实施“贴心城管”工程。推进“阳光调解”机制，组织“局长接待日”、“城管开放日”、城管志愿服务等活动，受理群众关注的热难点问题，更好地为市民群众排忧解难。组建垃圾分类、犬类宣传等多支城市管理志愿者队伍，建成城管微笑服务站2个，志愿者总数达到2 000余名。

(5)构建生活垃圾分类投放、分类收运及分类处置的长效管控体系；基本实现了垃圾运输GPS定位管理的“全覆盖”；运用GPS定位系统和实时监控系统等科技手段提升渣土管理工作水平。

(6)完成“余杭城管”微信公众号的建设，逐步推进微博、微信“双微”发布工作。

(二)基础优势

1.资源优势明显,文化底蕴丰厚

余杭交通便捷,杭州绕城、沪杭、杭浦、申嘉湖杭、杭宁、杭徽、杭长等多条高速公路穿境而过,杭州地铁1号线与沪杭高铁在区政府所在地临平实现"零换乘"。城市建设、环境保护、统筹城乡发展的力度日益加大,生活配套逐步完善,"生活品质评价指标体系综合测评"在杭州七县(市、区)中名列第一,成功创建"省级示范文明城区",荣膺"国家科技进步先进县(市)"、"全国平安建设先进区"、"全国群众体育先进区"等,并已通过国家级生态区技术核查和验收。余杭历史悠久,拥有五千年光辉灿烂的良渚文化、两千年源远流长的运河文化和一千年底蕴丰厚的径山禅茶文化;良渚文化被誉为"中华文明之光",良渚遗址公园被国家文物局确定为首批国家考古遗址公园。这里是风光旖旎,景色宜人的美丽之洲。拥有江南三大探梅胜地之一的超山、佛教圣地径山、"中国生物圈保护区"山沟沟风景名胜区、国家5A级景区西溪国家湿地公园洪园、国家4A级景区双溪竹海漂流、全国重点文物保护单位章太炎故居、古运河上仅存的七孔石桥——广济桥、良渚博物院等风景名胜和人文景观,被评为浙江省旅游经济强区。

2.创新基础坚实,发展空间巨大

余杭极具创新活力和投资潜力。全区各项经济社会发展指标位居浙江省前列。家纺、服装等传统产业优势明显,绿色能源、电子商务、生物医药等新兴产业发展迅猛,商贸、物流、金融、文创等现代服务业提速发展,农业产业规模化、企业化、现代化水平不断提升。紧抓杭州"两区"建设和打造城西科创大走廊的机遇,发挥未来科技城科创、良渚文化城文创、临平创业城众创的各自优势,形成功能多样化、组织网络化的创新平台体系,吸引和集聚创新人才、资本、金融服务等高端要素,构建优质优越的创新创业生态系统,营造大众创业氛围、激发万众创新活力,推动创新成果产业化,打造中国创新创业新高地。

3.新兴机遇凸显,发展潜力巨大

新常态为余杭转型发展提供更大空间,"一带一路"对外开放战略、中国(杭州)跨境电商综合试验区建设有利于发展更高层次的开放型经济,杭州举办国际峰会等重大国际活动有利于余杭提升国际化水平;以人为核心的新型城镇化、市区一体化有利于打造"三生融合、四宜兼具"的高品质都市新区;杭州国家自主创新示范区、城西科创大走廊、城东智造大走廊等规划建设有利于余杭加快集聚高端要素,推动创新大发展。

4. 体制较为完善，管理基础优良

已经建立起较为完善的城市管理体制和运行良好的城市管理机制；按照“三力提升”活动要求，建立起一支富于学习力、创新力和执行力的城市管理队伍，为全区城市管理健康、快速发展奠定了坚实的基础；此外，还利用最先进的科学技术，创新出丰富的管理手段；“数字城管”工程实施力度不断加大，覆盖范围稳步提高。

（三）问题与挑战

“十三五”期间，在新的发展环境中，余杭区城市管理既面临着难得的发展机遇，也因为前期存在的问题和新环境中生发的新问题而面临许多问题、遭遇重重挑战。

1. 管理理念有待提升

重建轻管，重数量、轻质量的传统城市发展理念仍然存在，制约和影响着城市管理的方式和绩效。城市管理领域内部的“严管”理念有待进一步向服务城市、服务公众理念转型；简单叠加式的管理理念与思维方式有待破解转型。适应新形势，揖别旧的城市管理理念，将创新、协调、绿色、开放、共享的发展理念贯穿到城市管理全过程，构建现代化的城市管理理念，既是发展的机遇，更是一个艰巨的任务。

2. 体制机制有待完善

大城管体制和机制还未完全形成，存在多头管理、职能交叉、职责不清、推诿扯皮等现象。重心下移机制体制仍处于不完善阶段，条块关系不够协调，条条之间、条块之间资源共享不足；城市管理仍存在本位管理与依法管理并存，人治与法治相连，执法与抗法同在的现象。部门联系、协调等机制尚未实现常态化，相关部门职责需进一步明确，部门间协同能力需进一步强化；区域之间需要进一步统筹管理、均衡发展的领域和问题不断增多。城乡一体化和城乡公共设施共享水平有待提高，城郊接合部城市管理的“顽症”仍然难以破解。

3. 应对能力有待加强

在“十三五”期间，余杭城镇化水平还将保持快速发展态势，物理空间的城镇化转换和人口流的涌进涌出，继续改变着城市管理的空间格局和管理对象的基本构成。如何响应快速变换的客观形势，及时调整管理理念与管理手段，创新管理形式，提高管理绩效和社会美誉度，是一项棘手而又迫切需要解决的问题。

4. 城市资源配置有待优化

由于受“重建设轻管理”等观念和财政投入等多方面因素的制约，城市发展规划工作未全面考虑城市管理配套设施的建设及城市管理配套资金的投入，城市基础配套设施、公共服务供给等尚不均衡，给城市管理带来了困难和阻力，也使城市建设成果缺乏后续管理和提升，短期性行为突出。

5. 城市管理文化建设有待提高

经济社会发展方式的转型为城市管理现代化建设提供了良好的机遇，抢抓这一机遇，塑造现代化的城市管理文化，扭转居民传统的城市行为理念和行为方式，提升居民的整体文明素质，优化居民参与城市管理的方式和层次，需要城市管理者持之以恒的努力和艰苦的奋斗。

三、指导思想和发展目标

（一）指导思想

高举中国特色社会主义伟大旗帜，全面贯彻党的十八大和十八届三中、四中、五中全会精神以及中央城市工作会议精神，以邓小平理论、“三个代表”重要思想、科学发展观为指导，深入贯彻习近平总书记系列重要讲话精神和“四个全面”战略布局，全面落实“八八战略”等省市各项战略决策部署，把创新、协调、绿色、开放、共享的发展理念贯穿于城市管理全过程；围绕全面深化法治浙江建设和加快建设法治政府的要求，以推动城市管理重心下移、综合行政执法推进、整合规范执法主体、优化执法力量配置为主要内容，以区、镇（街道、平台）执法管理为重点，全面推进城乡统筹的跨部门、跨领域现代化城市管理和综合行政执法，加快建立权责统一、权威高效的城市管理体制、机制，切实提升余杭域内的城市治理能力和管理水平。

（二）基本原则

1. 关注民生，以人为本

坚持以人为本，以市民满意度作为衡量城市管理水平的重要标尺，按照便民、亲民、惠民的要求，坚持民主管理，推动全民共治，创新社会治理，形成“政府主导、管养分离，市场运作、社会参与”的和谐城市管理运行新机制，以民主促民生，营造良性互动、和谐参与的城市管理氛围，形成政府行政管理与市民自治管理的互动、互补的城市治理模式。

2. 城乡一体，统筹发展

适应和满足全区建设"杭州副中心"、"宜居宜游新城区"发展要求，统筹谋划、总体安排整个发展规划，逐步实现全区域城市管理的健康快速发展；合理整合区、镇（街道、平台）两级城市管理资源，打破阻碍城乡统筹的行政管理体制，推进新型城镇化建设，实现城乡公共服务均等化，统筹城乡发展、统筹城市管理资源，推动城市管理向郊区延伸，推进全区域城市管理协调发展。

3. 权责统一，依法行政

合理划分不同层级部门的职责权限，理顺职责关系，减少管理层次，整合管理资源，落实管理责任，进一步提升管理效能。坚持"两个相对分开"，按照决策权、执行权、监督权既相互制约又相互协调的要求，深化行政执法体制改革，转变行政执法管理方式，实现政策制定、行政审批与监督处罚职能相对分开、监督处罚与技术检验职能相对分开，规范行政执法行为。

4. 政府引导，公共参与

坚持城市管理体制机制创新改革，构建与余杭经济社会发展相适应的城市管理体制与机制；引领余杭城市管理稳步快速走向现代化的城市管理模式；营造良好的管理和执法氛围，实现全社会的广泛参与，真正构建"人民城市人民管"的体制机制。

5. 因地制宜，特色发展

学习借鉴国内外先进城市管理经验，结合余杭城市管理的实践和经验，积极运用经济、法制、教育和科技等多种手段，大力推进城市管理手段、方法创新，努力提升余杭城市管理和综合行政执法工作科学化、现代化水平。

（三）发展目标

1. 总体目标

深化改革城市管理体制机制，创新城市管理模式，探索既能够增进城市和谐、公平，推进城市健康、快速发展，又能够平衡各利益主体利益的管理方略，建成与"高品质都市新区"目标及余杭区经济社会发展水平相适应的现代化城市管理体系和共享共管的现代化城市治理机制，实现各项考核指标在杭州市内"保三争一"的领先发展局面。

2.具体目标

依据余杭经济社会发展现状和基本趋势，贯彻规划基本原则的要求，落实并具体规划总体目标，制定“十三五”期间余杭城市管理发展具体目标如下：

体制机制创新目标。“十三五”期间，在全区初步建成城乡一体、兼容共享的全域城市管理现代化体制；基本建成权力边界明晰，权力间关系顺畅，协调各管理主体意志与行动的多样性、均等化、包容性和服务本位的现代城市管理运行机制。

管理模式创新目标。实现政府、市场和社会的多主体联合治理，创建以服务为导向、以满足公众需求为目标、以信息技术为依托的现代城市管理新模式。到2020年底，建构覆盖全区的现代化城市管理模式；建立起权力结构合理、管理功能互补、管理绩效优良的条块间关系；创建城市管理“O2O”平台。

智慧城管发展目标。创新智慧城市管理发展模式，建设数据驱动的精准管理体系和阳光权力平台，建设一体化、整合化、网格化、扁平化、服务化、阳光化、工具化“七化合一”的现代城市管理智慧化载体。实现数字城管向智慧城管转型升级。初步建成“一中心四平台”框架；加大智慧应用，完成智慧市政、智慧停车、智慧街面管控、智慧排水、智慧亮灯等重点智慧监管系统建设。

法治城管发展目标。全面推进城乡统筹的跨部门、跨领域综合行政执法，创新行政综合执法机制，构建条块结合，以块为主的“大联动”处置机制；努力创建职能科学、权责法定、执法严明、公开公正、廉洁高效、守法诚信的法治环境；改进和创新执法方式，实现管理和服务并重、法律效果和社会效果的有机结合；构建法治完善、部门协作、多元参与、保障有力的城管执法新格局。

四化长效管理目标。构建自然和谐的城镇生态系统，打造城市管理靓丽品牌，逐步建立城乡环卫一体化管理新体系，探索满足“高品质都市新区”要求的现代化市政管理新格局，助推实现全域城市管理现代化目标。构筑起突出大绿、适地适树、结构多样、以人为本、自然和谐的城镇生态系统；以“全面覆盖、级差管理，属地管理、块抓条保，堵疏结合、政社协同，突出重点、兼顾一般”为主要工作目标，打造城市管理靓丽品牌；按照精细化、标准化环卫管理要求，扩展延伸管理范围覆盖面，逐步建立起规范化管理、市场化运作、社会化服务、产业化发展的新型城乡环卫一体化管理体制和运行机制；打造能够不断满足“高品质都市新区”要求的现代化市政管理新格局。

文化城管发展目标。以开放、包容、参与、共享为主旨，以余杭现代精神和传统文化为底色，设定城市人文、社会和谐发展的文化目标，打造余杭城市管理文化共同体。“十三五”期间，塑造出反映余杭特色、符合时代要求的城市管理核心文化，吸引全区百姓自觉参与城市管理核心文化5年建设行动，挖掘、提炼、打造奋发有为的城市管理队伍内部核心文化。

四、主要任务

为实现余杭“十三五”城市管理发展规划总体目标和各项具体指标，需要整合各种力量与资源，凝神聚力、创造性的完成如下主要工作任务。

(一)创新城市管理体制机制

落实规划总体目标和具体目标要求，探索城市管理体制机制创新改革路径，构建与“高品质都市新区”目标和余杭经济社会发展相适应的全域城市管理现代化体制机制。着力打造城市管理的社会协同平台，推动问题导向的协同机制，创新政社合作的制度安排，建设民主、服务、协商的全域城市管理新机制。

1. 建立新型管理架构

以全域城市管理现代化为目标，以社会治理大联动为抓手，整合现有数字城管资源，以“王”字形管理架构建设为核心，逐步在全区建成权责明晰、关系顺畅、协同有力、基础稳固、城乡一体的“大城管”体制：做优区级整体联动“顶线”，建立区级社会治理大联动中心，加强对全区社会治理大联动工作的统筹、协调、指挥、督查；做强镇(街道、平台)部门联动“中线”，推进综合执法改革向镇(街道、平台)延伸，形成综合管理、综合执法、综合服务工作格局；做实村(社)网格干群联动“底线”，建立统一的基层社会治理网格体系；做通上下贯通运行机制“竖线”，厘清区、镇(街道、平台)、村(社区)网格权责，建立集成指挥平台，推动社会治理“线下”与“线上”联动；完善奖惩机制，积极、合理运用绩效考核结果，保障和促进“大城管”体制的良性运行。

2. 推行有效协同机制

继续探索高效率的城市管理工作部门协同机制，首先全面推行“两单一网制”，建立健全协调机制。详细制定城市管理相关部门权力清单和责任清单，并在浙江省网上政务大厅余杭分厅网站上公布；增加考评权重，突出绩效考评体系权威性，并于2020年底前，建立健全“政府领导、城市管理局牵头、有关部门配合、社会力量参与、绩效考核保障”的城市管理工作协调机制；坚持法治建设和绩效管理双管齐下的工作思路，利用立法权下放到设区市的契机，积极建议并推动在市级层面开展城市管理工作协调机制法治化试点。

探索问题导向的城市管理议决机制。主要针对突发危机事件、重大问题和社会敏感度高的问题，通过一事一议的方式，建构由利益攸关者、政府代表和社会知名人士代表参加的三方协同的问题解决机制，经由听证会、咨询会、意见征求等方式，吸纳社会力量参与决策过程。拓宽社会力量进入城市管理领域的渠道；搭建社会与政府沟通的新桥梁，实现“问题流”和“政策流”相互融合，推进政府引导、规范、管理、重塑社会的新流程。还可以利用城市管理联席会、城市管理工作会、城市应急管理协调会等沟通机制，着重解决突发危机和重要城市管理问题。

3.建设资源共享平台

整合部门信息资源，建设统一、开放、共享的信息化城市管理平台。由区政府授权，城管局牵头，对现有城市管理数字化平台扩面增容，并以城市综合管理指挥中心为载体，赋予其统合各相关部门、领域管理信息资源的权能，建设覆盖全区相关部门、单位的跨部门、跨行业及跨区域的城市管理专门的信息化网络平台，实现管理信息的开放与共享。

4.创新多元参与载体

设置咨询委员会，推进常规性决策科学化。在2016年内，成立以城市管理局为牵头单位，按照“四三三”的比例，组成由相关行政部门工作人员、专家学者以及各行业有影响力的代表若干人参加的咨询委员会，服务于区、镇（街道、平台）两个层级的城市管理决策；根据工作需要，每年不定期召开决策咨询会议，为城市管理健康运行和良性发展，提供及时的、辅助性专业知识咨询与援助。

延伸城市管理触点，广泛设立城市管理联系站，发挥社会组织、志愿者群体及社会个体的参与作用；设置街长、路长等民间协助管理岗位，鼓励和培训有公共意识、社会威望、管理能力和公平正直的志愿者积极参与所在社区常规管理工作，进一步夯实社会力量自我管理、政社协同管理的社会基础。由属地政府在城乡社区全面设立并扶植、推动城市管理联系站正常运转，联系站配置全职工作人员1名担任站长，由属地政府向社会公开招聘，待遇标准参照社区居委会主任标准配置，成员由社区志愿者担任。明确城管联系站工作职责，赋予相对应的事权与财权，打造、责、权、利统一的社区城市管理平台，实现个人自我管理、社会管理和政府管理的协同。

优化社会组织成长环境，积极扶持推动社会组织成长；实施专项知识培训制度，提升相关社会组织参与城市管理的能力；建立重大问题的听证会制度和一般问题的询问制度，拓宽社会力量进入城市管理领域的渠道；建立常规化的定向委托、公开竞标等制度，向社会组织、社会志愿者群体和社会志愿者个人开放可以开放的管理任务领域；城市管理局及属地政府通过制定并执行绩效考核指标体系的方式，加强对参与城市管理工作的各类社会力量的规范、引导和监控。

(二)完善城市管理工作模式

以理念更新为切入点,在坚持政府主导的前提下转变管理方式,促成多元主体参与,建设政府引领与主导下的共有共享、社会本位、服务为先的现代化城市管理新形态,借力现代信息技术,打造具有易得性、可及性和广辐射特点的公众参与城市管理常规化平台,畅通公众参与渠道,实现零门槛、广参与、提正气、聚人气、惠民生、促创业的民主、服务、协商的城市管理新业态。

1. 更新城市管理理念

更新城市管理理念,构建多元一体的现代化城市管理新模式。适应"美丽余杭"目标要求,以治理理念更新管理理念,用主导模式逐渐代替管控模式,更多依托市场和社会力量实现城市管理各种目标诉求,政府及城市管理局等各相关职能部门,集中精力于目标的确立及目标体系、评价与考核体系的建立,过程指导与监督及事后的考核与奖惩,构建融政府、市场与社会于一体的现代化城市管理新模式。

2. 转变既有管理模式

完善既有管理模式,厘定部门权责,围绕正面权力清单推动部门协同,优化管理秩序、提升管理绩效。继续完善"区、镇(街道、平台)联动、属地管理、块抓条保"管理模式,以区政府授权为保障,以城市管理新的职责为蓝本,区城管局负责制定涵盖条块的正面权力清单,量化管理权责,并依托"七化合一"的现代城市管理智慧化载体,实现条与块各司其职、各尽其责。

按照集成模式,在区级层面逐步构建起吸纳多元利益主体、兼顾多元利益关系、注重管理绩效的一元为主、多元参与管理模式;同时在基础条件较好的镇(街道、平台)试点推行。到2020年底,建构覆盖全区城乡各管理节点、区镇(街道、平台)之间、一元与多元之间协调联动的现代化城市管理模式。

3. 打造新型管理平台

增能扩权、升级转型,打造沟通体制内外的集成化创新管理新平台。活用"网格化管理、组团式服务、联合式执法"创新内核,以城管联系站为结点,打造覆盖城乡社区的管理网落,赋予城管联系站实质化的管理权责,提升其管理能力和社会影响力,将其打造为既能代表政府职能部门,又能代表社区居民的"两栖型"管理机构,沟通体制内外的各类管理主体、整合体制内外的各类管理资源,使之成为政府引导与规范各种社会力量积极参与城市管理日常行动的集成化创新管理新平台。

基于网格化原理,织密并做实"城管(服务)联系站",建设共建共管平台。到

2017年底之前，以城乡社区为载体，在全区范围内建立起“城管(服务)联系站”网络，每站配备专兼职工作人员2～3名，明确其管理范围和管理职责，制定管理守则。到2020年底，完善“城管(服务)联系站”管理模式，将其打造成社会本位、自我管理、自我服务的开放平台，成为执行城市管理日常事务的平台和群众参与城市管理的共建共管平台，在全区城市管理领域基本实现政府管理、社会管理和个人自我管理的协同。

4.做实做强“互联网+”

做实做强“互联网+”，开创城市管理“O2O”模式。将“互联网+”引入城市管理常规化工作领域，逐步建设“互联网+”城市管理公共平台，利用互联网技术，缩短管理链条，再造管理流程，提高管理效率，增加管理透明度，提升城市管理公信力；完善条块间以及与相关政府职能部门间网上“点对点”协同管理能力；畅通信息反馈和社会监督渠道。同时，协同“线上”、“线下”两种管理路径，坚持可以在“线上”完成的工作尽量在“线上”完成，“线下”模式起到查漏补缺之弥补功能，并以“线上”机制促进与规范“线下”管理行为，到2020年底，逐步形成线上线下的良性互动和优势互补，开创城市管理的“O2O”时代。

5.着力引进社会资本

(1)借力PPP模式，创新政社合作路径。通过定向委托、公开竞标等合同外包方式，不断拓宽社会组织进入城市管理领域的渠道，进一步开放管理领域；根据工作任务情况，每年不定期举办知识培训若干次，培育社会志愿者队伍、提升社工执行城市管理的能力；实行街长、路长制，借用民间人力资本推动城市管理和谐发展。

(2)推进城市管理的多元参与。加强媒体宣传，塑造城市管理服务形象，营造社会关心、支持城管的良好气氛；逐步向社会开放决策领域，探索城市管理全过程的共享共管模式，从决策过程开始，吸纳各种社会力量全程参与，实现整合资源、优化关系目标；引进市场机制，降低准入门槛，利用社会力量承担城市管理领域可以外包的事务性工作，实现政府与市场主体之间的直接合作，畅通民间资本进入城市绿化、洁化、亮化和序化管护领域。最后，通过标准制定、过程监督、事后考核、奖优罚劣的方式，维护城市管理各项事业的顺利推进。实现政府主导、市场运作、社会协同、公私共赢的“1+1>2”的长效合作机制。

(三)建设智慧城管新平台

紧紧围绕发展信息经济和智慧经济总要求，探索智慧城管综合监管模式，大力推进智慧城管社会化、民本化和法制化进程，建立智慧城管建设和运行的标准体系和管理体系，提高智慧城管管理效率和城市管理工作水平，实现余杭智慧城管的全面参与、全民监督和全民受益。

1. 重视智慧城管顶层设计

根据新一代信息技术发展趋势和城市发展需求，制定智能化城市管理发展规划，并按照“顶层设计、统一规划、分步实施、全面覆盖”的要求，进一步加强和完善余杭智慧城市管理软硬件建设。积极运用新信息技术破解城市管理难题，实现城市管理的精细化、规范化、高效化。按照省、市、区政府加快发展信息经济的要求，围绕构建城市管理综合指挥中心，推进智慧城管全面发展，积极拓展排水设施智能设备、停车系统智能感知设备、河道水质水位监测设备、智能监控设备等系统应用。

2. 整合数字化系统协同功能

通过信息化纽带推动政府部门整合和流程再造，推进以业务为导向的部门协作机制，打破行业和部门间的“信息孤岛”，实现政府部门间现有信息资源的高效运行和流动；重视数字城管与行业监管的功能融合，实现资源整合和信息共享，再造城市综合监管流程。推动余杭与杭州主城区智慧城管系统的嵌入对接，逐渐形成统一的日常运行管理平台、公共服务与互动平台、应急指挥平台、政策分析平台。结合城市管理体制“重心下移”的改革趋势，利用智慧平台和信息共享加强对镇街工作的指导和部门协调，克服机构改革碎片化的影响。

3. 推进信息反馈和公众参与

按照“覆盖广、功能全、运转快、效率高”的原则，推进智慧城管建设。建立和完善数字化信息预警机制，通过“管理关口”前移，及时发现城市管理中的问题或隐患，提高应对突发性事件的能力。拓展城市数字化信息平台、微信公众号、“贴心城管”APP 以及 96310、12345、96666 热线电话等多元信息沟通渠道，通过信息收集、处理、反馈，推动问题为导向的舆情反馈机制和城管、市民良性互动，形成以公众为中心、以智能化为手段，以城市管理者、市场、社会等多方主体共同参与的协同管理体制。

(四)探索法治城管新路径

理顺城市管理综合行政执法体制，合理界定城市管理综合执法机关的职权范围，完善与其他机关之间的公务合作制度，加强综合执法队伍规范化建设。

1. 明确城管执法职能

合理界定城市管理综合执法系统的职权范围，高效、顺利地推行综合行政执法。合理界定城市管理综合执法系统的职权范围，根据工作范围和工作职责，理顺同相关政府职能部门的权责关系，编制部门权力清单和责任清单，做到权责清晰，高效履职，既要防止综合执法管理事项过于宽泛，又要防止出现综合执法剩余职责，以达到高效、顺利推行综合行政执法的目的。同时制定科学的综合行政执法工作目标体系和考核指标体系，不断健全工作制度，全面提升综合行政执法效能。

各镇街、平台要根据社会治理“大联动”的要求，落实源头管理责任，有效利用基层组织力量，充实社会综合管理队伍，以年度中心工作为抓手，建立纵向到底、横向到边、全域覆盖的社会治理网格体系及快速发现、快速反应、快速处置机制。

2. 强化城市过程管理

贯彻“以人为本”、“依法执法”的理念，自觉执行法律内容和程序，严格履行法定职责，进一步规范执法行为，不断提升执法工作成效，保障文明执法局面的建设，在“十三五”期间，争取实现行政执法工作的跨越式发展。依据综合行政执法5年工作目标制定年度考核指标体系，强化对行政管理和执法人员履职履责情况的监督、评议和考核，提高执法监督水平；强化事中事后监管和协调指导，落实好监管过程中违法行为的查处工作，形成第一时间发现、第一时间报告、第一时间查处、第一时间反馈的处置模式；加强案件的审查和纠错工作，强化行政执法过错责任追究制度、行政执法公示制度和公众监督制度。

3. 保障执法效能提升

编制科学合理的绩效考核指标体系，强化绩效考核的激励与约束作用；利用智慧城市管理信息平台和大数据，提高城市管理网上办案自动化、精细化水平；提高综合行政执法效率，保证执法公信力不断提高，年度及时结案率不断提升，错案率趋向于零，执法工作公正、公开和透明。

切实贯彻“政府协调、城管调派、慎用执法力量”的原则，明确城管执法的职责权限，确保城管部门能够集中精力抓好主业，履行法定职责；全区性重大执法公务由区城市管理局统一调派执法力量；对于非城管执法公务活动，原则上不出动执法力量，确需动用执法力量的，参照上述程序执行。

（五）塑造绿色城管新形象

1. 推进依法治绿护绿

坚持依法办事、严格执法、善于执法，全面强化对管养道路、绿地养护作业的规范化管理与养护水平，实现依法治绿护绿；围绕“品质管养，延伸镇街”管理目标，加大市政绿化养护管理力度，以区城市管理局为工作指导和考核单位，制订考核计划，完善考核标准，加强对临平城区在内的各镇（街道、平台）绿化养护管理工作的指导与考核，提高绿化养护水平，提升全区绿化养护品质。

开展镇（街道、平台）城市管养范围内公建绿地"最佳、最差"评比试点，通过评比促进各镇（街道、平台）绿化管理良性竞争，提升全区绿地品质；开展城市管养范围内公建绿地"美化家园工程"评比试点，以点带面，推动全区"绿化"管理工作创新发展。

完善考核标准，加大奖惩力度，推进依法治绿；打造余杭"绿化"管理标志性品牌；构建结构多样、特色突出、自然和谐的绿地生态系统；提高园林绿化的机械化和信息化程度；提升应急管理水平，增强抗灾能力。

2. 打造绿化管理品牌

打造区"绿化"管理标志性品牌，推动全区"绿化"管理工作创新发展。依托市级"绿化"管理创建项目，提升全区景观质量和水平；继续牵头区级职能单位，协同合作完成杭州市政府和市园文局的各项城区绿化养护管理考核任务，成绩位于B类管理单位前列。

每年结合节庆布置，设计并制作春季环境小品、五一自然花境、国庆立体花坛等美化项目工程，打造城市绿地亮点，且争取提升每个单项在杭州市园文局评比中的名次。积极组织落实"美化家园工程"，通过对道路绿地、街头公共绿地、公园绿地植物配置的调整，如球宿根花卉、四季花灌木、秋色叶树木等的植物配置，提升绿地景观质量，达到美化彩化的效果，力争每年完成特色明显的彩化美化项目，为余杭景观面貌添砖加瓦。同时巩固近年来增加的绿地植物彩化量，确保在美化家园回头看评比中取得好成绩。

3. 优化绿地生态结构

构建功能合理、结构多样、自然和谐的绿地生态系统，根据保证功能需求，优化景观效果，提升生态效益的原则，对植物配置不合理、功能较弱、生态效益较差的城市绿地进行改造和调整。落实"多种树、多种类、多层次、多色彩"和"好种、好活、好管、好看"的工作要求，重点向草坪空秃、灌木老化、常绿单一等绿化比较薄弱的区域延伸，同时坚持五大标准：一是功能标准，必须把维护居民身心健康、维护自然生态过程作为园林的主要功能来评价；二是经济与高效标准，强调用最少的投入来健全自然生态，强调有效地利用有限的土地资源，减少化肥、农药的使用；三是循环与再生标准，强调利用生态系统的循环和再生功能，构建城市园林绿地系统，避免对不可再生资源的利用；四是乡土与生物多样性标准，强调城市园林绿地生态系统是乡土植物和生物多样性保护的最后堡垒之一，应节制外引物种，保护和发展乡土物种；五是地方与风土精神标准，强调余杭的自然和文化的历史过程，形成地方特色。

4. 提高绿化养护水平

提高园林绿化的机械化和信息化程度。开展园林机械普查工作，引进一批科技含量较高的机械装备，重点增添绿化应急抢险、高空修剪、喷药注射、灌溉以及切枝修剪等机械装备，提高绿化养护队伍的作业能力；依托数字城管平台及自查巡查数据提高绿化养护机械化施工比率；以 GIS 技术为核心，集 CAD 技术、GIS 技术和数据库技术于一体，建设覆盖全区的绿地信息系统，通过图形、图像、文字资料的统一管理，优化和提高对绿地资源管理的效率。保证科学合理的市场竞争机制，把机制和人力二者有机地结合起来，极大程度上激发园林绿化养护管理人员的积极性与创造力。此外，加大培训力度，创建高素质园林绿化养护与管理队伍。

5. 加强绿化应急管理

提高应急管理水平，增强抗灾能力。增强危机管理意识，完善抗灾应急预案，在招标中明确抗灾应急的工作和资金保障要求及响应不利的处罚措施，建立防灾抗灾物资储备中心，不断探索新办法、新举措，提前防范应对干旱、台风、雪灾等自然灾害，提高抗灾能力。加强各类防灾抗灾应急演练，并将有效的经验推广全区。每年根据时间段和气象预报，提前做好抗雨防涝、抗旱保绿、抗台防汛、抗雪防冻等专项指导和检查，加强对紧急事件的处理能力，提高紧急处置和协调救援的反应速度，将突发事件对城市园林绿地造成的损失降至最低，最大限度地保障人民群众的生命、财产安全，维护正常的社会秩序。

（六）提升秩序城管新局面

实施类型化分类序化管理，落实部门责任制，探索专项整治与长效管理有机对接的路径，构建基于社会深度参与的城市序化治理基层网络，加大新技术在序化管理中的应用力度，规范户外广告整体布局，合理利用和开发户外空间资源，创新督查机制，巩固序化管理成果。

1. 推进序化分类管理

实现分类序化管理，制定类型化评价体系根据城市管理对象性质、管理目标、行业特点等进行分层次、类型化梳理，如街面类管理、主干道与次干道不同级别的道路类管理，通过细化分类，根据类型特征制定类型化内的统一评价标准体系，提升序化管理的能力，保证城市管理的长效性。

2. 健全责任覆盖体系

落实各部门责任，加强综合行政执法力度。建立“纵向到底，横向到边，不留死角，不留空白”的全覆盖责任制体系，实施点对点式的监控与管理；按照精细化管理标准，实施专项整治工作，同时不断探索建立长效管理机制，并将专项整治和长效管理有机对接，将长效管理奠基于扎实的专项整治之中，实现重点和难点问题“零发生率”目标；对违反城市管理法律法规的行为进行文明劝导和制止，拒不整改的依法进行坚决查处，防止次生问题，不留后遗症。

3. 落实长效管理机制

落实长效机制，建立一体化的城市管理社会参与网络。全面实现“门前新三包”工作常态化、制度化、规范化；结合街长、路长制度，延伸“门前新三包”功能，实现其与道路、广场、小区等管理目标任务的有机融合；进一步探索吸纳社会力量参与序化管理的新场域，逐步形成层次鲜明、分工明确、行动协调的“一体化”城市管理社会参与网络。

4. 强化车辆停放管理

参与制定公共停车场发展政策体系，引导城市公共停车场健康、有序发展。在既有规划体系的基础上，结合公共停车场建设发展现状，提出公共停车场发展政策体系的相关建议，节约有限的土地资源，积极引导城市公共停车场的健康、有序发展。

重新规划中心城区城市道路停车泊位，采用市场化经验模式以实现其价值的再转换。制定合理收费政策，运用杠杆调节车辆停放与停车泊位供求关系，使整个城市车辆停放处于有序管理之中，提高城市道路通行能力；按照不同地区和不同时间制定差额收费标准，调节区域停车的供求关系。

建设智慧交通停车诱导管理系统，充分利用互联网，依托手机APP，加强智慧停车建设，通过运用车牌识别技术、智能语音交互技术、大数据索引技术、电子支付等科技手段，为居民日常出行停车提供快速引导停车、实时停车场信息查询服务和便捷的费用支付功能，以改善局部交通微循环、缓解交通拥堵，解决用户停车难的问题。

推进智慧交通停车诱导管理系统，稳步推进智慧交通停车诱导管理系统建设。首先选择临平城区主干道、人行道，建设智慧交通停车诱导管理系统，逐步扩大建设范围，并依次向各镇(街道、平台)推广；鼓励企业、个人举办收费型或公益型停车场和停车泊位，加强对社会办停车场的引导、管理与监督。

5. 规范广告整体布局

规范户外广告整体布局。按照《临平副城中心区域户外广告布局规划》要求，统筹规划、合理安排赢利性广告和公益性广告空间格局，在赢利性广告中，实施绿色新型产业广告优先战略，扶植创新型产业；以美化城市视觉环境、提升城市品位、促进区域经济社会创新为目标，引导市场合理利用和创造性开发户外空间资源；在临平城区人群汇聚地和其他重要活动场域，留足公益性广告空间；根据不同区域的实际情况，应用和有针对性的修改应用《临平副城中心区域户外广告布局规划》要求，规范余杭其他区域对户外空间资源的利用和开发，不断实现全区域户外广告美化与优化目标，将美化城市视觉环境、提升城市品位目标和促进区域经济社会发展目标和谐融合。

6. 创新日常督查机制

创新督查机制，巩固序化管理成果，提高序化管理水平。区城市管理局按照“重心下移、一个体制、标准各异”原则，分区域、分类型加大对序化管理的检查、考核、监督、指导。健全完善二级序化督查机制，各属地镇街、平台对照区级层面标准要求制定相应日常检查机制，提高属地发现问题、解决问题能力，尽量使问题解决在萌芽状态；加大督查密度和深度，由点及面，从对热点、难点问题和重点部位的督查延伸至全街道沿线及全辖域面的序化督查；完善督查手段，利用现代科技和互联网技术，依托智慧城管平台，提高第三方“数字城管”参与度；采取日常监督、“数字城管”监督、例行检查和社会监督相结合，鼓励和保护社会组织和社会个体的监督行为，并加大相应案件的督办力度，及时反馈督办信息。

（七）描绘清洁城管新面貌

按照精细化、标准化环卫管理要求，扩展延伸管理范围覆盖面，通过规范管理、重点整治、建设改造，不断缩小主城区、副城区以及辖区范围内中心城区、城郊接合部和农村落后地区间的差距，逐步建立起规范化管理、市场化运作、社会化服务、产业化发展的新型城乡环卫一体化管理体制和运行机制，实现城乡互动、优势互补、资源共享、协调发展，全面提升城乡环境卫生一体化管理水平，打造出余杭清洁城管新面貌。

1. 构建城市垃圾治理体系

进一步推进行业市场化改革，通过合同外包等形式，公开选择符合条件的运营单位承担垃圾清运作业；通过特许经营制度，选择市场主体，从事垃圾处置的投资建设和运营管理；规范完善市场进出机制，消除行业垄断，规范营运市场。加大处置能力建设，坚持“焚烧处理为主体、生物处理为补充、填埋处理为保障”的发展路线，优化处理设施的空间布局、产能布局，实现处置能力的整体提高。发挥环境卫生相关行业协会在参与环境卫生体系建设中的骨干作用，并承担相关的协调、沟通职能。引导社会公众参与环境卫生管理的积极性，支持各类环境卫生志愿者组织的活动，并提供必要的帮助。鼓励公众独立开展现场监督行为。创建示范小区，推进余杭垃圾分类示范小区评比工作，以此为抓手，不断激发和调动各生活小区垃圾分类的主动性。建立城乡统筹的环卫一体化管理网络。到2020年底，建立健全城乡环卫一体化管理网络，增强环卫管理能力，提升全区城镇与乡村的环境卫生清洁度。

2.实现环卫作业的现代化

在城市清洁领域，不断提高保洁标准，扩大保洁范围，建立健全覆盖城乡的保洁管理网络，实现洁化管理全覆盖；在环卫机具更新方面，在全区全面建立起以机械化为主，人工为辅的清扫和保洁模式，推进与加快“机器换人”进度，普及机扫车、洒水车、高压冲洗车、真空吸尘车、多功能清洗车等机械作业车辆，淘汰现有的手扶拖拉机等老旧设备，垃圾运输车辆实现全部密闭化；在环卫作业市场化方面，不断加大市场化改革力度，至2020年，实现全区环卫作业市场化率达到80%；在环卫工人权益保障领域，将法治建设和人性关怀有机结合在一起，广泛动员沿街政府机关部门、企事业单位和店家设立城管环卫爱心休息点，并向全省推广城管环卫爱心休息点做法，优化环卫工人工作环境，全面提高环卫工人工作、生活幸福指数，多途径强化环卫工人权益保障。

3.促进环卫设施增量提质

提升现有公厕星级水平，并修改调整公厕规划，将临平新城等新建设区块纳入环卫规划，按要求配套公厕；保证环卫停车场、临平城区大型环卫停车场的数量和面积要求，并根据全区城乡社会发展需要，增加新建环卫停车场；根据垃圾处置厂地理位置格局改变情况，改建临平城区南苑中转站、保障桥中转站及西安中转站并更新设备车辆，增强上述三座中转站的垃圾中转能力，确保临平城区垃圾清运工作正常有序开展；依据《杭州市垃圾收集房设置导则》要求，按标准设置多层住宅垃圾收集点和配置新建小区垃圾房；争取到2020年，实现全区环卫取水点统一规划，环卫用水通过河道水解决；依据《杭州市果壳箱设置标准》并结合垃圾分类要求，规范各镇街果壳箱的材质、款式和设置间距。

4.优化渣土审批与监管

打造新型审批服务平台，建立统一的审批窗口，形成一站式服务平台。对于工程渣土准运证核准的重点审批项目，审批窗口统一受理和发放全区工程渣土（泥浆）车辆准运证（正证）以及工程渣土（泥浆）处置证（准运证副证），简化审批流程，形成一站式服务平台。

畅通网络监管平台,加强对渣土运输的日常监管。区城管局负责将工程建设项目、渣土(泥浆)处置、运输、消纳等审批环节的相关信息数据录入工程渣土(泥浆)监管平台,各镇街、相关平台通过监管平台及时了解辖区内工程渣土(泥浆)的运输处置情况,以便于及时和有针对性的监督和管理。另外,在出土工地安装监控系统、运输车辆安装GPS定位系统,通过科技手段提升渣土管理工作绩效。

5. 全面提升科技监管水平

强化科技监管,打造智慧环卫平台。依托智慧城管系统,整合垃圾运输车GPS监管系统、垃圾治理智能平台、垃圾处置场所属地监管等子系统,加快打造智慧环卫平台。

(八)打造靓丽城管新名片

依规构建整体性市政管理框架,推行精细化管理,加快市场化改革步伐,逐步实现市政管理各具体目标,打造靓丽城管新名片。

1. 加强照明目标管理

依托数字城管平台,提升照明管理能力。建立和完善全区城镇道路照明基础设施数据库建设,摸清城市功能照明、景观照明设施的年限、光源种类等基础设施量数据,落实分类分标管理,加强区、镇(街道、平台)照明设施的监督和管理,改善区、镇(街道、平台)道路功能照明,确保规划中制定的各项指标的圆满完成。

2. 提升城市灯光环境

依据市政建设规划和管理发展计划要求,逐步实现道路照明管理目标。根据城市功能空间发展需要,主要以临平城区核心区域、市区河道、主要商圈、商业特色街区、标志性建筑等为重点,更新改造、优化与完善现有景观照明工程效果,整体提高城市景观照明水平,打造"点、线、面"相结合,具有"国内领先"水平的城市夜景。

3. 创新设施管养措施

加快推进市政管理的市场化改革步伐,提高市政管理绩效。寻求政府管理和社会化管理的契合点,可以通过政府购买服务、特许经营等机制,创新市政管养体制,提高市政管理的机械化水平,确保实现规划目标;大面积推广高压冲洗车、CCTV机器人检测等技术,力推管道内修等不破坏原路面结构的修复方式;逐年提高城区市政养护单价,在"十三五"末期,力争养护单价标准达到杭州市主城区同期养护单价的平均水平。

4. 完善绩效考评体系

加强市政管养的力度，完善绩效考核评价机制，提升全区道路管养品质。加大市政管养建设力度，提高市政管理的机械化水平；分类型、分层次建立完善绩效考核评价机制，提升道路养护的序化管理能力和长效机制，实现高品质的道路管养，确保实现规划目标。

（九）树立文化城管新理念

重视城市管理文化的塑造功能和规范作用，建设属于余杭人自己的城市管理文化体系。

1. 培育核心价值文化

凝炼城市管理文化精神，培育余杭城市管理核心文化。以城市管理局为城市管理文化建设执行单位，通过广泛征集、群众评议、专家提炼的形式，凝练凸显余杭文化底蕴、具有时代特色、引领城市风尚的城市管理文化精神，既要朗朗上口，又要喜闻乐见，潜移默化的培养起余杭人积极参与城市管理的较高素养。近期可以“明理、守法，乐洁、好序，善待他人、管理自己”作为城市管理文化的宣传工具，逐渐培养人们的城市管理文化素养。

2. 弘扬余杭城管精神

凝练城市管理核心文化口号，落实城市管理文化精神。以城市管理文化精神为坐标，提出一系列操作性口号，落实并应用城市管理文化精神于城市管理实践。近期可以“余杭是你我的城市，让我们一起来呵护”、“做有品位的余杭人”等口号，率先践行城市管理文化精神。

3. 搭建城管文化平台

整合已有资源，建设多渠道的核心文化传播平台。以城市管理局办公室和组织人事科为主要操作机构，积极构建“一元主导、多元参与”城市管理文化建设模式，吸引全区百姓自觉参与城市管理核心文化五年建设行动；以区城市管理局、属地镇（街道、平台）和城市管理联系站为载体，构建责权明晰，分工合作的宣传机制，开展全方位宣传，并培养、支持社会志愿者全方位参与，吸引全社会力量，共同建设城市管理核心文化。

4. 提升队伍文化素质

整理现有文化因子，凝炼出城市管理队伍内部的核心文化。基于现有的先进文化因子，结合自身人员结构特点和文化背景，提炼出独具特色的内部文化体系，以培养和锻炼城市管理队伍的能力和素养，打造出培养队伍、提升士气、凝聚人心、鼓舞斗志、塑造靓丽城管形象的核心文化软载体，并主动配合整个余杭城市管理核心文化建设的步伐。其基本内容可以由包括50个字的排比句构成，即特别能学习，特别能守纪，特别爱思考，特别会沟通，特别能理解，特别能自律，特别懂法律，特别懂管理，特别能吃苦，特别能战斗。

五、重点工程

"十三五"期间，余杭城市管理的重点工作要以提高人民群众生活品质和城市品质为根本目标，以为构建新型和谐的城市管理格局而攻坚克难为总体方向，以创新改革、依法管理为主线，以集中精力重点突破为主体战术，完成以下四大工程项目。

（一）全力推进智慧城管建设工程

按照"顶层设计、统一规划、分步实施、全面覆盖"的要求，进一步加强和完善余杭智慧城市管理软硬件建设，力争在"十三五"期间，实现整个余杭智慧城市管理良好运行的格局。

1. 提升数字城管运行效率

完善数字城管运行，推行智慧城市管理建设。抓好数字城管系统运行工作，以解决率和及时解决率为目标，进一步完善各项制度、规范、标准，及时研究、分析、解决影响问题解决率和及时解决率的案卷类型，实现全区数字城管问题及时解决率达96%以上，数字城管疑难问题协调成功率98%以上，保障数字城管系统正常运行，并为升级转型为智慧城管奠定坚实基础。

2. 优化数字城管监管模式

结合城市管理体制"重心下移"，指导镇（街道、平台）完善数字城管工作机制与运行流程，充分发挥数字城管协同指挥效力，强化对镇（街道、平台）内部科室及区级职能部门派出机构的综合监督职能，总结各类疑难案卷协调处置经验，形成问题监督、处置良性互动。

3. 拓展智慧城管服务内容

对接市城管委工作重点，拓展“贴心城管”APP 的余杭版，提高市民参与度，让市民成为城市管理的主人，推进“全民共管”。

推进基于打破行业和部门间的“信息孤岛”，实现政府部门间现有信息资源的高效运行和流动，确保政府信息资源最大限度为市民服务。

（二）强化法治城管建设工程

1. 规范日常执法行为

制定综合行政执法 5 年工作目标，进一步规范执法行为。首先根据工作范围和工作职责，编制权力清单和责任清单，承担综合行政执法年度工作；自 2017 年开始到 2020 年底，不断健全工作制度，逐步理顺职责关系，整合资源，全面提升执法效能。严格履行法定职责，进一步规范执法行为，在“十三五”期间，办结率/每年不低于 95%；行政复议案件和行政诉讼案件发生率/每年不超过 2%，案件败诉率/每年不超过 2%，争取实现零败诉率。

2. 提高综合执法效率

完善阳光执法系统，主动对接与利用智慧城市管理信息平台和大数据，提高城市管理网上办案自动化、精细化水平；加强与工商、交通、住建等部门的日常沟通，形成合力，实施大联动、大会战，开展联合整治，提高综合行政执法效率。

3. 探索执法长效机制

聚焦热点难点问题，探索综合执法长效机制。以群众的诉求为管理工作的抓手，针对群众多次投诉的热难点问题，充分结合区委区政府着力抓好的民生项目，以“五水共治”、“三化四分”、“四边三化”、“三改一拆”、“五气共治”、“五废共治”等一系列工作为重点，由城市管理局牵头组织开展国有土地违法建设、违法养犬、非法广告、违法停车、占道经营、渣土违法运输（消纳）、餐饮油烟污染等问题的专项整治行动。整治过程中要坚持“依法规范、疏堵结合、属地管理、部门协作”的原则，加强镇（街道、平台）、部门联动协作和联合执法，努力形成齐抓共管的氛围，坚持集中整治和常态管理相结合，既要凸显整治成效，又要落实长效管理。

4. 强化行政许可与监管

根据城市管理的不同维度实施行政许可权的综合集中模式，采取分步走、分散式集中的方式推进，并首先将常规的、日常事务性的、非专业化的行政许可先行整合，致力于建设标准化工作流程和规范化制度规范；在实施中，以便民为中心，以镇街为平台，实行就近、分散式集中。进一步优化审批流程，创新审批模式，不断提升审批效率。做好上级审批权限下放的衔接、接收工作，加强行政审批事中事后监管，并通过及时到位的奖惩措施，规范与约束行政许可与综合行政执法过程。

（三）推行垃圾分类减量工程

1. 推广垃圾智能分类

以推广智能化垃圾分类系统为抓手，逐步实现垃圾全分类目标。自2016年开始，在临平城区推广建设智能化垃圾分类系统，到2020年底，在余杭全区有物业的小区推广智能化垃圾分类系统。

2. 倡导垃圾源头减量

以创建示范小区为载体，提升居民环保意识，助推垃圾全分类和减量化处置。在“十三五”期间，全方位、持续推进余杭垃圾分类示范小区评比工作，以此为抓手，不断激发和调动各生活小区居民垃圾分类的主动性，提升居民的环保意识，从源头上降低生活垃圾产生数量；深化垃圾处置“买单”方式改革，出台生活垃圾处置减量文件，简化垃圾量核定办法，细化超量加倍支付计算方式，形成超者加倍支付、减量者奖励的奖惩办法，倒逼生活垃圾减量。

推行多元化垃圾处理手段，建立以“焚烧处理为主体、生物处理为补充、填埋处理为保障”的生活垃圾处理体系，逐步实现人均生活垃圾产量零增长目标（表9-1）。

表9-1　余杭生活垃圾分类管理年度规划目标　　%

序号	指标名称	年度规划目标				
		2016	2017	2018	2019	2020
1	家庭宣传普及率达	95	95	100	100	100
2	城区分类收集覆盖率	95	95	100	100	100
3	镇街分类收集覆盖率	90	90	95	95	100
4	分类达标率	80	80	85	85	90
5	分类运输率	50	60	70	90	100
6	车辆GPS监管	20	50	70	85	100
7	厨房垃圾专车运输率	20	40	60	70	80
8	无害化处理率	100	100	100	100	100

3.提高科技监管能力

强化科技手段，提高专业监管能力。利用数字化城管新技术，强化对城区垃圾处置数字化监管，并逐步实现在全市范围内处置设施数字化监管的全覆盖；同时引进垃圾分类、垃圾处置、行业监管等科研新成果，提高专业监管能力。

(四)加大“控违拆违”工作力度

1.推进制度规范化建设

按照《土地管理法》《城乡规划法》等相关法律法规要求，加大违建拆迁过程的取证、整改、拆迁、公告、执行、验收等过程的规范化，完善控违拆违工作的属地管理制度、部门责任制度和工作奖惩制度。依据省市政策要求，以及全区违章建筑的存量特点和分布状况，制定合理规划，归类管理，有序推进。结合房屋登记制度、行装修审核制度、物业备案制度及群众监督举报制度，及时预防违建行为的发生，减少政策执行成本。

2.重视多方面思想动员

加强控违拆违的政策学习和宣传，提高执法部门和执法人员责任意识，提高工作的主动性和积极性。加强拆违执法培训，提高工作人员，尤其是新聘人员的基本素质，确保违建查处工作公开、公正、有效进行。重点做好村(社区)基层人员的思想工作。通过媒体宣传、入户交流、榜样激励等多种手段，争取广大群众的理解和支持，减少维稳压力和执法风险。

3.加强控违拆违执法管理

结合“两美浙江”、“美丽乡村”、“五水共治”、“两路两侧”、“四边三化”等政策，做好控违拆违的系统化和常态化管理工作。通过定人、定岗、定职责，提升巡查发现、制止和处置违建能力。成立控违拆违督查领导工作小组，推进部门协调和合作。依托社会治理大联动机制，有效整合镇街和部门执法力量，实现控违拆违网格化管理。通过信息公开、公众举报和公开监督，切实维护人民群众合法权益。

4.重视运用科技监控手段

积极运用卫星遥感监测技术，做好全区土地和建筑资料的监控、评测、考核和追责，提高防违控违工作的科学性、有效性。建立健全防违控违信息系统，实现存量违建的摸底调查和具体数据的收集管理，建立农户住房一户一档制度和城市社区建筑一号一档，实现违建查处的地毯式排查和清单式动态管理。

六、保障措施

1. 加强组织领导，落实职责分工

建立分工协作机制，进一步明确区、镇(街道、平台)的职责分工，加强规划实施的组织领导，制定规划实施详细计划，全面落实规划要求。城市管理局按照规定的职责分工，加强指导、组织、协调以及监督规划实施；各相关单位切实履行职责，具体落实规划目标和任务，把规划变成行之有效的行动和管理依据。

2. 转变管理理念，展现城管价值

进一步提高和增强对城市管理现代化重要性的认识，树立"管理也是生产力"的理念，坚持以优良的城市管理推动和保障余杭经济社会各领域健康、快速和可持续发展；进一步提高和增强城市管理创新意识，努力营造全方位创新环境，做到思想观念创新，体制机制创新，发展模式创新，管理手段创新，以创新提升城市管理的价值。

3. 分解目标任务，保障规划实施

做好本规划与相关规划的衔接；将本规划确定的目标任务、重大项目分解落实到行动计划和年度计划中，引导余杭"大城管"协调发展。明确和落实部门责任，责任部门要制定具体实施措施，确保规划落到实处。加强规划实施的监督考核；实行规划评估制度，适时组织开展对规划实施情况的评估分析，形成评估报告，作为修订规划的重要依据。经评估或其他原因需要对规划进行修订的，及时提出规划修订方案。

4. 积极筹措资金，实现管理目标

积极争取上级资金支持，充分发挥市场配置资源的基础性作用，坚持利用市场和开放的机制，大力培育和引进多元投资主体；放宽市场准入条件，大力吸引社会资本。通过进一步拓宽融资渠道，争取资金保障，保障规划内容的到位实施。

将城市管理经费纳入政府发展规划及年度财政预算；城市管理工作资金按区、镇街(含开发区及平台)、社会共建的原则筹集；争取城市管理经费与经济同步增长，保证城市管理事业发展满足城市发展的需求；在城市管理各项工作中，区层面负责拨付一定比例的建设和管理资金，各镇街(含开发区及平台)也要充分调动业主、单位的积极性，加大管理资金的投入；逐步提高城市管理的科技力量，到2020年基本实现部门间信息互享、管理手段智慧化。

5. 加强队伍建设，提升管理绩效

优化城市管理队伍结构、提升综合管理能力、强化管理素质，建设能够保障、促进和引导余杭城市社会健康、和谐发展的管理团队。

加强综合执法队伍规范化建设。第一，强化区城市综合执法局、分局的法律地位，明确城市管理综合执法人员的公务员身份；第二，加强对城市管理综合执法人员，包括协管员的职业培训，贯彻依法行政的理念，熟悉规范化的工作流程，提高他们的法律素质、业务素质和执法能力；第三，严格执行处罚与收缴分离的法定原则，避免以罚代改，树立规范执法、文明执法的良好形象；第四，全区深入开展星级中队建设，建成二星级中队 10 个，三星级中队 7 个，四星级中队 3 个，占比 80%。

优化队伍结构。提高学历水平，优化专业结构。到 2020 年底，本科以上学历的人员比例达到 80%以上；对口专业及相近专业员工占比达到 30%以上，“一专多能”、“一岗多员”。推进基层党组织规范化建设，提高中共党员比例。到 2020 年底，每个基层单位设置相应的党支部或党小组；党员人数比例达到 20%～30%。推进基层党组织规范化建设。加强党员教育，规范“三会一课”制度，开展党员固定活动日，结合在职党员社区“双报到”深入基层服务，确保在职党员 100%参加服务活动。

提升综合管理素质。注重专业技能培训，通过学历教育与非学历教育、集中培训等各种形式，提升队员从事城市管理与执法的素养和能力。力争在编城管队员人均每年 2～3 次短期学习；“十三五”期间，人均不少于 1 次离岗集中学习；强化岗位培训，提升队员的常规管理能力和应急管理能力。

确保管理人员配比，持续推进志愿者队伍建设。适当增加城管系统编制名额，基本比例可以按照 120：1(120 个常住人口配一个管理名额)的标准酌情配置，难以满足部分可以用“协管”补齐，但要制定严格的标准，设定量化的“协管”准入条件，谨防低素质“协管”对整个城市管理队伍的冲击。大力持续推进城市管理志愿者队伍建设，积极和善于利用各类志愿者群体完成专业要求低、覆盖范围广、社会影响大的事务性工作，将城市管理志愿者打造成为一支呼之即来、来之能战、战之能胜的社会化常规力量。

6. 营造良好氛围，凝聚管理合力

充分利用各类媒体资源，加大规划宣传力度，营造良好舆论氛围，争取社会各界对城市管理工作的理解和支持，不断提高社会公信力，进而凝聚社会力量合力，促使规划实施成为全社会的共同行动。一是全面客观宣传城管工作。坚持正确的舆论导向，弘扬法治理念，全面介绍为民、便民、服务于民的城管工作宗旨，解读发展中的难点,争取公众理解支持。二是主动作为,引导舆论,树立正面形象。重视宣传工作,主动设置议题,动态、持续、正面发布信息,选树先进典型,建立与媒体良好互动关系,在加强与传统媒体沟通合作的同时,重视微博、微信等网络新媒体,积极制作、传播公益宣传文化产品。三是建立舆情快速处置机制。加强舆情监测,对可能发生的涉及城管事件类型、影响程度、处置措施等做好预案,完善新闻发言人制度,高度重视网络舆情工作,加强网评员队伍建设,发挥影响力引导网民理性和冷静,形成有优势的正面舆论,优先占领舆论传播高地。

参考文献

[1] Ashworth and Voogd. Selling the City. Belhaven Press:1990.

[2] Evert Vedung. Public Policy and Program Evaluation. New Brunswich, New Jersy: Trsaction Publishers, 1997.

[3] Cater H. The Study of Urban Geography. London: Edwand Amold, 1972.

[4] Jim Sigler. best practices and guiding principles——a training guide to successful develop ment of a learning organization. Futurics, 1999, 23(1&2): 67-73.

[5] John M. Levy. Essential Microeconomics for Public Policy Analysis. Praeger Publishers Inc: 1995.

[6] 马克思，恩格斯. 马克思恩格斯全集. 2卷. 北京：人民出版社，1965.

[7] [美]D·A·雷恩. 管理思想的演变. 北京：中国社会科学出版社，1988.

[8] [美]查尔斯·P·金德尔伯格，等. 经济发展. 张欣，等译. 上海：译文出版社，1986.

[9] [美]文森特·奥斯特罗姆，等. 美国地方政府. 井敏，等译. 北京：北京大学出版社，2004.

[10] [苏]B·Ч·乌尔拉尼斯. 世界各国人口手册. 北京：商务印书馆，1982.

[11] [意]L·贝纳沃罗. 世界城市史. 薛钟灵，等译. 北京：科学出版社，2000.

[12] 美国加州大学伯克利分校. 美国的社会福利和保险计划. 美国的社会福利和保险计划编译组，编译. 北京：中央广播电视大学出版社，1998.

[13] [美]彼得·圣吉. 第五项修炼——学习型组织的艺术与实务. 郭进隆译. 上海：三联书店，1997.

[14] 戴维·奥斯本，等. 摒弃官僚制：政府再造的五项战略. 北京：中国人民大学出版社，2002.

[15] 丹尼斯·缪勒. 公共选择理论. 杨春学，等译. 北京：中国社会科学出版社，1999.

[16] 盖伊·彼得斯. 政府未来的治理模式. 北京：中国人民大学出版社，2001.

[17] 叶孝理. 现代城市管理手册. 北京：经济科学出版社，1990.

[18] 张跃庆，等. 城市管理概论. 北京：北京经济学院出版社，1990.

[19] 乌兰力沙克. 城市管理论. 北京：人民出版社，1995.

[20] 叶南客，李芸. 战略目标：城市管理系统与操作新论. 南京：东南大学出版社，2000.
[21] 李静，陈捷. 城市管理初探. 贵阳：贵州教育出版社，1998.
[22] 江苏省城市管理研究会. 城市管理理论与实践. 南京：河海大学出版社，1994.
[23] 唐代望，唐晓阳. 现代城市管理学. 北京：中国人事出版社，1991.
[24] 美国加州大学伯克利分校. 现代化城市管理. 潘国和，编译. 北京：中央广播电视大学出版社，1997.
[25] 梁远辉. 城市管理概论. 北京：中国地质大学出版社，1991.
[26] 沈耀泉. 现代城市管理. 北京：中国轻工业出版社，2002.
[27] 殷体扬. 城市管理学. 太原：山西经济出版社，1990.
[28] 王毅捷. 现代城市管理. 上海：上海交通大学出版社，1994.
[29] 董俊山. 城市管理学. 长春：吉林大学出版社，1990.
[30] 陈叔红，蒋建国. 城市管理概论. 长沙：湖南人民出版社，1999.
[31] 游德海，吴文斌. 现代城市管理教程. 武汉：湖北人民出版社，1997.
[32] 刘岐，金良浚. 城市管理学. 杭州：浙江教育出版社，1991.
[33] 刘明信. 现代城市管理学. 北京：中国科技经济出版社，1989.
[34] 刘连生，曹占泉. 城市管理学概论. 太原：山西科学技术出版社，1988.
[35] 杨武拴. 现代城市管理论. 南昌：江西人民出版社，1991.
[36] 吴郝，梅陈. 城市管理初探. 北京：中国建筑工业出版社，1998.
[37] 王建民. 城市管理学. 上海：上海人出版社，1987.
[38] 中共北京市委党校国民经济教研室. 城市管理学原理. 北京：中共中央党校出版社，1985.
[39] 董树藩. 都市管理概论. 2 版. 台湾：商务印书馆，1987.
[40] 黄丽. 国外大都市区治理模式. 南京：东南大学出版社，2003.
[41] 姜杰，彭展，等. 城市管理学. 济南：山东人民出版社，2005.
[42] 连玉明. 中国城市蓝皮书. 北京：中国时代经济出版社，2003.
[43] 刘铮等. 人口理论教程. 北京：中国人民大学出版社，1985.
[44] 马正林. 中国城市历史地理. 济南：山东教育出版社，1998.
[45] 毛寿龙，李梅，等. 西方政府的治道变革. 北京：中国人民大学出版社，1998.
[46] 王旭. 美国城市化的历史解读. 长沙：岳麓书社，2003.
[47] 邬沧萍，等. 世界人口. 北京：中国人民大学出版社，1983.
[48] 谢文惠，等. 城市经济学. 北京：清华大学出版社，1990.
[49] 严正. 中国城市发展问题报告. 北京：中国发展出版社，2004.

[50] 尹继佐.城市管理与市民素质.上海:上海社会科学出版社,2002.
[51] 尤建新.现代城市管理学.武汉:科学出版社,2003.
[52] 章友德.城市社会学案例教程.上海:上海大学出版社,2003.
[53] 姜杰,等.城市管理学.济南:山东人民出版社,2005.
[54] 胡欣,江小群.城市经济学.上海:立信会计出版社,2005.
[55] 张国祺.市政管理学.成都:四川大学出版社,2003.
[56] 秦甫.现代城市管理.上海:东华大学出版社,2004.
[57] 白建民,等.现代城市管理.合肥:中国科学技术大学出版社,2005.
[58] 张跃庆,吴庆玲.城市基础设施经营与管理.北京:经济科学出版社,2005.
[59] 肖云.城市基础设施投资与管理.上海:复旦大学出版社,2004.
[60] 许英.城市社会学.济南:齐鲁书社,2002.
[61] 周庆行.现代城市公共管理.重庆:重庆大学出版社,2005.
[62] 朱慕唐,等.西方城市经济学.北京:中国财政经济出版社,1988.
[63] 刘明信.现代城市管理学.北京:中国财政经济出版社,1989.
[64] 张仲敏.城市建设经济学.北京:中国财政经济出版社,1990.
[65] 2000年第五次全国人口普查主要数据公报(第2号),www.stats.gov.cn.
[66] 汪永成,马敬仁.香港政府的公共物品供给模式及其对内地城市政府的启示.城市发展研究,1999(3):39-45.
[67] 踪家峰,王志锋,郭鸿懋.论城市治理模式.上海社会科学院学术季刊,2002(2):115-123.
[68] 连玉明.中国城市报告.北京:中国时代经济出版社,2004.
[69] 许学强,周一星,宁越敏.城市地理学.北京:高等教育出版社,1996.
[70] 周一星.城市地理学.北京:商务印书馆,1995.
[71] 安德鲁·查德威克.互联网政治学:国家、公民与新传播技术.上海:华夏出版社,2010.
[72] 袁锋,顾铮铮,孙珏.网络社会的政府与政治.北京:北京大学出版社,2006.
[73] 刘君德,冯春萍.中外行政区划比较研究.上海:华东师范大学出版社,2002.
[74] 马彦林,刘建平.现代城市管理学.武汉:科学出版社,2003.
[75] 浦善新.县改市冻结十年反思.决策,2007(2):31-32.
[76] 杨宏山.市政管理学.北京:中国人民大学出版社,2005.
[77] 李国平.首都圈结构、分工及营建战略.北京:中国城市出版社,2004.
[78] 连玉明.中国城市报告.北京:中国时代经济出版社,2004.
[79] 徐晓林,刘勇.数字治理对城市政府善治的影响研究.公共管理学报,2006

(1):13-20.

[80] 曼纽尔·卡斯特. 网络社会:跨文化的视角. 北京:社会科学文献出版社,2009.

[81] 诺里斯. 新政府沟通:后工业社会的政治沟通. 顾建光,译. 上海:上海交通大学出版社,2005.

[82] 尼古拉·尼葛洛庞帝. 数字化生存. 胡泳,范海燕,译. 海口:海南出版社,1997.